北京市教育科学"十四五"规划 2023 年度"优先[...]
《核心素养导向的中小学教学方式改革研究》（CDEA23[...]

素质8班之教学札记

SUZHI BA BAN JIAOXUE ZHAJI

王春红◎著

北京出版集团
北京教育出版社

图书在版编目(CIP)数据

素质 8 班教学札记 / 王春红著. ——北京:北京教育

出版社,2024.8 ——ISBN 978 - 7 - 5704 - 6896 - 6

Ⅰ. G633.602

中国国家版本馆 CIP 数据核字第 2024C8D135 号

素质 8 班教学札记

王春红　著

＊

北 京 出 版 集 团
北京教育出版社　出版
(北京北三环中路 6 号)

邮政编码:100120

网址:www.bph.com.cn

京版北教文化传媒股份有限公司总发行

全国各地书店经销

三河市国英印务有限公司印刷

＊

787 mm×1 092 mm　16 开本　12 印张　215 千字
2024 年 8 月第 1 版　2024 年 8 月第 1 次印刷
ISBN 978 - 7 - 5704 - 6896 - 6
定价:78.00 元

  "拔尖创新人才"最早出现在 2002 年党的十六大报告中，随后，党和国家领导人在重要讲话和政策文本中多次提到拔尖创新人才. 拔尖创新人才在国家经济社会发展中起着引领性和基础性作用，是强化国家战略科技力量、加快实现高水平科技自立自强的关键支撑. 拔尖创新人才的培养是党和国家在新时代对高等教育提出的战略性任务和要求. 普通高中作为基础教育的重要组成部分，是拔尖创新人才早期培养的关键阶段. 从 2020 年开始，我国深入实施"强基计划"和基础学科拔尖人才培养计划，建设了多个基础学科拔尖学生培养基地，持续推进世界一流大学和一流学科建设.

  北京市第八中学作为第一批拔尖创新人才早期培养基地校及拥有三十多年超常教育教学实践经验的学校，有着丰富的育人实践经验和方法. 本书记录了作者在北京八中素质 8 班高三一年的课堂教学中值得记录的点滴片段. 有学生脑洞大开的解题思路，有学生百思不解的困惑，有学生解决重点难点问题的私家秘籍，有教师总结的多年的教学经验……"创新没有天选之人，每个孩子都能成为拔尖创新人才".

  北京的数学高考试卷，除了有对基础知识、基本思想方法、基本能力的考查，还有个别具有高等院校对拔尖学生选拔功能的创新题. 本书为学有余力和对自己有更高要求的学生提供了一套系统的创新题解法思路的训练教程. 学生只要结合校内的学习进度，每周钻研一道相关载体的创新题，通过一个学期的训练、学习、积累，就可以提高提取信息和理解抽象符号语言的能力，从而提高分析问题和逻辑推理的能力，积累解决创新题目的基本方法，提升数学抽象与逻辑推理核心素养.

本书的亮点：

1. 从学生的角度，真实地反映学生在学习中容易出现的问题，教师会给出错因分析,对知识的概念、性质、本质进行深入挖掘.而学生通过错因分析和对知识本质的学习,能够避免再犯此类错误.

2.在知识和内容上,本书对重点知识和难点问题进行了整理、归纳、总结,将解题中常见的问题以及常用的方法进行了专题的梳理归纳,为高三师生提供了优质的教学资源、典型例题以及针对性的学习方法,大大提高了学生的复习效率,方便学生自己去总结和积累,也适合数学教师使用.

3.创新题训练不是冷冰冰地给出抽象的答案,而是结合高三的复习进度,以不同的知识载体来进行的.本书一方面按照难易程度进行由浅入深、循序渐进的训练;另一方面所选题目都给出了分析思路和解法思路,还有素质 8 班学生自己的解法.本书通过有限的 15 个题目,将解决创新题常用的一般方法都涵盖了,不仅适合有更高追求的学生阅读和学习,也为高三数学教师提供了精选题目和精讲方法,方便教师备课和教学使用.

由于时间匆忙,整理难免会有遗漏,欢迎有需要的老师和同学提出问题和要求,方便作者后续补充,也欢迎广大师生指正.

作者

2024 年 6 月

目 录
MULU

1. 我错哪了？

对于学生出现的错误，师生都是要引起重视的．学生只有知道自己的错误原因，才能避免再次出错．在平时的教学中，我经常会根据以往的一些教学经验，在容易出错的地方设置问题，把容易混淆的概念和知识做对比，让学生先出错，再互相纠错，最后分析错误原因，理解知识的关键点，从而把握知识的本质．

【例1】 已知 $f(x)=2+\log_3 x, x\in[1,3]$，求函数 $y=[f(x)]^2+f(x^2)$ 的值域．

错解： $y=(2+\log_3 x)^2+2+\log_3 x^2=(\log_3 x)^2+6\log_3 x+6$，

令 $t=\log_3 x$，则 $y=t^2+6t+6$，

$\because x\in[1,3], \therefore t\in[0,1], \therefore y\in[6,13]$．

错因分析： $y=[f(x)]^2+f(x^2)$ 是复合函数，定义域应满足 $\begin{cases} x\in[1,3], \\ x^2\in[1,3] \end{cases} \Rightarrow x\in[1,\sqrt{3}]$．

正解： $y=(2+\log_3 x)^2+2+\log_3 x^2=(\log_3 x)^2+6\log_3 x+6$，

令 $t=\log_3 x$，则 $y=t^2+6t+6$，

$\because x\in[1,\sqrt{3}], \therefore t\in\left[0,\dfrac{1}{2}\right], \therefore y\in\left[6,\dfrac{37}{4}\right]$．

> **总结：** 解决函数问题的前提是确定定义域．无论研究函数的什么性质（值域、单调性、奇偶性、对称性、周期性、零点、极值点、图象等），一定要先关注函数的定义域是什么．这一点在导数里也尤为重要．

【例2】 设复数 z_1, z_2 满足 $|z_1|=|z_2|=2, z_1+z_2=\sqrt{3}+i$，则 $|z_1-z_2|$ = _____．

错解1： $|z_1-z_2|^2=|z_1+z_2|^2-4z_1z_2=2^2-4\times2\times2=-12$．

错解2： $(z_1-z_2)^2=(z_1+z_2)^2-4z_1z_2=(\sqrt{3}+i)^2-4\times2\times2=2\sqrt{3}i-14$，

所以 $|z_1-z_2|=\sqrt{2\sqrt{3}i-14}$．

错因分析：$z_1z_2=|z_1||z_2|$ 不成立，$|z_1-z_2|^2=|z_1+z_2|^2-4z_1z_2$ 也不成立.

正解：方法 1（数形结合）：设复数 z_1,z_2 在复平面上对应的向量为 $\overrightarrow{OZ_1}$，$\overrightarrow{OZ_2}$，则 z_1+z_2，z_1-z_2 分别对应以 $\overrightarrow{OZ_1}$，$\overrightarrow{OZ_2}$ 为邻边的平行四边形的两条对角线，

由平行四边形的性质：对角线的平方和等于四边的平方和得

$|z_1-z_2|^2+|z_1+z_2|^2=2(|z_1|^2+|z_2|^2)$，所以 $|z_1-z_2|=2\sqrt{3}$.

正解：方法 2（代数运算）：设 $z_1=a+bi,z_2=c+di(a,b,c,d\in\mathbf{R})$，

则 $a^2+b^2=c^2+d^2=4$，$z_1+z_2=(a+c)+(b+d)i=\sqrt{3}+i$，即 $a+c=\sqrt{3}$，$b+d=1$，

可得 $(a+c)^2+(b+d)^2=4$，$a^2+c^2+b^2+d^2+2ac+2bd=4$，

所以 $2ac+2bd=-4$，所以 $ac+bd=-2$，

所以 $|z_1-z_2|=\sqrt{(a-c)^2+(b-d)^2}=\sqrt{(a+c)^2+(b+d)^2-4(ac+bd)}=\sqrt{4+8}=2\sqrt{3}$.

正解：方法 3（特殊值法）：不妨设 $z_1=2i,z_2=\sqrt{3}-i$，满足条件，此时 $|z_1-z_2|=2\sqrt{3}$.

【例3】已知复数 z_1,z_2，则 $z_1>z_2$ 是 $z_1-z_2>0$ 的_____条件.

答案：充分不必要

分析：复数范围内，不全为实数的两个复数不能比较大小.

充分性：已知 $z_1>z_2$，说明这是两个实数，所以可以移项得到 $z_1-z_2>0$；

必要性：已知 $z_1-z_2>0$，只能说明 z_1-z_2 是正实数，不能说明 z_1,z_2 是实数. 如 $z_1=2+i,z_2=1+i$.

所以答案是充分不必要.

【例4】如图，复数 z_1,z_2 在复平面上对应向量 $\overrightarrow{OZ_1}$，$\overrightarrow{OZ_2}$，求 $z_1\cdot z_2$.

错解：因为 $\overrightarrow{OZ_1}\perp\overrightarrow{OZ_2}$，所以 $z_1\cdot z_2=0$.

错因分析：把向量的数量积运算与复数的运算混淆了.

正解：因为 $z_1=1+\sqrt{3}i,z_2=-\sqrt{3}+i$，所以 $z_1\cdot z_2=-\sqrt{3}-\sqrt{3}+i-3i=-2\sqrt{3}-2i$.

总结：复数范围内，许多实数、向量的结论是不成立的，我们需要认真审题，分析所求量的代数和几何意义，运用正确的公式进行求解.

【例5】已知函数 $f(x)$ 在 $x=x_0$ 处有定义，则"$f'(x_0)=0$"是"函数 $f(x)$ 在 $x=x_0$ 处取极值"的　　　　　　　　　　　　　　　　　（　　）

  A. 充分不必要条件　　　　　　　B. 必要不充分条件

  C. 充要条件　　　　　　　　　　D. 既不充分也不必要条件

错解 1：A

错解 2：B

错因 1 分析：事实上，对于可导函数而言，"$f'(x_0)=0$"是"函数 $f(x)$ 在 $x=x_0$ 处取极值"的必要不充分条件，对于导数为 0 的点，我们还需要验证在该点的左右两侧导数值是否异号，从而判断是否是极值. 如：$f(x)=x^3$ 在 $x=0$ 处的导数值为 0，在 0 的左右两侧导数值都是正值，即函数在 0 的左右两侧都是单调递增的，所以 0 不是函数的极值点.

  错选 A 的同学需要注意可导函数极值点的判断方法的两个步骤：导数值为 0，两侧导数值异号.

错因 2 分析：函数 $f(x)$ 在 $x=x_0$ 处有定义，但是函数 $f(x)$ 在 $x=x_0$ 处未必可导，此时判断极值点的方法就要回到定义本身. 若在 $x=x_0$ 的左右邻域内所有的函数值都比 $f(x_0)$ 大，则 x_0 就是极小值点；若在 $x=x_0$ 的左右邻域内所有的函数值都比 $f(x_0)$ 小，则 x_0 就是极大值点. 如：$f(x)=|x|$ 在 $x=0$ 处不可导，但是在 $x=0$ 的左侧函数值 $f(x)>f(0)$，在 $x=0$ 的右侧函数值 $f(x)>f(0)$，所以 0 是函数的极小值点，$f(0)$ 是极小值.

  错选 B 的同学有思维定式，平时遇到的都是可导函数研究极值问题，而忽略掉极值、极值点的最原始的定义. 我们在面对一个概念时，应该先回忆它的定义，然后再想它的性质或其他转化的判断方法.

正解：D

  总结：我们在学习的过程中要关注充分条件与必要条件判断的这类题目，许多关于概念、性质的细节问题，往往都会在这类题目中暴露出来，一旦发现，就要寻找原因和本质，把相关的定义、性质梳理清楚.

【例6】已知双曲线 $\dfrac{x^2}{a^2}-\dfrac{y^2}{b^2}=1(a>0,b>0)$ 的左、右焦点分别是 F_1,F_2,点 M 是双曲线上的一点,且满足 $|MF_1|=\sqrt{3}$, $|MF_2|=1$,$\angle MF_1F_2=30°$,则该双曲线的离心率是 （ ）

A. $\sqrt{3}-1$

B. $\sqrt{3}+1$

C. $\dfrac{\sqrt{3}+1}{2}$

D. $\sqrt{3}+1$ 或 $\dfrac{\sqrt{3}+1}{2}$

错解:B

$|MF_1|=\sqrt{3}$,$|MF_2|=1$,$\angle MF_1F_2=30°$,则 $\angle MF_2F_1=60°$,$|F_1F_2|=2$,

所以 $e=\dfrac{2c}{2a}=\dfrac{|F_1F_2|}{|MF_1|-|MF_2|}=\dfrac{2}{\sqrt{3}-1}=\sqrt{3}+1$.

错因分析:在已知 $|MF_1|=\sqrt{3}$,$|MF_2|=1$,$\angle MF_1F_2=30°$ 的条件下,得到 $|F_1F_2|=2$ 是犯了经验主义错误. 事实上,这道题用到已知两边和其中一边的对角的情况下解三角形的知识,若放在解三角形中考查,学生基本不会出错,但是在圆锥曲线的背景下,学生的关注点容易被特殊值和自己所画的具体图形分散,产生丢解现象.

正解:D

在 $\triangle MF_1F_2$ 中,$\dfrac{|MF_2|}{\sin\angle MF_1F_2}=\dfrac{|MF_1|}{\sin\angle MF_2F_1}$ $\Rightarrow$

$\sin\angle MF_2F_1=\dfrac{\sqrt{3}}{2}$,

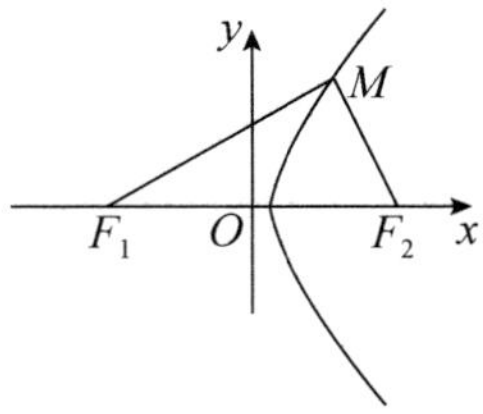

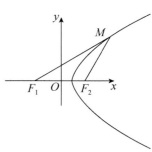

图1

所以 $\angle MF_2F_1=60°$ 或 $\angle MF_2F_1=120°$,如图1、图2所示.

当 $\angle MF_2F_1=60°$ 时,$|F_1F_2|=2$,可得离心率为 $\sqrt{3}+1$,

当 $\angle MF_2F_1=120°$ 时,$|F_1F_2|=1$,可得离心率为 $\dfrac{\sqrt{3}+1}{2}$.

图2

总结：许多题目往往考查多个知识点的综合应用，因此我们在分析问题，辨认知识点及其转化时，要重视理性推理和求解过程，避免因图而论的经验错误.

【例7】(2024·西城一模)在△ABC中，$a\tan B=2b\sin A$.

(1)求 B 的大小；

(2)若 $a=8$，从下列三个条件中选择一个作为已知，使△ABC 存在，求△ABC 的面积.

条件①：BC 边上中线的长为 $\sqrt{21}$；

条件②：$\cos A=-\dfrac{2}{3}$；

条件③：$b=7$.

学生解法：(1)由 $a\tan B=2b\sin A$，得 $a\sin B=2b\sin A\cos B$.

在△ABC 中，由正弦定理得 $\sin A\sin B=2\sin A\sin B\cos B$.

因为 $\sin A>0$，$\sin B>0$，

所以 $\cos B=\dfrac{1}{2}$.

又 $0<B<\pi$，

所以 $B=\dfrac{\pi}{3}$.

错解：(2)选条件②：$\cos A=-\dfrac{2}{3}$.

在△ABC 中，$A\in(0,\pi)$，所以 $\sin A=\dfrac{\sqrt{5}}{3}$，

$\sin C=\sin(\pi-C)=\sin(A+B)=\dfrac{\sqrt{5}}{3}\times\dfrac{1}{2}-\dfrac{2}{3}\times\dfrac{\sqrt{3}}{2}=\dfrac{\sqrt{5}-2\sqrt{3}}{6}$，

由 $\dfrac{a}{\sin A}=\dfrac{b}{\sin B}=\dfrac{c}{\sin C}$，得 $\dfrac{8}{\frac{\sqrt{5}}{3}}=\dfrac{b}{\frac{\sqrt{3}}{2}}$，所以 $b=\dfrac{12\sqrt{15}}{5}$，

所以 $S_{\triangle ABC}=\dfrac{1}{2}ab\sin C=\dfrac{8\sqrt{15}(\sqrt{5}-2\sqrt{3})}{5}$.

错因分析：西城一模是全区统一阅卷.在考场上，许多学生坚定地选择条件

②,因为他们关于三角形唯一存在的词典里就积累了"AAS",而忽略了三角形存在的最一般的边角关系的判断.其次,对于数值的敏感度不够,比如上面求出的 $\sin C$ 明显是小于 0 的,这与三角形中角的正弦值大于 0 是矛盾的.也有一部分学生看出了矛盾或问题而"悬崖勒马",但是卷面需要划掉重写,显得杂乱,也使得考试的心情受到影响.

我们在初中就研究过三角形存在的条件:

对于角,因为 $A+B+C=\pi$,所以两角应满足 $A+B<\pi$;

对于边,不妨设 $a \leqslant b \leqslant c$,则三边关系满足 $b-a<c<b+a$;

对于边角关系,要满足大边对大角,大角对大边.

此题中,从两个角的限制看:$\cos A=-\dfrac{2}{3}<-\dfrac{1}{2}=\cos \dfrac{2\pi}{3} \Rightarrow A>\dfrac{2\pi}{3}$,所以 $A+B>\pi$,显然与三角形的内角和定理矛盾,这个条件不能满足三角形的存在性.

我们对这种限制条件做进一步的探究,寻找三角形中 $A+B<\pi$ 的充要条件,这样即使所给的角不是特殊角,而是给出三角函数值的角,我们也能够快速判断.根据三角形中角的范围,我们选择余弦值进行探究,这样,角的正切值和正弦值都可以转化为余弦值进行判断.注意已知正弦值时,对锐角和钝角两种情况的讨论.

探究的结论:$\triangle ABC$ 中,$A+B<\pi$ 的充要条件是 $\cos A+\cos B>0$.

证明:必要性:

$A+B<\pi \Rightarrow 0<A<\pi-B<\pi$,

因为 $0<A<\pi,0<\pi-B<\pi$,而 $f(x)=\cos x$ 在 $(0,\pi)$ 上单调递减,

所以 $\cos A>\cos(\pi-B)=-\cos B \Rightarrow \cos A+\cos B>0$.

充分性:

$\cos A+\cos B>0 \Rightarrow \cos A>-\cos B \Rightarrow \cos A>\cos(\pi-B)$,因为 $0<A<\pi$,$0<\pi-B<\pi$,而 $f(x)=\cos x$ 在 $(0,\pi)$ 上单调递减,

所以 $A<\pi-B \Rightarrow A+B<\pi$.

即 $\triangle ABC$ 中,$A+B<\pi$ 的充要条件是 $\cos A+\cos B>0$.

若 $\cos A+\cos B>0$,则三角形唯一存在.

综合高中所学的知识,我们在判断的时候还需要加上对三角形边角关系的

另一层认知.如:两边两角不仅需要满足大小关系的限制,还需要满足 $\dfrac{a}{b}=$

$\dfrac{\sin A}{\sin B}$ 的制约.这些都可以在三角形劣构问题中进行变式考查.

正解:(2)选条件①:BC 边上中线的长为 $\sqrt{21}$.

设 BC 边的中点为 M,连接 AM,则 $AM=\sqrt{21}$,$BM=4$.

在 $\triangle ABM$ 中,由余弦定理得 $AM^2=AB^2+BM^2-2AB \cdot BM \cdot \cos B$,

即 $21=AB^2+16-8AB \cdot \cos \dfrac{\pi}{3}$.

整理得 $AB^2-4AB-5=0$.

解得 $AB=5$ 或 $AB=-1$(舍).

所以 $S_{\triangle ABC}=\dfrac{1}{2}AB \cdot BC \cdot \sin B=10\sqrt{3}$.

选条件③:$b=7$.

在 $\triangle ABC$ 中,由余弦定理得 $b^2=a^2+c^2-2ac\cos B$,

即 $7^2=8^2+c^2-16c \cdot \cos \dfrac{\pi}{3}$.

整理得 $c^2-8c+15=0$.

解得 $c=3$ 或 $c=5$.

当 $c=3$ 时,$S_{\triangle ABC}=\dfrac{1}{2}ac\sin B=6\sqrt{3}$.

当 $c=5$ 时,$S_{\triangle ABC}=\dfrac{1}{2}ac\sin B=10\sqrt{3}$.

> **总结:**我们在学习的过程中发现自己的短板或易错点时,就要寻找原因并探究本质,真正把一类问题琢磨清楚,再遇到类似问题时就能轻而易举地解决.

> **拓展:**有兴趣的同学可以继续探究在已知一边一对角的条件下,另外两边的和与积的范围,看看有什么发现.

【例8】已知函数 $f(x)=x\sqrt{a-x}$.

(1)当 $a=1$ 时,求曲线 $y=f(x)$ 的斜率为 1 的切线方程;

(2)若函数 $g(x)=f(x)-\dfrac{2a}{3}$ 恰有两个不同的零点,求 a 的取值范围.

错解:(1)当 $a=1$ 时,$f(x)=x\sqrt{1-x}(x\leqslant 1)$,

所以 $f'(x)=\dfrac{2-3x}{2\sqrt{1-x}}$.

令 $f'(x)=1$,解得 $x=0$ 或 $x=\dfrac{8}{9}$.

当 $x=0$ 时,因为 $f(0)=0$,所以切点坐标为 $(0,0)$,故切线方程为 $y=x$.

当 $x=\dfrac{8}{9}$ 时,因为 $f\left(\dfrac{8}{9}\right)=\dfrac{8}{27}$,所以切点坐标为 $\left(\dfrac{8}{9},\dfrac{8}{27}\right)$,故切线方程为 $y=x-\dfrac{16}{27}$.

(2)因为 $g(x)=x\sqrt{a-x}-\dfrac{2a}{3}(x\leqslant a)$,

所以 $g'(x)=\dfrac{2a-3x}{2\sqrt{a-x}}$.令 $g'(x)=0$,解得 $x=\dfrac{2a}{3}$.

$g'(x)$ 和 $g(x)$ 随 x 的变化情况如下表:

x	$\left(-\infty,\dfrac{2a}{3}\right)$	$\dfrac{2a}{3}$	$\left(\dfrac{2a}{3},a\right)$	a
$g'(x)$	$+$	0	$-$	
$g(x)$	单调递增	$\dfrac{2\sqrt{3}a\sqrt{a}-6a}{9}$	单调递减	$-\dfrac{2a}{3}$

故 $g(x)$ 在区间 $\left(-\infty,\dfrac{2a}{3}\right)$ 上单调递增,在区间 $\left(\dfrac{2a}{3},a\right)$ 上单调递减,

当 $x=\dfrac{2a}{3}$ 时,$g(x)$ 取得最大值 $g\left(\dfrac{2a}{3}\right)=\dfrac{2\sqrt{3}a\sqrt{a}-6a}{9}$.

因为函数 $g(x)=f(x)-\dfrac{2a}{3}$ 恰有两个不同的零点,

所以 $g\left(\dfrac{2a}{3}\right)>0$,即 $\dfrac{2\sqrt{3}a\sqrt{a}-6a}{9}>0$,解得 $a>3$,

又 $g(0)=g(a)=-\dfrac{2a}{3}<0$,

所以 a 的取值范围是 $(3,+\infty)$.

错因分析:(1)第一问中出现了增根,在解 $f'(x)=\dfrac{2-3x}{2\sqrt{1-x}}=1$ 时,两边平

方产生了增根，注意无理数方程平方之前左右同号，$2-3x=2\sqrt{1-x}\geqslant0\Rightarrow x\leqslant\dfrac{2}{3}$，所以 $x=\dfrac{8}{9}$ 应该舍掉.

(2)在第二问中，解得 $x=\dfrac{2a}{3}$ 后，默认 $a>0$，缺少对 $a\leqslant0$ 的讨论.

这两个错误都是因为对定义域的认知有误而导致的.

正解：(1)当 $a=1$ 时，$f(x)=x\sqrt{1-x}(x\leqslant1)$，

所以 $f'(x)=\dfrac{2-3x}{2\sqrt{1-x}}$.

令 $f'(x)=1$，解得 $x=0$ 或 $x=\dfrac{8}{9}$(舍).

因为 $f(0)=0$，所以切点坐标为 $(0,0)$，故切线方程为 $y=x$.

(2)因为 $g(x)=x\sqrt{a-x}-\dfrac{2a}{3}(x\leqslant a)$，

所以 $g'(x)=\dfrac{2a-3x}{2\sqrt{a-x}}$. 令 $g'(x)=0$，解得 $x=\dfrac{2a}{3}$.

当 $a\leqslant0$ 时，由 $x\leqslant a$，得 $2a-3x\geqslant-a\geqslant0$，

所以 $g'(x)\geqslant0$，则 $g(x)$ 在定义域 $(-\infty,a]$ 上是增函数.

故 $g(x)$ 至多有一个零点，不合题意，舍去.

当 $a>0$ 时，$g'(x)$ 和 $g(x)$ 随 x 的变化情况如下表：

x	$\left(-\infty,\dfrac{2a}{3}\right)$	$\dfrac{2a}{3}$	$\left(\dfrac{2a}{3},a\right)$	a
$g'(x)$	$+$	0	$-$	
$g(x)$	单调递增	$\dfrac{2\sqrt{3}a\sqrt{a}-6a}{9}$	单调递减	$-\dfrac{2a}{3}$

故 $g(x)$ 在区间 $\left(-\infty,\dfrac{2a}{3}\right)$ 上单调递增，在区间 $\left(\dfrac{2a}{3},a\right)$ 上单调递减，

当 $x=\dfrac{2a}{3}$ 时，$g(x)$ 取得最大值 $g\left(\dfrac{2a}{3}\right)=\dfrac{2\sqrt{3}a\sqrt{a}-6a}{9}$.

当 $0<a\leqslant3$ 时，$g\left(\dfrac{2a}{3}\right)=\dfrac{2\sqrt{3}a(\sqrt{a}-\sqrt{3})}{9}\leqslant0$，此时 $g(x)$ 至多有一个零点；

当 $a>3$ 时，$g\left(\dfrac{2a}{3}\right)>0$，又 $g(0)=g(a)=-\dfrac{2a}{3}<0$，

由零点存在性定理可得 $g(x)$ 在区间 $\left(0,\dfrac{2a}{3}\right)$ 和区间 $\left(\dfrac{2a}{3},a\right)$ 上各有一个零点,

所以函数 $g(x)$ 恰有两个不同的零点,符合题意.

综上所述,a 的取值范围是 $(3,+\infty)$.

> 实际上,在函数、导数的问题中,定义域是非常关键的,是我们研究其他性质的前提,尤其在导数中,有时定义域会随着字母的变化而变化,如:$f(x)=\dfrac{x}{x^2+a}$,$f(x)=\ln(ax)$ 等,在具体求解时要引起重视.

【例9】已知函数 $f(x)=\dfrac{1}{x}-x+a\ln x$.

(1)求曲线 $f(x)$ 在 $(1,f(1))$ 处的切线方程;

(2)试讨论 $f(x)$ 的单调性;

(3)若 $f(x)$ 存在两个极值点 x_1,x_2,证明:$\dfrac{f(x_1)-f(x_2)}{x_1-x_2}<a-2$.

(1)解:∵ $f(1)=0$,∴切点为 $(1,0)$,

又 $f'(x)=\dfrac{-1}{x^2}-1+\dfrac{a}{x}=\dfrac{-x^2+ax-1}{x^2}$,

∴ $f'(1)=a-2$,∴切线方程为 $y=(a-2)(x-1)$,

即 $y=(a-2)x-(a-2)$.

(2)解:$f(x)$ 的定义域为 $(0,+\infty)$.

$$f'(x)=\dfrac{-1}{x^2}-1+\dfrac{a}{x}=\dfrac{-x^2+ax-1}{x^2}.$$

①当 $a\leqslant 0$ 时,$f'(x)<0$,

∴ $f(x)$ 在 $(0,+\infty)$ 上是减函数.

②当 $a>0$ 时,令 $l(x)=-x^2+ax-1$,其对应的一元二次方程 $-x^2+ax-1=0$ 的根的判别式 $\Delta=a^2-4$,

当 $a^2-4\leqslant 0$ 即 $0<a\leqslant 2$ 时,$f'(x)\leqslant 0$,

∴ $f(x)$ 在 $(0,+\infty)$ 上是减函数.

当 $a^2-4>0$ 即 $a>2$ 时,

令 $f'(x)=0$,

可得 $x_1 = \dfrac{a - \sqrt{a^2 - 4}}{2}, x_2 = \dfrac{a + \sqrt{a^2 - 4}}{2},$

当 x 变化时, $f'(x)$ 与 $f(x)$ 的变化情况如下表:

x	$(0, x_1)$	x_1	(x_1, x_2)	x_2	$(x_2, +\infty)$
$f'(x)$	$-$	0	$+$	0	$-$
$f(x)$	减	极小值	增	极大值	减

$\therefore$ 当 $a > 2$ 时, 单调递减区间为 $\left(0, \dfrac{a - \sqrt{a^2 - 4}}{2}\right), \left(\dfrac{a + \sqrt{a^2 - 4}}{2}, +\infty\right)$;

单调递增区间为 $\left(\dfrac{a - \sqrt{a^2 - 4}}{2}, \dfrac{a + \sqrt{a^2 - 4}}{2}\right).$

综上, 当 $a \leqslant 2$ 时, $f(x)$ 在 $(0, +\infty)$ 上是减函数, 当 $a > 2$ 时, $f(x)$ 在 $\left(0, \dfrac{a - \sqrt{a^2 - 4}}{2}\right), \left(\dfrac{a + \sqrt{a^2 - 4}}{2}, +\infty\right)$ 上是减函数, 在 $\left(\dfrac{a - \sqrt{a^2 - 4}}{2}, \dfrac{a + \sqrt{a^2 - 4}}{2}\right)$ 上是增函数.

(3) **错解 1:**

证明: 由 (2) 知 $x_1 + x_2 > 0, x_1 x_2 = 1$, 不妨设 $0 < x_1 < 1 < x_2$, 要证 $\dfrac{f(x_1) - f(x_2)}{x_1 - x_2} < a - 2$,

只要证 $f(x_1) - f(x_2) > (a - 2)(x_1 - x_2)$, 即证 $f(x_1) - (a - 2)x_1 > f(x_2) - (a - 2)x_2$,

只要证 $g(x) = f(x) - (a - 2)x$ 在 (x_1, x_2) 上单调递减即可.

$g'(x) = f'(x) - (a - 2) = \dfrac{-[(a - 1)x - 1](x - 1)}{x^2}.$

> 学生:这里出现矛盾,证不下去了.

错解 2:

此题的几何解释是过极大值点和极小值点的割线的斜率小于曲线 $f(x)$ 在 $x = 1$ 处的切线的斜率.

使用数形结合法只需证明 $f(x_2) < (a - 2)x_2 - a + 2$, $x_2 > 1$①,

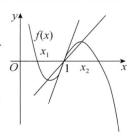

且 $f(x_1) > (a-2)x_1 - a + 2, 0 < x_1 < 1$②.

证明：①设 $g(x) = f(x) - (a-2)x + a - 2$,

则 $g'(x) = f'(x) - (a-2) = \dfrac{-[(a-1)x-1](x-1)}{x^2}$,

$\because a > 2, \therefore \dfrac{1}{a-1} < 1$,

当 $x > 1$ 时，$g'(x) < 0$，函数 $g(x)$ 在 $(1, +\infty)$ 上单调递减，

所以 $g(x_2) < g(1) = 0 \Rightarrow f(x_2) < (a-2)x_2 - a + 2$；

②想证明 $g(x_1) > g(1) = 0$，只要证函数 $g(x)$ 在 $(0,1)$ 上单调递减，

$\because a > 2, \therefore \dfrac{1}{a-1} < 1, \therefore$ 函数 $g(x)$ 在 $\left(0, \dfrac{1}{a-1}\right)$ 上单调递减，在 $\left(\dfrac{1}{a-1}, 1\right)$ 上单调递增.

学生：后面怎么处理呢？

错因 1 分析：因为函数 $f(x)$ 的两个极值点 x_1, x_2 是随着 a 的变化而变化的，这里的 a 不是常数，而是与 x_1, x_2 有关的变量，同时 x_1, x_2 也不是随意取值的量，而是有制约关系的量，所以此题不能用相同结构的构造函数的方法，而应该彻底消元才能行得通.

比如：要证 $f(x_1) - (a-2)x_1 > f(x_2) - (a-2)x_2$,

$\because a = x_1 + \dfrac{1}{x_1} = x_2 + \dfrac{1}{x_2}$（不妨令 $0 < x_1 < x_2$），

$\therefore$ 只要证 $\dfrac{1}{x_1} + \left(x_1 + \dfrac{1}{x_1}\right)\ln x_1 - \left(x_1 + \dfrac{1}{x_1} - 1\right)x_1 > \dfrac{1}{x_2} + \left(x_2 + \dfrac{1}{x_2}\right)\ln x_2 - \left(x_2 + \dfrac{1}{x_2} - 1\right)x_2$,

又 $\because x_1 x_2 = 1$,

$\therefore$ 只要证 $\dfrac{1}{x_1} + \left(x_1 + \dfrac{1}{x_1}\right)\ln x_1 - \left(x_1 + \dfrac{1}{x_1} - 1\right)x_1 > x_1 - \left(x_1 + \dfrac{1}{x_1}\right)\ln x_1 - \left(x_1 + \dfrac{1}{x_1} - 1\right)\dfrac{1}{x_1}$,

两边整理化简，再构造函数，以下略.

错因2分析: 实际上,函数图象如图所示,∴不等式②并不成立.

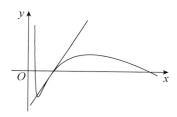

∴无法用几何等价转化来证明.

(3)**正解:证明:证法1:**

由(2)可知,若 $f(x)$ 有两个极值点,则 $a>2$,且 $f'(x)=0$ 的两根为 x_1,x_2,

且 $x_1 x_2 = 1$,∴$x_1 = \dfrac{1}{x_2}$,又 $f(x) = \dfrac{1}{x} - x + a\ln x$,

∴$f(x_1) + f(x_2) = f(x_1) + f\left(\dfrac{1}{x_1}\right) = 0$,要证 $\dfrac{f(x_1) - f(x_2)}{x_1 - x_2} < a - 2$,

即证 $\dfrac{2f(x_2)}{x_2 - \dfrac{1}{x_2}} < a - 2$,不妨令 $0 < x_1 < 1 < x_2$,即证 $2f(x_2) < (a - 2)\left(x_2 - \dfrac{1}{x_2}\right)$,

即证 $2\left(\dfrac{1}{x_2} - x_2 + a\ln x_2\right) < (a - 2)\left(x_2 - \dfrac{1}{x_2}\right)$,

即证 $2a\ln x_2 < a\left(x_2 - \dfrac{1}{x_2}\right)$,∵$a>2$,

∴即证 $2\ln x_2 - x_2 + \dfrac{1}{x_2} < 0$,令 $h(x) = 2\ln x - x + \dfrac{1}{x}(x>1)$,

则 $h'(x) = \dfrac{2}{x} - 1 - \dfrac{1}{x^2} = \dfrac{-x^2 + 2x - 1}{x^2} = \dfrac{-(x-1)^2}{x^2} < 0$,

∴$h(x)$ 在 $(1, +\infty)$ 上是减函数.∴$h(x) < h(1) = 0$,∴原式成立.

证法2: 若 $f(x)$ 有两个极值点,则 $a>2$,且 $f'(x)=0$ 的两根为 x_1,x_2,且

$x_1 x_2 = 1$,$x_1 + x_2 = a$,不妨令 $0 < x_1 < 1 < x_2$,又 $f(x) = \dfrac{1}{x} - x + a\ln x$,

∴$\dfrac{f(x_1) - f(x_2)}{x_1 - x_2} = \dfrac{\dfrac{1}{x_1} - x_1 + a\ln x_1 - \dfrac{1}{x_2} + x_2 - a\ln x_2}{x_1 - x_2}$

$= \dfrac{\dfrac{x_2 - x_1}{x_1 x_2} + x_2 - x_1 + a(\ln x_1 - \ln x_2)}{x_1 - x_2} = -2 + a\dfrac{\ln x_1 - \ln x_2}{x_1 - x_2}$,

只要证$\dfrac{\ln x_1-\ln x_2}{x_1-x_2}<1$.

方法 1（对数均值不等式）：$\sqrt{x_1 x_2}<\dfrac{x_1-x_2}{\ln x_1-\ln x_2}<\dfrac{x_1+x_2}{2}$，

转化为证明 $\ln x>\sqrt{x}-\dfrac{1}{\sqrt{x}}(0<x<1)$，

设 $g(x)=\ln x-\left(\sqrt{x}-\dfrac{1}{\sqrt{x}}\right)$，则 $g'(x)=\dfrac{1}{x}-\dfrac{1}{2\sqrt{x}}-\dfrac{1}{2\sqrt{x^3}}=\dfrac{2\sqrt{x}-x-1}{2\sqrt{x^3}}=$

$-\dfrac{(\sqrt{x}-1)^2}{2\sqrt{x^3}}<0$，

$\therefore g(x)$在$(0,1)$上单调递减，$g(x)>g(1)=0$，$\therefore \ln x>\sqrt{x}-\dfrac{1}{\sqrt{x}}(0<x<$

$1)$，

$\therefore \dfrac{\ln x_1-\ln x_2}{x_1-x_2}<\sqrt{x_1 x_2}=1$，又 $a>2$，$\therefore \dfrac{f(x_1)-f(x_2)}{x_1-x_2}<a-2$.

方法 2（消元）：$\dfrac{\ln x_1-\ln x_2}{x_1-x_2}=\dfrac{2\ln x_1}{x_1-\dfrac{1}{x_1}}$，只要证$\dfrac{2\ln x_1}{x_1-\dfrac{1}{x_1}}<1$，

设 $h(x)=2\ln x-\left(x-\dfrac{1}{x}\right)(0<x<1)$，

则 $h'(x)=\dfrac{2}{x}-1-\dfrac{1}{x^2}=\dfrac{-x^2+2x-1}{x^2}=\dfrac{-(x-1)^2}{x^2}<0$，

$\therefore h(x)$在$(0,1)$上是减函数．$\therefore h(x)>h(1)=0$，

$\because x_1-\dfrac{1}{x_1}<0$，$\therefore \dfrac{2\ln x_1}{x_1-\dfrac{1}{x_1}}<1$，

$\therefore \dfrac{f(x_1)-f(x_2)}{x_1-x_2}<a-2$.

数学中有许多类似的问题，表面上看两者结构相同，方法应该一致，转化很合乎逻辑，思路很正确，但是深究其本质却与自己积累的相关知识有差别，所以在做题时要注意比较和区分。

2. 老师, 答案错了!

从我手中给到学生的题目,一定是我做过后觉得确有价值的题目.学生有时会自己额外做一些题,再来找我答疑.学生能够发现答案中的错误,最初是一种不自信的表现,会问我:"老师,我没看懂答案的解法.这么解我觉得有道理,就和答案不一致了呀!"答案确实有错的,我会及时进行精神鼓励和物质奖励,并在全班进行表扬和推广,经过一段时间的鼓励后,学生会理性看待答案,能够发现答案的错误或者是不严谨之处,这是一件非常难得的事情.这种情况的发生大大促进了学生生发自我意识和探究精神.

【例 1】(2024 · 海淀期末)在 $\triangle ABC$ 中, $2c\cos A = 2b - a$.

(1)求 C 的大小;

(2) $c = \sqrt{3}$,再从条件①、条件②、条件③这三个条件中选择一个作为已知,使 $\triangle ABC$ 存在,求 AC 边上中线的长.

条件①: $\triangle ABC$ 的面积为 $2\sqrt{3}$;

条件②: $\sin B - \sin A = \dfrac{1}{2}$;

条件③: $b^2 - 2a^2 = 2$.

注:如果选择的条件不符合要求,得 0 分;如果选择多个符合要求的条件分别解答,按第一个解答计分.

答案部分解答:(1) $C = \dfrac{\pi}{3}$.(具体答案略)

(2)选条件③: $b^2 - 2a^2 = 2$.

由余弦定理得 $a^2 + b^2 - 3 = ab$.

设 AC 边上的中线长为 d,由余弦定理得

$$d^2 = a^2 + \frac{b^2}{4} - \frac{ab}{2} \cdot 2\cos C = a^2 + \frac{b^2}{4} - \frac{ab}{2} = a^2 + \frac{b^2}{4} - \frac{a^2 + b^2 - 3}{2} = 1.$$

所以 AC 边上中线的长为 1.

学生指出答案的不严谨之处：原题要求选择一个作为已知，使 $\triangle ABC$ 存在，再求 AC 边上中线的长. 第一步应该说明选项③能够使得 $\triangle ABC$ 存在，答案虽然很巧妙地借助整体消元的方法避免了运算的麻烦，但也缺失了证明 $\triangle ABC$ 存在的过程.

由已知 $c=\sqrt{3}$，$C=\dfrac{\pi}{3}$ 可知，$\triangle ABC$ 的外接圆直径为 $2r=\dfrac{c}{\sin C}=2$，所以条件③中 b^2-2a^2 应该在一定的范围内才会使得 $\triangle ABC$ 存在. 比如 $b^2<4\Rightarrow b^2-2a^2<4$，当 $b^2-2a^2=5$ 时显然 $\triangle ABC$ 不存在. 但是用答案的方法消元代入却可求得中线的长为 $\dfrac{1}{4}$.

正解：选条件③：$b^2-2a^2=2$.

由余弦定理得 $a^2+b^2-3=ab$.

两边平方得 $(a^2+b^2-3)^2=a^2b^2\Rightarrow(a^2+2a^2+2-3)^2=a^2(2a^2+2)$，

解得 $\begin{cases}a^2=1, \\ b^2=4,\end{cases}$ 或 $\begin{cases}a^2=\dfrac{1}{7}, \\ b^2=\dfrac{16}{7},\end{cases}$

又 $a^2+b^2-3=ab>0\Rightarrow a^2+b^2>3$，

所以 $\begin{cases}a^2=1, \\ b^2=4,\end{cases}$ 即 $\triangle ABC$ 存在，

设 AC 边上的中线长为 d，由余弦定理得

$$d^2=a^2+\dfrac{b^2}{4}-\dfrac{ab}{2}\cdot 2\cos C=a^2+\dfrac{b^2}{4}-\dfrac{ab}{2}=1,$$

所以 AC 边上中线的长为 1.

【例 2】 已知 $\triangle ABC$ 的内角 A,B,C 所对的边分别为 a,b,c，_____，且 $a=3$，$3\sin B+3\sin C=4\sin(B+C)$. 现从：①$A=\dfrac{\pi}{3}$，②$A=\dfrac{2\pi}{3}$，③$A=\dfrac{\pi}{2}$ 这三个条件中任选一个，补充在以上问题中，并判断这样的 $\triangle ABC$ 是否存在. 若存在，求 $\triangle ABC$ 的面积 S；若不存在，请说明理由.

分析：由 $3\sin B+3\sin C=4\sin(B+C)$ 结合正弦定理可以得到 $3b+3c=4a=12$，即 $b+c=4$.

错解：若选条件①$A=\dfrac{\pi}{3}$，由 $a^2=b^2+c^2-2bc\cos A=(b+c)^2-2bc-bc=9$，

解得 $bc=\dfrac{7}{3}$，

$$S_{\triangle ABC}=\frac{1}{2}bc\sin A=\frac{1}{2}\times\frac{7}{3}\times\frac{\sqrt{3}}{2}=\frac{7\sqrt{3}}{12}.$$

错因分析：这个解法是错误的，该过程没有体现出对三角形存在性的判断.

正解：若选条件①$A=\dfrac{\pi}{3}$，由 $a^2=b^2+c^2-2bc\cos A=(b+c)^2-2bc-bc=9$，

解得 $bc=\dfrac{7}{3}$，又因为 $b+c=4$，所以 b,c 是方程 $x^2-4x+\dfrac{7}{3}=0$ 的两个根，而 $\Delta=16-\dfrac{28}{3}>0$，所以方程 $x^2-4x+\dfrac{7}{3}=0$ 有两个不相等的实数根，三角形存在，所以 $S_{\triangle ABC}=\dfrac{1}{2}bc\sin A=\dfrac{1}{2}\times\dfrac{7}{3}\times\dfrac{\sqrt{3}}{2}=\dfrac{7\sqrt{3}}{12}$.

若选条件③$A=\dfrac{\pi}{2}$，

方法 1（求根）：由 $a^2=b^2+c^2=(4-b)^2+b^2=9$，

解得 $\begin{cases}b=\dfrac{4+\sqrt{2}}{2},\\[2mm]c=\dfrac{4-\sqrt{2}}{2},\end{cases}$

或 $\begin{cases}b=\dfrac{4-\sqrt{2}}{2},\\[2mm]c=\dfrac{4+\sqrt{2}}{2}.\end{cases}$

所以 $S_{\triangle ABC}=\dfrac{1}{2}bc=\dfrac{1}{2}\times\dfrac{7}{2}=\dfrac{7}{4}$.

方法 2（判断根的情况）：因为 $a^2=b^2+c^2=(b+c)^2-2bc=9$，解得 $bc=\dfrac{7}{2}$，

所以 b,c 是方程 $x^2-4x+\dfrac{7}{2}=0$ 的两个根,而 $\Delta=16-14>0$,所以方程 x^2-4x

$+\dfrac{7}{2}=0$ 有两个不相等的实数根,所以三角形存在,所以 $S_{\triangle ABC}=\dfrac{1}{2}bc=\dfrac{1}{2}\times\dfrac{7}{2}$

$=\dfrac{7}{4}$.

当选条件② $A=\dfrac{2\pi}{3}$ 时,由 $a^2=b^2+c^2-2bc\cos A=(b+c)^2-2bc+bc=9$,解

得 $bc=7$,所以 b,c 是方程 $x^2-4x+7=0$ 的两个根,而 $\Delta=16-28<0$,所以方程

$x^2-4x+7=0$ 没有实数根,所以三角形不存在,所以不能选择条件②.

> 我们在平时做题或者对答案的时候,不能只关注选项和结果,还要关注解答过程,通过过程中体现的逻辑来判断自己对知识的掌握程度.老师们在批作业的时候也是如此,不仅要从学生的解答过程中体会出学生对知识的掌握情况,也要发现学生存在的问题,以便及时解决.

3. 我爱画图

我喜欢几何,所以无论是大题还是小题,我都愿意先画个图,看看能不能从几何直观上对已知条件做一个了解,从图形上得到一些结论或提示.久而久之,学生也喜欢从图形入手分析问题,这样做缩短了小题的解题时间,对大题的结论有了初步感知,而且学生们的画图能力日渐成熟.

教学时,对一些常见函数,训练并要求学生能够熟练画出函数的图象,有了画图这项基本功,学生才能在应用画图技能解决问题上有更好的表现.

除了初中高中常见的基本初等函数的图象外,这里补充以下函数的图象.

1. 绝对值+绝对值,绝对值-绝对值;

2. 对勾函数及其姊妹函数;

3. $\dfrac{一次函数}{一次函数}$;

4. 根号下为一次函数;

5. 根号下为二次函数;

6. 三次函数;

7. 画倒数的图象.

第一组:绝对值的图

方法 1:用定义去掉绝对值符号,化为分段函数.

【例 1】已知函数 $y=\dfrac{|x^2-1|}{x-1}$ 的图象与函数 $y=kx-2$ 的图象恰有两个交点,则实数 k 的取值范围是_____.

答案:$(0,1)\bigcup(1,4)$

解析:用定义去掉绝对值符号,$y=\dfrac{|x^2-1|}{x-1}=\begin{cases}x+1,x\leqslant-1 \text{ 或 } x>1,\\-x-1,-1<x<1,\end{cases}$

因为函数 $y=kx-2$ 的图象恒过定点 $B(0,-2)$,由图易知 $A(1,-2)$,$C(-1,0)$,$D(1,2)$,

所以 $k_{AB}=\dfrac{-2+2}{1-0}=0$，$k_{BC}=\dfrac{0+2}{-1-0}=-2$，$k_{BD}=\dfrac{2+2}{1-0}=4$，

由图象可知 $k\in(0,1)\bigcup(1,4)$.

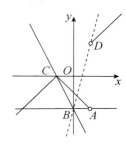

方法 2：数形结合，V 字形，注意拐点.

【例 2】若不等式 $|2x-m|\leqslant|3x+6|$ 恒成立，则实数 m 的取值是_____.

答案：-4

解析：从图象角度分析，左边的函数拐点横坐标为 $\dfrac{m}{2}$，图象为拐点两侧斜率绝对值为 2 的 V 字形；右边函数拐点横坐标为 -2，图象为拐点两侧斜率绝对值为 3 的 V 字形. 所以不等式恒成立的条件是拐点重合，即 $m=-4$.

练习：对任意实数 x，不等式 $|x-1|\geqslant kx$ 恒成立，则实数 k 的取值范围是_____.

第二组：绝对值加减绝对值型函数

【例 1】请画出下列函数的图象：

(1)$y=|x+2|+|x-1|$；(2)$y=|x+2|-|x-1|$.

步骤 1：通过绝对值定义体现其分段函数的本质.

(1)$y=|x+2|+|x-1|=\begin{cases}2x+1,x\geqslant1,\\3,-2<x<1,\\-2x-1,x\leqslant-2.\end{cases}$

(2)$y=|x+2|-|x-1|=\begin{cases}3,x\geqslant1,\\2x+1,-2<x<1,\\-3,x\leqslant-2.\end{cases}$

步骤 2：分别画出三段图象.

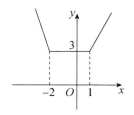 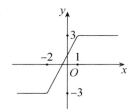

步骤3:观察规律并形成口诀.

结构:$y=|x-a|+|x-b|$,

图象:电视天线——正方形电视,底坐标a,b,边长$|a-b|$.

结构:$y=|x-a|-|x-b|$,

图象:上下台阶——通过a,b确定台阶高低,两边平,中间连线.

变式:结构:$y=|2x-a|+|x-b|$,

图象:改良的电视天线——梯形电视,屏幕变大,由底a,b分别求高,中间连线,两边天线变陡.

应用:恒成立求参数取值范围问题.

【例2】(1)若$m\leqslant|x+1|-|x+3|$恒成立,则实数m的取值范围是_____.

(2)若不等式$m>|x-2|+|x+3|$有解,则实数m的取值范围是_____.

答案:(1)$(-\infty,-2]$ (2)$(5,+\infty)$

解析:(1)$m\leqslant(|x+1|-|x+3|)_{\min}=-2,m\in(-\infty,-2]$.

(2)$|x-2|+|x+3|\geqslant5$,所以$m\in(5,+\infty)$.

第三组:对勾函数及其姊妹函数

第一层次:高一讲函数时(讲完均值定理以后)的方法——总结归纳画函数图象的常用方法与步骤:

定义域,值域,对称性(奇偶性),特殊值(横截距、纵截距、最值、极值),单调性,特殊线(渐近线).

第二层次:高一讲完常见函数图象与性质——画图方法的拓展,图象叠加法.

第三层次:限制不同定义域时的函数的局部图象.

第四层次:对勾函数及其姊妹函数的变式——本质:$\dfrac{二次函数}{一次函数}$,通过平移变

换得到函数图象.

【例】请画出下列函数的图象：(1)$y=x+\dfrac{1}{x}$；(2)$y=x-\dfrac{1}{x}$.

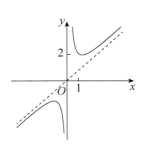 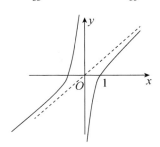

（3）函数 $y=\dfrac{x^2+2x+5}{x-1}$ 可以变形为 $y=x-1+\dfrac{8}{x-1}+4$，大致的函数图象如下.

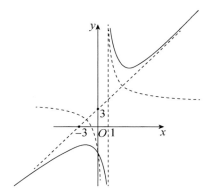

第四组：$\dfrac{\text{一次函数}}{\text{一次函数}}$型

【例】画出该函数的图象：$y=\dfrac{2x+1}{x+2}$.

第一层次：分离变量，用平移函数图象的方法画图.

$y=\dfrac{2x+1}{x+2}=2+\dfrac{-3}{x+2}$，$y'=\dfrac{-3}{x'}\xrightarrow[\text{上移 }2\text{ 个单位长度}]{\text{左移 }2\text{ 个单位长度}}y-2=\dfrac{-3}{x+2}$.

第二层次：三步画图法. 对于 $y=\dfrac{ax-b}{cx-d}(acd\neq0)$ 型的函数：

1. 确定定义域和值域，以及渐近线方程.

定义域：$\left\{x\left|x\neq\dfrac{d}{c}\right.\right\}$，值域 $\left\{y\left|y\neq\dfrac{a}{c}\right.\right\}$，所以先画两条渐近线：$x=\dfrac{d}{c}$，$y=\dfrac{a}{c}$.

2. 计算纵截距（横截距），画出点 $\left(0,\dfrac{b}{d}\right)$，确定图象在渐近线的第一、三象限,还是第二、四象限,从而以两条直线为渐近线画图.

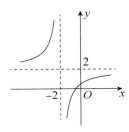

第三层次:通过换元转化为定义域上的 $\dfrac{\text{一次函数}}{\text{一次函数}}$ 型函数求值域.

例如: $y=\dfrac{2x^2+1}{x^2+2}$,设 $x^2=t,t\geqslant 0$,转化为 $y=\dfrac{2t+1}{t+2},t\in[0,+\infty)$,通过转化后的函数的图象,确定原函数的值域为 $\left[\dfrac{1}{2},2\right)$;

$y=\dfrac{2e^x+1}{e^x+2}$,设 $e^x=t,t>0$,转化为 $y=\dfrac{2t+1}{t+2},t\in(0,+\infty)$,通过转化后的函数的图象,确定原函数的值域为 $\left(\dfrac{1}{2},2\right)$;

$y=\dfrac{2\sin x+1}{\sin x+2}$,设 $\sin x=t,t\in[-1,1]$,转化为 $y=\dfrac{2t+1}{t+2},t\in[-1,1]$,通过转化后的函数的图象,确定原函数的值域为 $[-1,1]$.

第五组:根号下为一次函数

【例1】画出下列函数的图象:(1) $y=\sqrt{x-1}$;(2) $y=\sqrt{4-2x}$.

(1)已知 $y=\sqrt{x-1}\geqslant 0$,平方得 $y^2=x-1$,即抛物线 $y^2=x-1$ 中 $y\geqslant 0$ 的部分.

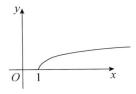

(2)同理可得 $y=\sqrt{4-2x}$ 的图象为抛物线 $y^2=4-2x$ 中 $y\geqslant 0$ 的部分.

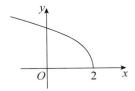

应用:

【例2】若 $\sqrt{2x+1} > x+m$ 的解集为 $-\dfrac{1}{2} \leqslant x < 4$,则实数 m 的值为

_____.

答案:-1

解析:设 $f(x) = \sqrt{2x+1}$,$g(x) = x+m$,$f(x)$ 的图象为抛物线 $y^2 = 2x+1$ 中 $y \geqslant 0$ 的部分,$g(x)$ 的图象为一条直线,分别作出 $f(x)$,$g(x)$ 的图象如图所示.

设两图象在第一象限的交点为 P,则点 P 的横坐标为 $x_P = 4 \Rightarrow \sqrt{2 \times 4 + 1} = 4 + m \Rightarrow m = -1$.

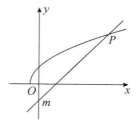

第六组:根号下为二次函数

【例1】作出下列函数的图象:

$(1) y = \sqrt{4-x^2}$;$(2) y = \sqrt{4-3x^2}$;$(3) y = \sqrt{1+x^2}$.

由解析式可得 $y \geqslant 0$;

两边同时平方得

$(1) y^2 + x^2 = 4$,$(2) y^2 + 3x^2 = 4$,$(3) y^2 - x^2 = 1$.

所以图象分别是圆、椭圆、双曲线的上半部分.

(1)
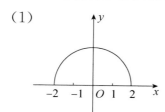

(2)
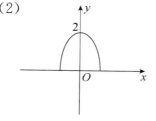

(3)
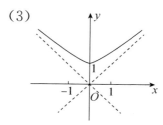

应用:

【例2】若不等式 $\sqrt{4-x^2} \leqslant k(x+1)$ 的解集为区间 $[a,b]$,且 $b-a=1$,则

$k =$ _____.

答案:$\dfrac{\sqrt{3}}{2}$

解析: ①当 $k \geqslant 0$ 时,如图 1 符合题意.②当 $k < 0$ 时,如图 2 不符合题意.

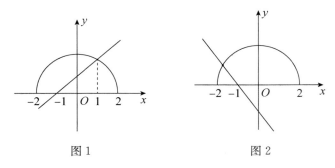

图 1   图 2

第七组:三次函数

【例】作出函数图象:$y = \dfrac{1}{3}x^3 - 4x$.

因为 $y = \dfrac{1}{3}x^3 - 4x$,所以 $y' = x^2 - 4$,令 $y' = 0$ 得 $x = -2$ 或 $x = 2$,则 y 的单调递增区间为 $(-\infty, -2)$,$(2, +\infty)$,单调递减区间为 $(-2, 2)$.极大值为 $\dfrac{1}{3} \times (-2)^3 - 4 \times (-2) = \dfrac{16}{3}$,极小值为 $\dfrac{1}{3} \times 2^3 - 4 \times 2 = -\dfrac{16}{3}$.所以三次函数 $y = \dfrac{1}{3}x^3 - 4x$ 的大致图象如图所示.

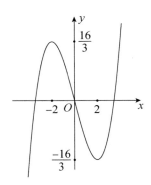

第八组:画倒数的图象

【例 1】(1)作出函数图象:$y = \dfrac{1}{x(x+2)}$;

(2)随意画一个函数的图象,再画出其倒数的图象.

解:(1)第一步:先画分母对应的函数 $y = x(x+2)$.

第二步:函数值为 0 的地方变为渐近线;函数值大于 0 的倒数仍然为正,函

数值小于 0 的倒数仍然为负.单调性变化:原函数单调递增的变为单调递减,单调递减的变为单调递增;描出顶点处的倒数值对应的点,画图.

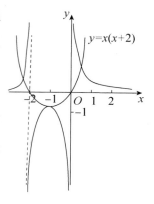

(2)略.

在学生具备基本画图能力后,逐渐渗透研究函数的结构和性质辅助画图,这样学生在解决具体问题时的灵活程度才会增加.

如:1.穿线图方法的灵活应用

【例1】设 $a \neq 0$,若 $x = a$ 为函数 $f(x) = a(x-a)^2(x-b)$ 的极大值点,则

( )

A. $a < b$ B. $a > b$ C. $ab < a^2$ D. $ab > a^2$

答案:D

解析:若用求导的方法,则计算量会比较大,但是用画图的方法就会快很多.

根据 a 的正负确定最大根的右侧是上穿还是下穿;

根据奇穿偶不穿的原理结合 a 是极大值点定图.

当 $a > 0$ 时,$0 < a < b$;

当 $a < 0$ 时,$b < a < 0$.

所以 D 正确.

如:2.函数的零点与极限思想的应用

【例2】请画出函数 $g(x) = (x^2 - 2x)e^x$ 的草图.

解:令函数 $g(x) = (x^2 - 2x)e^x = 0 \Leftrightarrow x^2 - 2x = 0 \Leftrightarrow x = 0$ 或 $x = 2$.

$g'(x) = (x^2 - 2)e^x = e^x(x + \sqrt{2})(x - \sqrt{2})$,

可知函数 $g(x)$ 在 $(-\infty, -\sqrt{2})$ 上单调递增,在 $(-\sqrt{2}, \sqrt{2})$ 上单调递减,在 $(\sqrt{2}, +\infty)$ 上单调递增.

结合函数的解析式可知零点和值域的性质,于是函数草图如下.

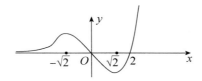

> 说明:函数的极限有时是可以用函数的值域来替代说明函数图象性质的.

【例3】(2021·北京节选)已知函数 $f(x)=\dfrac{3-2x}{x^2+a}$.

(2)若 $f(x)$ 在 $x=-1$ 处取得极值,求 $f(x)$ 的单调区间,以及其最大值与最小值.

解:(2)因为 $f(x)=\dfrac{3-2x}{x^2+a}$,

所以 $f'(x)=\dfrac{-2(x^2+a)-2x(3-2x)}{(x^2+a)^2}=\dfrac{2(x^2-3x-a)}{(x^2+a)^2}$,

由题意可得 $f'(-1)=\dfrac{2(4-a)}{(a+1)^2}=0$,解得 $a=4$,

故 $f(x)=\dfrac{3-2x}{x^2+4}$,$f'(x)=\dfrac{2(x+1)(x-4)}{(x^2+4)^2}$,令 $f'(x)=0$,解得 $x=-1$ 或 $x=4$,$f(x)$,$f'(x)$ 随 x 变化的情况如下:

x	$(-\infty,-1)$	-1	$(-1,4)$	4	$(4,+\infty)$
$f'(x)$	$+$	0	$-$	0	$+$
$f(x)$	增	极大值	减	极小值	增

所以函数 $f(x)$ 的单调递增区间为 $(-\infty,-1)$,$(4,+\infty)$,单调递减区间为 $(-1,4)$.

当 $x<\dfrac{3}{2}$ 时,$f(x)>0$;当 $x>\dfrac{3}{2}$ 时,$f(x)<0$.

所以 $f(x)_{\max}=f(-1)=1$,$f(x)_{\min}=f(4)=-\dfrac{1}{4}$.

【例4】(2023·北京节选)已知函数 $f(x)=x-x^3\mathrm{e}^{ax+b}$,且曲线 $f(x)$ 在 $(1,f(1))$ 处的切线为 $y=-x+1$.

（3）求函数 $f(x)$ 的极值点的个数.

解：（3）易得 $f(x)=x-x^3 e^{-x+1}(x\in\mathbf{R})$，$f'(x)=1-(3x^2-x^3)e^{-x+1}$，

$f'(x)$ 在 $(0,x_1),(x_2,+\infty)$ 上单调递减，在 $(-\infty,0),(x_1,x_2)$ 上单调递增，其中 $x_1=3-\sqrt{3},x_2=3+\sqrt{3}$.

求函数 $f(x)$ 极值点的个数，即求其导函数变号零点的个数. $f'(x)$ 的草图如下：

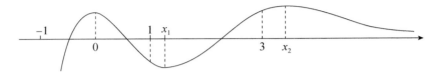

利用单调性，我们只需在相应的区间用零点存在性定理找到正负函数值即可. 注意找值的过程中，借助"邻居好值"进行传递运算.

最后一段递减，用函数的值域分布，说明当 $x>x_2$ 时，函数值 $f'(x)$ 恒正.

当 $x<0$ 时，$f'(-1)=1-4e^2<0$，$f'(0)=1>0$，即 $f'(-1)f'(0)<0$，所以 $f'(x)$ 在 $(-\infty,0)$ 上存在唯一零点，不妨设为 x_3，则 $-1<x_3<0$，当 $x<x_3$ 时，$f'(x)<0$，则 $f(x)$ 单调递减，当 $x_3<x<0$ 时，$f'(x)>0$，则 $f(x)$ 单调递增，所以 $f(x)$ 在 $(-\infty,0)$ 上有一个极小值点. 当 $x\in(0,x_1)$ 时，$f'(x)$ 在 $(0,x_1)$ 上单调递减，则 $f'(x_1)=f'(3-\sqrt{3})<f'(1)=1-2<0$，故 $f'(0)f'(x_1)<0$，所以 $f'(x)$ 在 $(0,x_1)$ 上存在唯一零点，不妨设为 x_4，则 $0<x_4<x_1$，当 $0<x<x_4$ 时，$f'(x)>0$，则 $f(x)$ 单调递增，当 $x_4<x<x_1$ 时，$f'(x)<0$，则 $f(x)$ 单调递减，所以 $f(x)$ 在 $(0,x_1)$ 上有一个极大值点. 当 $x\in(x_1,x_2)$ 时，$f'(x)$ 在 (x_1,x_2) 上单调递增，则 $f'(x_2)=f'(3+\sqrt{3})>f'(3)=1>0$，故 $f'(x_1)f'(x_2)<0$，所以 $f'(x)$ 在 (x_1,x_2) 上存在唯一零点，不妨设为 x_5，则 $x_1<x_5<x_2$，当 $x_1<x<x_5$ 时，$f'(x)<0$，则 $f(x)$ 单调递减，当 $x_5<x<x_2$ 时，$f'(x)>0$，则 $f(x)$ 单调递增，所以 $f(x)$ 在 (x_1,x_2) 上有一个极小值点. 当 $x>x_2=3+\sqrt{3}>3$ 时，$3x^2-x^3=x^2(3-x)<0$，所以 $f'(x)=1-(3x^2-x^3)e^{-x+1}>0$，则 $f(x)$ 单调递增，所以 $f(x)$ 在 $(x_2,+\infty)$ 上无极值点.

综上，$f(x)$ 在 $(-\infty,0)$ 和 (x_1,x_2) 上各有一个极小值点，在 $(0,x_1)$ 上有一个极大值点，共有 3 个极值点.

事实上,在北京的高考题中,分段函数是很常见的,分段函数的图象与性质也经常作为考查的重要内容,掌握这些函数的图象有助于快速解决相关问题.

如:(2023·北京)设 $a>0$,函数 $f(x)=\begin{cases} x+2, & x<-a, \\ \sqrt{a^2-x^2}, & -a\leqslant x\leqslant a, \\ -\sqrt{x}-1, & x>a. \end{cases}$ 给出下列

四个结论:

①$f(x)$在区间$(a-1,+\infty)$上单调递减;

②当 $a\geqslant 1$ 时,$f(x)$存在最大值;

③设 $M(x_1,f(x_1))(x_1\leqslant a)$,$N(x_2,f(x_2))(x_2>a)$,则$|MN|>1$;

④设 $P(x_3,f(x_3))(x_3<-a)$,$Q(x_4,f(x_4))(x_4\geqslant -a)$,若$|PQ|$存在最小值,则 a 的取值范围是 $\left(0,\dfrac{1}{2}\right]$.

其中所有正确结论的序号是_____.

(2022·北京)设函数 $f(x)=\begin{cases} -ax+1, & x<a, \\ (x-2)^2, & x\geqslant a, \end{cases}$ 若 $f(x)$存在最小值,则 a 的一个取值为_____;a 的最大值为_____.

有时候,虽然表面上题目是一个函数问题,但是转化为研究两个基本初等函数的图象的交点问题会更容易.

如:(2021·北京)已知 $f(x)=|\lg x|-kx-2$,给出下列四个结论:

①若$k=0$,则 $f(x)$有两个零点;②$\exists k<0$,使得 $f(x)$有一个零点;

③$\exists k<0$,使得 $f(x)$有三个零点;④$\exists k>0$,使得 $f(x)$有三个零点.

以上正确结论的序号是_____.

(2020·北京)已知函数 $f(x)=2^x-x-1$,则不等式 $f(x)>0$ 的解集是(　　)

A.$(-1,1)$　　　　　　　　B.$(-\infty,-1)\cup(1,+\infty)$

C.$(0,1)$　　　　　　　　D.$(-\infty,0)\cup(1,+\infty)$

4. 积累的函数很有用

在关于函数导数的综合题中,常用到一些结论,知道这些结论,会使得解决问题变得容易.学生在最初的时候或许不能熟练应用,但是随着实践的增多和经验的积累,学生用起来也如鱼得水,非常自如.

1.思考画函数图象的方法,并积累以下几个函数的图象、性质.

(1) $f(x)=x\mathrm{e}^x$;(2) $f(x)=\dfrac{x}{\mathrm{e}^x}$;(3) $f(x)=x\ln x$;(4) $f(x)=\dfrac{\ln x}{x}$.

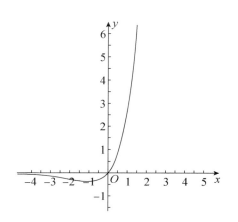

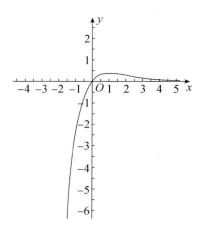

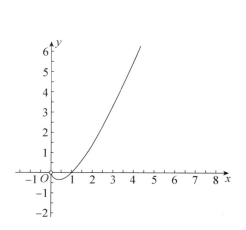

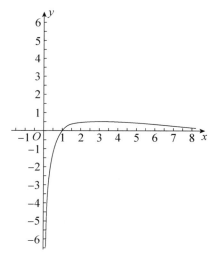

总结:研究函数图象和性质的方法:

(1)定义域;

(2)零点,纵截距——特殊点位置;

(3)值域,最值,最值点——与定义域一起初步确定图象所在的位置;

(4)函数的对称性(奇偶性)、周期性——缩小研究函数的范围;

(5)单调性——求导或用函数加减、复合函数的结论确定函数的单调性;

(6)极值点、极值;

(7)特殊线——渐近线;

(8)用积累的画倒数,画函数图象的叠加、相减的方法确定函数的图象或草图;

(9)万能大招——描点作图.

画图时要注意明确函数的定义域以及值域.

有了几个常见函数的图象和性质的积累,很多综合问题最终都可以转化为研究这几个函数的最值或极值问题,降低了我们解决问题的难度.

【例1】(2014·西城一模)已知函数 $f(x)=\begin{cases} x\ln x, x>a, \\ -x^2+2x-3, x\leqslant a, \end{cases}$ 其中 $a\geqslant$ 0. 如果对于任意 $x_1,x_2\in\mathbf{R}$,且 $x_1<x_2$,都有 $f(x_1)<f(x_2)$,求 a 的取值范围.

分析:若对常见的函数图象和性质进行积累和总结,不难看出该分段函数的两个函数分别在各自定义域内的最值情况,因此,关于接缝处的函数值的大小就可以通过两个函数的最值进行比较,而不用作差构造函数进行比较.

解:先研究函数 $g(x)=-x^2+2x-3,x\in\mathbf{R}$ 的性质,

配方得 $g(x)=-(x-1)^2-2$,

所以函数 $g(x)$ 在 $(-\infty,1)$ 上单调递增,在 $(1,+\infty)$ 上单调递减,且 $g(x)_{\max}=g(1)=-2$.

因为对于任意 $x_1,x_2\in\mathbf{R}$,且 $x_1<x_2$,都有 $f(x_1)<f(x_2)$ 成立,

所以 $a\leqslant 1$.

再研究函数 $h(x)=x\ln x,x\in(0,+\infty)$ 的性质,

$h'(x)=\ln x+1$,令 $h'(x)=\ln x+1=0$,解得 $x=\dfrac{1}{e}$.

$h(x)$ 和 $h'(x)$ 随着 x 变化的情况如下：

x	$\left(0,\dfrac{1}{e}\right)$	$\dfrac{1}{e}$	$\left(\dfrac{1}{e},+\infty\right)$
$h'(x)$	$-$	0	$+$
$h(x)$	↘		↗

即函数 $h(x)$ 在 $\left(0,\dfrac{1}{e}\right)$ 上单调递减，在 $\left(\dfrac{1}{e},+\infty\right)$ 上单调递增，且 $h(x)_{\min}=h\left(\dfrac{1}{e}\right)=-\dfrac{1}{e}$.

因为对于任意 $x_1,x_2\in\mathbf{R}$，且 $x_1<x_2$，都有 $f(x_1)<f(x_2)$ 成立，所以 $a\geqslant\dfrac{1}{e}$.

因为 $-\dfrac{1}{e}>-2$，即 $h(x)_{\min}>g(x)_{\max}$，

所以 a 的取值范围为 $\left[\dfrac{1}{e},1\right]$.

【例2】已知 $f(x)=ax-\ln x$，$x\in(0,e]$，$g(x)=\dfrac{\ln x}{x}$，其中 e 是自然常数，$a\in\mathbf{R}$.

(1) 当 $a=1$ 时，求 $f(x)$ 的单调区间和极值；

(2) 在 (1) 的条件下，求证：$f(x)>g(x)+\dfrac{1}{2}$.

(1) **解**：当 $a=1$ 时，$f(x)=x-\ln x$，$f'(x)=1-\dfrac{1}{x}=\dfrac{x-1}{x}$，

若 $f'(x)>0$，则 $1<x<e$，若 $f'(x)<0$，则 $0<x<1$，

∴ $f(x)$ 在 $(0,1)$ 上单调递减，在 $(1,e)$ 上单调递增，

∴ $f(x)$ 的极小值为 $f(1)=1$.

(2) **证明**：∵ $f(x)$ 的极小值为 1，即 $f(x)$ 在 $(0,e]$ 上的最小值为 1，

∴ $f(x)>0$，$f(x)_{\min}=1$，令 $h(x)=g(x)+\dfrac{1}{2}=\dfrac{\ln x}{x}+\dfrac{1}{2}$，则 $h'(x)=\dfrac{1-\ln x}{x^2}$，

当 $0<x<e$ 时，$h'(x)>0$，$h(x)$ 在 $(0,e]$ 上单调递增，

∴ $h(x)_{\max}=h(e)=\dfrac{1}{e}+\dfrac{1}{2}<\dfrac{1}{2}+\dfrac{1}{2}=1=f(x)_{\min}$，

∴在(1)的条件下,$f(x) > g(x) + \dfrac{1}{2}$.

> 说明:对于第二问,若要按照通法作差构造函数,再证明最小值大于0,则运算比较困难.但是分别研究两个函数的值域,就可以很轻松地解决问题.

> 说明:积累几个常见的函数有助于我们在较复杂的情境下,分离出熟悉的函数,利用我们积累的性质,将问题转化或分解,从而降低题目的综合性与复杂程度.

> 拓展:请有兴趣的同学探究以下几个函数的图象与性质.

(1) $f(x) = e^x + x$;

(2) $f(x) = x - e^x$;

(3) $f(x) = x + \ln x$;

(4) $f(x) = x - \ln x$;

(5) $f(x) = \dfrac{1}{x \ln x}$;

(6) $f(x) = \dfrac{x-1}{\ln x}$;

(7) $f(x) = x + \sin x$;

(8) $f(x) = 2^x - x^2$.

参考: (1)

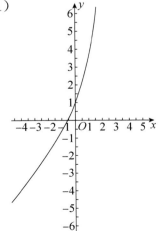

(2)

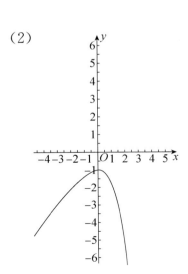

（3）

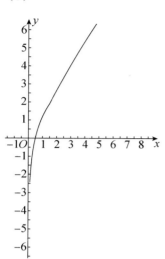

（4）

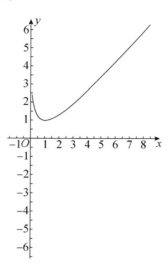

（5）

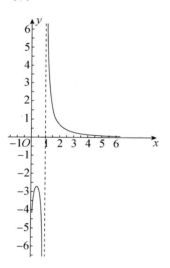

（6）

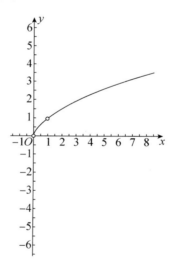

（7）

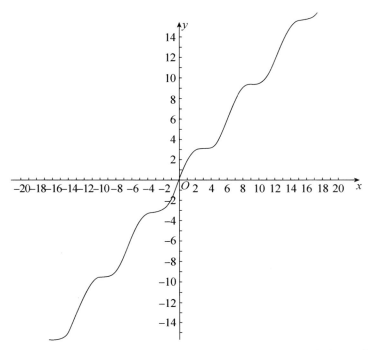

（8）提示：先画 $y=2^x$ 与 $y=x^2$ 的图象，再画 $y=2^x-x^2$ 的图象.

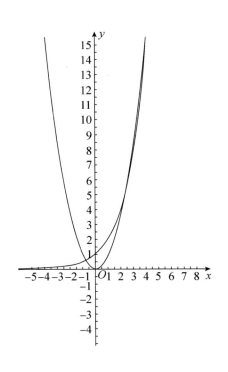

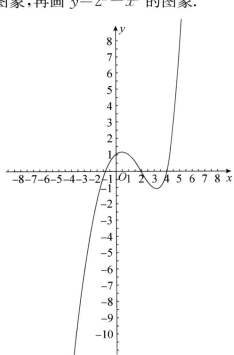

5. 积累几个常见不等式

证明以下几个不等式,并记住这些结论.

(1) $e^x \geqslant x+1$,$x-1 \geqslant \ln x$,$e^x \geqslant ex$,$\ln x \leqslant \dfrac{1}{e}x$.

证明很容易,略.

记忆方法——我们都有一双数学的手!看我们的右手掌纹,有一条指数函数图象,有一条对数函数的图象,中间有一条直线:$y=x$.我们往往通过直线传递指对的大小关系,将天与地通过中间人沟通.

(2) $e^x > x^2$($x>0$).

即求证不等式 $e^x > x^2$ 对任意 $x>0$ 恒成立.

方法 1:二次求导(二次构造函数)

设 $f(x)=e^x-x^2$($x>0$),

$f'(x)=e^x-2x$,

$f''(x)=e^x-2$,

令 $f''(x)<0 \Rightarrow x \in (0,\ln 2)$,$f''(x)>0 \Rightarrow x \in (\ln 2,+\infty)$,

于是 $f'(x)$ 在 $(0,\ln 2)$ 上是减函数,在 $(\ln 2,+\infty)$ 上是增函数,

所以 $f'(x)_{\min}=f'(\ln 2)=2-2\ln 2>0$,

即函数 $f(x)$ 在 $(0,+\infty)$ 上单调递增,$\therefore f(x)>f(0)=1>0$,不等式得证.

方法 2:转化(一)开方

要证 $e^x>x^2$($x>0$),只要证 $e^{\frac{x}{2}}>x$,

设 $f(x)=e^{\frac{x}{2}}-x$($x>0$),

$f'(x)=\dfrac{1}{2}e^{\frac{x}{2}}-1>0 \Rightarrow x>2\ln 2$,

所以 $f(x)$ 在 $(0,2\ln 2)$ 上是减函数,在 $(2\ln 2,+\infty)$ 上是增函数,

所以 $f(x)_{\min}=f(2\ln 2)=e^{\ln 2}-2\ln 2=2-2\ln 2>0$,得证.

方法 3:转化(二)取对数

要证 $e^x>x^2$($x>0$),只要证 $x>2\ln x$,

设 $f(x)=x-2\ln x(x>0)$，

则 $f'(x)=1-\dfrac{2}{x}=\dfrac{x-2}{x}$，

$f'(x)>0\Rightarrow x>2,f'(x)<0\Rightarrow 0<x<2$，

所以 $f(x)$ 在 $(0,2)$ 上是减函数，在 $(2,+\infty)$ 上是增函数，

所以 $f(x)_{\min}=f(2)=2-2\ln 2>0$，得证.

方法 4：转化（三）移项作商

要证 $\mathrm{e}^x>x^2(x>0)$，只要证 $\dfrac{x^2}{\mathrm{e}^x}<1$，

设 $f(x)=\dfrac{x^2}{\mathrm{e}^x}(x>0)$，

则 $f'(x)=\dfrac{x(2-x)}{\mathrm{e}^x}$，

$f'(x)<0\Rightarrow x>2,f'(x)>0\Rightarrow 0<x<2$，

所以 $f(x)$ 在 $(0,2)$ 上是增函数，在 $(2,+\infty)$ 上是减函数，

所以 $f(x)_{\max}=f(2)=\dfrac{4}{\mathrm{e}^2}<1$，

所以原不等式得证.

总结：合理构造函数的意识和方法：

（1）通法：二次构造函数的必要性

近几年的北京考题中，多次考到了二阶导，这是我们遇到超越问题时的一个迫不得已的手段. 难点在于我们如何想到再次构造函数，用导函数（或导函数的局部）的导数来解决导数的符号问题.

（2）合理构造函数的方法：通过运算的等价转化构造导数可控的函数

如本题：通过开方或除法解决二次函数和指数函数超越的矛盾，通过取对数，将指数问题转化为对数问题——对数的导数不超越.

（3）转化的意识、原则（等价转化）、方向

构造函数的方法还有很多，这是我们解决问题的很重要的环节，在后面会有专题来讲解函数的构造方法，这里先说这几个，其他方法略过.

注意：$\mathrm{e}^x>x^2(x>0)$ 等价于 $\ln x<\dfrac{x}{2}$.

(3)$\ln x < \sqrt{x}$.

这个证明不难,同学们自己完成证明.

> 在一些情况下,可以通过不等式的传递性,将指对问题转化为一次函数(二次函数、幂函数)放缩求值或证明不等式问题.
>
> 作用1:放缩解决超越问题
>
> 作用2:放缩找值

【例1】(2019·海淀期末节选)已知函数 $f(x) = \dfrac{ax - x^2}{e^x}$.

(2)当 $a > 0$ 时,求证:$f(x) > -\dfrac{2}{e}$ 对任意的 $x \in (0, +\infty)$ 成立.

证明:(2)方法1(通性通法):

$f'(x) = \dfrac{x^2 - (a+2)x + a}{e^x}$,令 $f'(x) = \dfrac{x^2 - (a+2)x + a}{e^x} = 0$,

得 $x_1 = \dfrac{a + 2 - \sqrt{a^2 + 4}}{2} > 0$,$x_2 = \dfrac{a + 2 + \sqrt{a^2 + 4}}{2} > 0$,

当 $a > 0$ 时,$f'(x)$,$f(x)$ 在区间 $(0, +\infty)$ 上随 x 变化的情况如下表:

x	$(0, x_1)$	x_1	(x_1, x_2)	x_2	$(x_2, +\infty)$
$f'(x)$	$+$	0	$-$	0	$+$
$f(x)$	↗	极大值	↘	极小值	↗

所以 $f(x)$ 在 $[0, +\infty)$ 上的最小值为 $f(0)$,$f(x_2)$ 中较小的值,

而 $f(0) = 0 > -\dfrac{2}{e}$,所以只需要证明 $f(x_2) > -\dfrac{2}{e}$,

因为 $x_2^2 - (a+2)x_2 + a = 0$,

所以 $f(x_2) = \dfrac{ax_2 - x_2^2}{e^{x_2}} = \dfrac{a - 2x_2}{e^{x_2}}$,

设 $F(x) = \dfrac{a - 2x}{e^x}$,其中 $x > 0$,

所以 $F'(x) = \dfrac{-2 - (a - 2x)}{e^x} = \dfrac{2x - (a + 2)}{e^x}$,

令 $F'(x) = 0$,得 $x_3 = \dfrac{a + 2}{2}$,

当 $a>0$ 时，$F'(x)$，$F(x)$ 在区间 $(0,+\infty)$ 上随 x 变化的情况如下表：

x	$(0,x_3)$	x_3	$(x_3,+\infty)$
$F'(x)$	—	0	+
$F(x)$	↘	极小值	↗

所以 $F(x)$ 在 $(0,+\infty)$ 上的最小值为 $F\left(\dfrac{a+2}{2}\right)=\dfrac{-2}{e^{1+\frac{a}{2}}}$，

而 $F\left(\dfrac{a+2}{2}\right)=\dfrac{-2}{e^{1+\frac{a}{2}}}>\dfrac{-2}{e}$，

注意到 $x_2>0$，所以 $f(x_2)=F(x_2)>-\dfrac{2}{e}$，问题得证.

方法 2（等价转化）：

"对任意的 $x>0$，$\dfrac{ax-x^2}{e^x}>-\dfrac{2}{e}$"等价于"对任意的 $x>0$，$\dfrac{ax-x^2}{e^x}+\dfrac{2}{e}>0$"，

即"对任意的 $x>0$，$\dfrac{2e^x+e(ax-x^2)}{e^{x+1}}>0$"，

故只需证"对任意的 $x>0$，$2e^x+e(ax-x^2)>0$".

设 $g(x)=2e^x+e(ax-x^2)$，

所以 $g'(x)=2e^x+e(a-2x)$，

设 $h(x)=g'(x)$，$h'(x)=2e^x-2e$，

令 $h'(x)=0$，得 $x=1$，

当 $a>0$ 时，$h'(x)$，$h(x)$ 在区间 $(0,+\infty)$ 上随 x 变化的情况如下表：

x	$(0,1)$	1	$(1,+\infty)$
$h'(x)$	—	0	+
$h(x)$	↘	极小值	↗

所以 $h(x)$ 在 $(0,+\infty)$ 上的最小值为 $h(1)$，

而 $h(1)=2e+e(a-2)=ea>0$，

所以 $x>0$ 时，$g'(x)=2e^x+e(a-2x)>0$，

所以 $g(x)$ 在 $(0,+\infty)$ 上单调递增，

所以 $g(x)>g(0)$，

而 $g(0)=2>0$,

所以 $g(x)>0$,问题得证.

方法 3(不等式放缩):

"对任意的 $x>0$,$f(x)>-\dfrac{2}{e}$"等价于"$f(x)$ 在 $(0,+\infty)$ 上的最小值大于

$-\dfrac{2}{e}$".

$$f'(x)=\frac{x^2-(a+2)x+a}{e^x},$$

令 $f'(x)=0$,

得 $x_1=\dfrac{a+2-\sqrt{a^2+4}}{2}>0$,$x_2=\dfrac{a+2+\sqrt{a^2+4}}{2}>0$,

当 $a>0$ 时,$f'(x)$,$f(x)$ 在 $(0,+\infty)$ 上随 x 变化的情况如下表:

x	$(0,x_1)$	x_1	(x_1,x_2)	x_2	$(x_2,+\infty)$
$f'(x)$	$+$	0	$-$	0	$+$
$f(x)$	↗	极大值	↘	极小值	↗

所以 $f(x)$ 在 $[0,+\infty)$ 上的最小值为 $f(0)$,$f(x_2)$ 中较小的值,

而 $f(0)=0>-\dfrac{2}{e}$,

所以只需要证明 $f(x_2)>-\dfrac{2}{e}$,

因为 $x_2^2-(a+2)x_2+a=0$,

所以 $f(x_2)=\dfrac{ax_2-x_2^2}{e^{x_2}}=\dfrac{a-2x_2}{e^{x_2}}>\dfrac{-2x_2}{e^{x_2}}$,

注意到 $x_2=\dfrac{a+2+\sqrt{a^2+4}}{2}$,$a>0$,

所以 $x_2=\dfrac{a+2+\sqrt{a^2+4}}{2}>2$,

设 $F(x)=\dfrac{-2x}{e^x}$,其中 $x>2$,

所以 $F'(x)=\dfrac{-2(1-x)}{e^x}=\dfrac{2(x-1)}{e^x}$,

当 $x>2$ 时,$F'(x)>0$,

所以 $F(x)$ 单调递增,

所以 $F(x) > F(2) = -\dfrac{4}{e^2}$,

而 $-\dfrac{4}{e^2} - \left(-\dfrac{2}{e} \right) = \dfrac{2e-4}{e^2} > 0$,

所以 $f(x_2) > F(x_2) > -\dfrac{2}{e}$,问题得证.

方法 4(不等式放缩):

因为 $a > 0$,

所以当 $x > 0$ 时,$f(x) = \dfrac{ax - x^2}{e^x} > \dfrac{-x^2}{e^x}$,

设 $F(x) = \dfrac{-x^2}{e^x}$,

其中 $x > 0$,

所以 $F'(x) = \dfrac{x(x-2)}{e^x}$,

所以 $F'(x)$,$F(x)$ 随 x 变化的情况如下表:

x	$(0,2)$	2	$(2,+\infty)$
$F'(x)$	$-$	0	$+$
$F(x)$	↘	极小值	↗

所以 $F(x)$ 在 $x = 2$ 时取得极小值 $F(2) = -\dfrac{4}{e^2}$,

而 $-\dfrac{4}{e^2} - \left(-\dfrac{2}{e} \right) = \dfrac{2e-4}{e^2} > 0$,

所以 $x > 0$ 时,$F(x) > -\dfrac{2}{e}$,

所以 $f(x) > F(x) > -\dfrac{2}{e}$,问题得证.

【例 2】 求证:$e^x - x^2 \ln x - 1 > 0 (x > 0)$.

解题思路:1. 分离指数函数和对数函数,中间用一次函数传递.

2. 放缩(或指数函数用泰勒公式缩到 3 次,有兴趣的同学自己证明.)

3. 逐段证明

证明:只要证明 $\dfrac{e^x - 1}{x^2} > \dfrac{1}{e}x \geqslant \ln x$,

后面不等式易证：$\ln x \leqslant \dfrac{1}{e}x$，

前面不等式转化为证明 $e^x - 1 - \dfrac{1}{e}x^3 > 0 \, (x > 0)$，

简略思路：设 $y = e^x - 1 - \dfrac{1}{e}x^3 \, (x > 0)$，

$y' = e^x - \dfrac{3}{e}x^2$，

$y'' = e^x - \dfrac{6}{e}x$，

$y''' = e^x - \dfrac{6}{e}$，

设 $x_0 = \ln \dfrac{6}{e}$，

则 $y''(x) \geqslant y''(x_0) = \dfrac{6}{e}(1 - \ln 6 + 1) > 0$，

$\therefore y'(x) > y'(0) = 1 > 0$，

$\therefore y(x) > y(0) = 0$，得证.

6. 超越函数我有招

由基本初等函数的和差积商或复合构成的函数,我们称为超越函数,超越函数相关问题不能直接利用初等函数的图象与性质来解决,我们称之为超越问题.解决超越问题是导数问题中常见的难点,但是我们有很好的方法可以解决超越问题.

【例1】(2016·西城一模文科)已知函数 $f(x)=x\ln x+ax^2-1$,且 $f'(1)=-1$.

(1)求 $f(x)$ 的解析式;

(2)若对任意 $x\in(0,+\infty)$,都有 $f(x)-mx\leqslant-1$,求 m 的最小值;

(3)证明:函数 $y=f(x)-xe^x+x^2$ 的图象在直线 $y=-2x-1$ 的下方.

(1)解:由 $f(x)=x\ln x+ax^2-1$ 得 $f'(x)=1+\ln x+2ax$,

所以 $f'(1)=1+2a=-1$,解得 $a=-1$,

所以 $f(x)=x\ln x-x^2-1$.

(2)解:由 $f(x)-mx\leqslant-1$,得 $x\ln x-x^2-mx\leqslant0$,

所以对任意 $x\in(0,+\infty)$,都有 $\ln x-x\leqslant m$.

设 $g(x)=\ln x-x$,则 $g'(x)=\dfrac{1}{x}-1$.

令 $g'(x)=0$,解得 $x=1$.

当 x 变化时,$g(x)$ 与 $g'(x)$ 的变化情况如下表:

x	$(0,1)$	1	$(1,+\infty)$
$g'(x)$	$+$	0	$-$
$g(x)$	↗	极大值	↘

所以当 $x=1$ 时,$g(x)_{\max}=g(1)=-1$.

因为对任意 $x\in(0,+\infty)$,都有 $g(x)\leqslant m$ 成立,

所以 $m\geqslant-1$.

所以 m 的最小值为 -1.

（3）**证明**：方法 1（不等式传递）：

"函数 $y=f(x)-xe^x+x^2$ 的图象在直线 $y=-2x-1$ 的下方"等价于 "$f(x)-xe^x+x^2+2x+1<0$"，

即要证 $x\ln x-xe^x+2x<0$，所以只要证 $\ln x<e^x-2$.

由（2）得 $g(x)=\ln x-x\leqslant -1$，即 $\ln x\leqslant x-1$（当且仅当 $x=1$ 时等号成立）.

所以只要证明当 $x\in(0,+\infty)$ 时，$x-1<e^x-2$ 即可.

设 $h(x)=(e^x-2)-(x-1)=e^x-x-1$，

所以 $h'(x)=e^x-1$，

因为 $x>0$，所以 $h'(x)=e^x-1>0$，所以 $h(x)$ 在 $(0,+\infty)$ 上为增函数.

所以 $h(x)>h(0)=0$，即 $x-1<e^x-2$.

所以 $\ln x<e^x-2$.

故函数 $y=f(x)-xe^x+x^2$ 的图象在直线 $y=-2x-1$ 的下方.

方法一：用常见不等式传递，这就是积累常见不等式的优势.

联系指数函数和对数函数与一次函数的不等关系：$e^x\geqslant x+1$，$x-1\geqslant \ln x$，我们就可以得到结论. 注意这个不等式是要求证明的.

方法 2：原命题等价于 $\ln x-e^x+2<0$，

设 $F(x)=\ln x-e^x+2$，则 $F'(x)=\dfrac{1}{x}-e^x$（$x>0$）.

$F'(x)$ 在 $(0,+\infty)$ 上是单调减的.

因为 $F'\left(\dfrac{1}{2}\right)=2-\sqrt{e}>0$，$F'(1)=1-e<0$，

所以 $\exists x_0\in\left(\dfrac{1}{2},1\right)$，使得 $F'(x_0)=0$，$F'(x_0)$ 在 $(0,x_0)$ 上大于 0，$F'(x_0)$ 在 $(x_0,+\infty)$ 上小于 0，

所以 $F(x)=\ln x-e^x+2$ 在 $(0,x_0)$ 上单调递增，在 $(x_0,+\infty)$ 上单调递减.

所以 $F(x)\leqslant F(x_0)$.

因为 $\dfrac{1}{x_0}=e^{x_0}$，所以 $x_0=-\ln x_0$，

所以 $F(x_0) = \ln x_0 - e^{x_0} + 2 = -\left(\dfrac{1}{x_0} + x_0\right) + 2 \leqslant 0$，当且仅当 $x_0 = 1$ 时取等号.

因为 $x_0 \in \left(\dfrac{1}{2}, 1\right)$，

所以 $F(x) \leqslant F(x_0) < 0$，

所以函数 $y = f(x) - xe^x + x^2$ 的图象在直线 $y = -2x - 1$ 的下方.

> **方法二：设而不求，消灭超越.**
>
> **说明：** 这是道非常好的导数题，考查了学生解决导数问题的能力和方法.

第 (2) 问中，观察函数的结构，提取并消掉公因式 x 是非常重要的简化处理导数，构造合理函数的方法，也希望同学们借鉴.

第 (3) 问中，方法 1 是对常见函数的积累和应用，在一个式子中，若同时出现指数和对数，我们常用一个一次函数来沟通它们：$\ln x \leqslant x - 1$，$e^x \geqslant x + 1$，这也是我们平时学习的积累；同时，对于平行设问来讲，第 (3) 问借助第 (2) 问研究过的结论来进一步研究问题也是常见的题型设计，因此，就算没有平时的积累，只要想到应用第 (2) 问的结论，此题的转化目标也就达到了.

第 (3) 问的方法 2 就是我们要说明的超越式的处理方法. 我们往往应用惯性思维进行常规转化：原命题等价于 $\ln x - e^x + 2 < 0$，只要让左边的最大值小于 0 即可，于是构造新函数：设 $F(x) = \ln x - e^x + 2$，

按照正常的方法进行研究：$F'(x) = \dfrac{1}{x} - e^x \ (x > 0)$.

$F'(x)$ 在 $(0, +\infty)$ 上是单调减的，由 $F'\left(\dfrac{1}{2}\right) = 2 - \sqrt{e} > 0$，$F'(1) = 1 - e < 0$，可知新函数有零点，虽然已经出现了超越式，零点无法求出，但是我们可以用符号表示出来，而不是求出来：

所以 $\exists x_0 \in \left(\dfrac{1}{2}, 1\right)$，使得 $F'(x_0) = 0$，$F'(x_0)$ 在 $(0, x_0)$ 上大于 0，$F'(x_0)$ 在 $(x_0, +\infty)$ 上小于 0，

所以 $F(x) = \ln x - e^x + 2$ 在 $(0, x_0)$ 上单调递增，在 $(x_0, +\infty)$ 上单调递减.

所以 $F(x) \leqslant F(x_0)$.

这样我们找到了新函数的最大值,我们把最大值表达出来.

因为 $\dfrac{1}{x_0}=\mathrm{e}^{x_0}$,所以 $x_0=-\ln x_0$,

上述式子是我们设而不求的关键:我们通过变形,将指数式和对数式分别用多项式来替代,从而消灭了指数、对数式子,从而消灭了超越!

所以 $F(x_0)=\ln x_0-\mathrm{e}^{x_0}+2=-\left(\dfrac{1}{x_0}+x_0\right)+2\leqslant 0$,当且仅当 $x_0=1$ 时取等号.

因为 $x_0\in\left(\dfrac{1}{2},1\right)$,所以 $F(x)\leqslant F(x_0)<0$,

所以函数 $y=f(x)-x\mathrm{e}^x+x^2$ 的图象在直线 $y=-2x-1$ 的下方.

这种设而不求,消灭超越的方法在很多导数问题中都会遇到,希望同学们能够学习并使用这种方法.

【例 2】(2015·北京)已知函数 $f(x)=\ln\dfrac{1+x}{1-x}$.

(1)求曲线 $y=f(x)$ 在点 $(0,f(0))$ 处的切线方程;

(2)求证:当 $x\in(0,1)$ 时,$f(x)>2\left(x+\dfrac{x^3}{3}\right)$;

(3)设实数 k 使得 $f(x)>k\left(x+\dfrac{x^3}{3}\right)$ 对 $x\in(0,1)$ 恒成立,求 k 的最大值.

解:(1)和(2)仍然是对基本问题、基本方法的考查,在此略过.

我们来研究第(3)问中出现超越式子的处理方法:

方法 1:由(2)知,当 $k\leqslant 2$ 时,$f(x)>k\left(x+\dfrac{x^3}{3}\right)$ 对 $x\in(0,1)$ 恒成立.

(这里首先猜想 k 的最大值为 2,下面的工作就是论证:当 $k>2$ 时,$\exists x_0\in(0,1)$,使得 $f(x_0)\leqslant k\left(x_0+\dfrac{x_0^3}{3}\right)$.或者构造的新函数的最小值小于 0 即可.这个猜想不容易,但是"先猜再证"的方法在高考中曾经多次考查过,是中学生应当掌握的重要的研究方法)

当 $k>2$ 时,令 $h(x)=f(x)-k\left(x+\dfrac{x^3}{3}\right)$,

则 $h'(x)=f'(x)-k(1+x^2)=\dfrac{kx^4-(k-2)}{1-x^2}$.

所以当 $0<x<\sqrt[4]{\dfrac{k-2}{k}}$ 时，$h'(x)<0$，

因此 $h(x)$ 在区间 $\left(0,\sqrt[4]{\dfrac{k-2}{k}}\right)$ 上单调递减.

所以 $\exists x_0\in\left(0,\sqrt[4]{\dfrac{k-2}{k}}\right)$，使得 $h(x_0)<h(0)=0$，

即 $f(x_0)<k\left(x_0+\dfrac{x_0^3}{3}\right)$.

这一步非常关键：首先注意到特殊函数值 $h(0)=0$，再利用函数的单调性得到 $h(x_0)<h(0)$，这样我们就不用去解决超越不等式 $h(x)_{\min}=h\left(\sqrt[4]{\dfrac{k-2}{k}}\right)>0$ 了.

所以当 $k>2$ 时，$f(x)>k\left(x+\dfrac{x^3}{3}\right)$ 并非对 $x\in(0,1)$ 恒成立.

综上可知，k 的最大值为 2.

方法 2：由(2)知，当 $k\leqslant 2$ 时，$f(x)>k\left(x+\dfrac{x^3}{3}\right)$ 对 $x\in(0,1)$ 恒成立.

当 $k>2$ 时，令 $h(x)=f(x)-kx$，则 $h'(x)=f'(x)-k=\dfrac{kx^2-(k-2)}{1-x^2}$.

所以当 $0<x<\sqrt{\dfrac{k-2}{k}}$ 时，$h'(x)<0$，因此 $h(x)$ 在区间 $\left(0,\sqrt{\dfrac{k-2}{k}}\right)$ 上单调递减.

当 $0<x<\sqrt{\dfrac{k-2}{k}}$ 时，$h(x)<h(0)=0$，

即 $f(x)<kx<k\left(x+\dfrac{x^3}{3}\right)$.

所以当 $k>2$ 时，$f(x)>k\left(x+\dfrac{x^3}{3}\right)$ 并非对 $x\in(0,1)$ 恒成立.

综上可知，k 的最大值为 2.

方法 3：设 $h(x)=\ln\dfrac{1+x}{1-x}-k\left(x+\dfrac{x^2}{3}\right)$，$x\in(0,1)$，

则 $h'(x)=\dfrac{2}{1-x^2}-k(1+x^2)=\dfrac{kx^4+2-k}{1-x^2}$，$x\in(0,1)$，

当 $k\leqslant 2$ 时，由(2)知 $h(x)>0$.

当 $k>2$ 时,令 $h'(x_0)=0$,得 $x_0^4=\dfrac{k-2}{k}\in(0,1)$,

x	$(0,x_0)$	x_0	$(x_0,1)$
$h'(x)$	$-$	0	$+$
$h(x)$	单调递减	极值	单调递增

$h(x_0)<h(0)=0$. 所以当 $k>2$ 时,$h(x)>0$ 并非对所有的 $x\in(0,1)$ 恒成立.

综上可知,k 的最大值为 2.

> 方法三:关注特殊函数值,借助函数单调性——恒成立或不恒成立.我们称此法为"好邻居".
>
> 说明:此题的本质是高等数学的泰勒展开式,现在高考许多题目都是用这个知识编成的.

对于这些方法,其实都用到了很重要的一点:函数的特殊点的函数值 $h(0)=0$,然后再借助函数的单调性来说明最小值不可能大于 0,从而将这种情况舍弃.

【例 3】已知函数 $f(x)=\mathrm{e}^{-kx}\left(x^2+x-\dfrac{1}{k}\right)(k<0)$.

(1)求 $f(x)$ 的单调区间.

(2)是否存在实数 k,使得函数 $f(x)$ 的极大值等于 $3\mathrm{e}^{-2}$?若存在,求出 k 的值;若不存在,请说明理由.

解:(1)$f(x)$ 的定义域为 **R**.

$f'(x)=-k\mathrm{e}^{-kx}\left(x^2+x-\dfrac{1}{k}\right)+\mathrm{e}^{-kx}(2x+1)=\mathrm{e}^{-kx}\left[-kx^2+(2-k)x+2\right]$,

即 $f'(x)=-\mathrm{e}^{-kx}(kx-2)(x+1)(k<0)$. ◄—导函数:含参二次型

令 $f'(x)=0$,解得 $x=-1$ 或 $x=\dfrac{2}{k}$. ◄—需要讨论两根的大小

①当 $k=-2$ 时,有 $-1=\dfrac{2}{k}$,$f'(x)=2\mathrm{e}^{2x}(x+1)^2\geqslant0$,故 $f(x)$ 的单增区间是 $(-\infty,+\infty)$.

②当 $-2 < k < 0$ 时，$\dfrac{2}{k} < -1$，$f(x)$，$f'(x)$ 随 x 变化的情况如下：

x	$\left(-\infty, \dfrac{2}{k}\right)$	$\dfrac{2}{k}$	$\left(\dfrac{2}{k}, -1\right)$	-1	$(-1, +\infty)$
$f'(x)$	+	0	−	0	+
$f(x)$	↗	极大值	↘	极小值	↗

所以函数 $f(x)$ 的单调递增区间是 $\left(-\infty, \dfrac{2}{k}\right)$ 和 $(-1, +\infty)$，单调递减区间是 $\left(\dfrac{2}{k}, -1\right)$.

③当 $k < -2$ 时，有 $-1 < \dfrac{2}{k}$，$f(x)$，$f'(x)$ 随 x 变化的情况如下：

x	$(-\infty, -1)$	-1	$\left(-1, \dfrac{2}{k}\right)$	$\dfrac{2}{k}$	$\left(\dfrac{2}{k}, +\infty\right)$
$f'(x)$	+	0	−	0	+
$f(x)$	↗	极大值	↘	极小值	↗

所以函数 $f(x)$ 的单调递增区间是 $(-\infty, -1)$ 和 $\left(\dfrac{2}{k}, +\infty\right)$，单调递减区间是 $\left(-1, \dfrac{2}{k}\right)$.

(2)当 $k = -1$ 时，$f(x)$ 的极大值等于 $3\mathrm{e}^{-2}$. 理由如下：

①当 $k = -2$ 时，$f(x)$ 无极大值.

②当 $-2 < k < 0$ 时，$f(x)$ 的极大值为 $f\left(\dfrac{2}{k}\right) = \mathrm{e}^{-2}\left(\dfrac{4}{k^2} + \dfrac{1}{k}\right)$，

令 $\mathrm{e}^{-2}\left(\dfrac{4}{k^2} + \dfrac{1}{k}\right) = 3\mathrm{e}^{-2}$，即 $\dfrac{4}{k^2} + \dfrac{1}{k} = 3$，解得 $k = -1$ 或 $k = \dfrac{4}{3}$（舍）.

③方法 1：当 $k < -2$ 时，$f(x)$ 的极大值为 $f(-1) = -\dfrac{\mathrm{e}^k}{k}$.

我们不解方程 $-\dfrac{\mathrm{e}^k}{k} = 3\mathrm{e}^{-2}$，而是根据 k 的范围与不等式的性质得到 $-\dfrac{\mathrm{e}^k}{k}$ 的范围. 因为 $0 < \mathrm{e}^k < \mathrm{e}^{-2}$，$0 < -\dfrac{1}{k} < \dfrac{1}{2}$，

所以 $-\dfrac{\mathrm{e}^k}{k} < \dfrac{1}{2}\mathrm{e}^{-2}$.

因为 $\dfrac{1}{2}e^{-2}<3e^{-2}$,

所以 $f(x)$ 的极大值不可能等于 $3e^{-2}$.

综上所述,当 $k=-1$ 时,$f(x)$ 的极大值等于 $3e^{-2}$.

> **方法四:根据零点的范围,借助不等式放缩——证明不等式恒成立或恒不成立.**

③方法2:当 $k<-2$ 时,$f(x)$ 的极大值为 $f(-1)=-\dfrac{e^k}{k}$.

设函数 $g(x)=-\dfrac{e^x}{x}$,$x<-2$,则 $g'(x)=\dfrac{e^x(1-x)}{x^2}>0$,

函数 $g(x)$ 在 $(-\infty,-2)$ 上单调递增,$g(x)<g(-2)=\dfrac{1}{2}e^{-2}<3e^{-2}$,

所以 $f(x)$ 的极大值不可能等于 $3e^{-2}$.

> **方法五:有时候,也可把要证明的不等式转化为函数值恒成立,再次构造函数,用导数研究其单调性及其最值来解决问题.**

> 总结:关于超越问题的常见解决方法
> (1)不等式传递(放缩,局部消灭超越);
> (2)设而不求、消灭超越;
> (3)"好邻居";
> (4)用不等式性质放缩,证明不等式恒成立或不恒成立或恒不成立;
> (5)求二阶导(再次构造函数).
> 有时候,我们还借助上一问的结论,承上启下解决问题.

7. 构造函数我有方

在前面积累的常见函数与常见不等式的证明过程中,可以总结出常见的构造方法有:

(1)利用运算性质等价转化,常见的转化方法有:

做差构造函数(化一边为 0);

做商构造函数(化一边为 1),此法适用于有指数函数时;

取对数,此法适用于将指数函数和幂函数分别转化为多项式和对数函数.

(2)将导数看成新函数,求二阶导.

(3)局部构造法,将导数中不能确定的因式单独构造函数,再次求导判断原导数值的正负.

【例 1】 已知函数 $f(x)=e^x-ax^2\,(x>0)$.

(1)若 $xf(x)+ax^3-ax^2-x>0$ 恒成立,求实数 a 的取值范围;

(2)对任意 $x_1,x_2\in(0,+\infty)$,且 $x_1\neq x_2$,有 $\dfrac{f(x_1)-f(x_2)}{x_1-x_2}>a$ 恒成立,求实数 a 的取值范围;

(3)求证:$f(x)+ax^2>\dfrac{x\ln(x+1)}{x+1}$ 恒成立.

(1)**解**:因为 $xf(x)+ax^3-ax^2-x>0$,所以 $x(e^x-1-ax)>0$. 令 $g(x)=e^x-1-ax$,则 $g'(x)=e^x-a$.

(已知一个因式恒大于 0,故只取另一个因式研究)

若 $a\leq1$,则当 $x\in(0,+\infty)$时,$g'(x)>0$,$g(x)$单调递增,而 $g(0)=0$,故当 $x\in(0,+\infty)$时,$g(x)>0$,即 $f(x)>0$.

若 $a>1$,则当 $x\in(0,\ln a)$时,$g'(x)<0$,$g(x)$单调递减,而 $g(0)=0$,故当 $x\in(0,\ln a)$时,$g(x)<0$,即 $f(x)<0$.

综上得 a 的取值范围为 $(-\infty,1]$.

> 总结(4)去因式法.注意因式带来的定义域的限制.

推广:已知函数可进行因式分解,一个因式正负可以简单确定,故只取另一个因式研究.

如:$f(x)=(x+1)\left(\ln x-\dfrac{x-1}{x+1}\right)>0$,等价于 $\ln x-\dfrac{x-1}{x+1}>0$.

再如:$(x-1)f(x)>0$,$f(x)=\ln x+\dfrac{x-1}{x+1}$,等价于研究函数 $f(x)$ 在 $x>1$ 时函数值为正,在 $0<x<1$ 时函数值为负.

> 总结(5)有对数函数时,考虑"清君侧"(把 $\ln x$ 系数化为 1)构造函数.

如:求证:$\dfrac{\ln x}{x}\leqslant x-1(x>0)$ 或 $x-1<x^2\ln x(x>1)$,

分别转化为证明 $\ln x\leqslant x^2-x(x>0)$ 或 $\dfrac{x-1}{x^2}<\ln x(x>1)$.

回到例 1(1).

注:若采用分离变量的方法会面临两个尴尬.

$e^x-1-ax>0(x>0)\Rightarrow a<\dfrac{e^x-1}{x}=h(x)$,即 $a<h(x)_{\min}$.

尴尬一:导数正负不会判断,$h'(x)=\dfrac{e^x(x-1)+1}{x^2}$.

解决:再次构造 $k(x)=e^x(x-1)(x>0)\Rightarrow k'(x)=e^x\cdot x>0 \Rightarrow k(x)>k(0)=-1\Rightarrow h'(x)>0$,

$h(x)>h(0)$.

尴尬二:没有定义,不会求值.

解决:求极限.$\lim\limits_{x\to 0}\dfrac{e^x-1}{x}=e^x\big|_{x=0}=1$.

所以 $a\leqslant 1$.

(2)**解**:将 $\dfrac{f(x_1)-f(x_2)}{x_1-x_2}>a$ 转化为当 $x_1<x_2$ 时,$f(x_1)-f(x_2)<ax_1-ax_2\Rightarrow f(x_1)-ax_1<f(x_2)-ax_2$.

设 $g(x)=f(x)-ax$,←**把具有相同结构的部分构造新函数**

只要证明 $g(x_1)<g(x_2)$,

即证明函数 $g(x)$ 在 $(0,+\infty)$ 上单调递增即可.

$g(x)=\mathrm{e}^x-ax^2-ax(x>0)$,

则 $g'(x)=\mathrm{e}^x-2ax-a\geqslant0$ 恒成立,

所以 $a\leqslant\dfrac{\mathrm{e}^x}{2x+1}$,←**分离变量,构造新函数**

设 $h(x)=\dfrac{\mathrm{e}^x}{2x+1}(x>0)$,只要 $a\leqslant h(x)_{\min}$ 即可.

$h'(x)=\dfrac{\mathrm{e}^x(2x-1)}{(2x+1)^2}$,

令 $h'(x)=0$,解得 $x=\dfrac{1}{2}$. 所以当 $x\in\left(0,\dfrac{1}{2}\right)$ 时,$h'(x)<0$,$h(x)$ 单调递减;

当 $x\in\left(\dfrac{1}{2},+\infty\right)$ 时,$h'(x)>0$,$h(x)$ 单调递增.

所以 $h(x)_{\min}=h\left(\dfrac{1}{2}\right)=\dfrac{\sqrt{\mathrm{e}}}{2}$,

所以 a 的取值范围为 $\left(-\infty,\dfrac{\sqrt{\mathrm{e}}}{2}\right]$.

> **总结**:(6)寻找相同的结构式构造函数.
>
> (7)分离变量,构造函数.
>
> (8)换元.

如证明 $\ln x_1-\ln x_2<a\cdot\dfrac{x_1-x_2}{x_1+x_2}\Rightarrow\ln\dfrac{x_1}{x_2}<a\cdot\dfrac{\dfrac{x_1}{x_2}-1}{\dfrac{x_1}{x_2}+1}$,换元构造函数,

令 $t=\dfrac{x_1}{x_2}$,只要证 $\ln t<a\cdot\dfrac{t-1}{t+1}$.

(3)**证明**:转化为 $(x+1)\mathrm{e}^x>x\ln(x+1)$ 即 $\dfrac{\mathrm{e}^x}{x}>\dfrac{\ln(x+1)}{x+1}$,

令 $g(x)=\dfrac{\mathrm{e}^x}{x}(x>0)$,$h(x)=\dfrac{\ln(x+1)}{x+1}(x>0)$,

只要证 $g(x)_{\min}>h(x)_{\max}$ 即可.

> **总结**(9):积累几个常见函数,适时分离构造函数,此法的要求更多些.

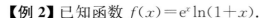
【例2】已知函数 $f(x)=e^x\ln(1+x)$.

(1)求曲线 $y=f(x)$ 在点 $(0,f(0))$ 处的切线方程;

(2)设 $g(x)=f'(x)$,讨论函数 $g(x)$ 在 $[0,+\infty)$ 上的单调性;

(3)证明:对任意的 $s,t\in(0,+\infty)$,有 $f(s+t)>f(s)+f(t)$.

(1)**解:**$f'(x)=e^x\left[\ln(1+x)+\dfrac{1}{1+x}\right]$,则 $f'(0)=1$,又 $f(0)=0$,故所求切线方程为 $y=x$.

(2)**解:**$g'(x)=e^x\left[\ln(1+x)+\dfrac{2}{1+x}-\dfrac{1}{(1+x)^2}\right]$,

又 $e^x>0$,$\ln(1+x)+\dfrac{2}{1+x}-\dfrac{1}{(1+x)^2}>\ln 1+\dfrac{1+2x}{(1+x)^2}>0$,

故 $g'(x)>0$ 对 $\forall x\in[0,+\infty)$ 成立,$g(x)$ 在 $[0,+\infty)$ 上单调递增.

(3)**证明:**设 $h(x)=f(x+t)-f(x)-f(t)$,$x>0$,

$h'(x)=f'(x+t)-f'(x)$,

由(2)得,$g(x)=f'(x)$ 在 $[0,+\infty)$ 上单调递增,因为 $x>0$,$t>0$,所以 $x+t>x$,

所以 $h'(x)=f'(x+t)-f'(x)>0$,$h(x)$ 在 $[0,+\infty)$ 上单调递增,

$h(x)>h(0)=-f(0)=0$,得证.

> **总结(10)主元法**——有两个变量时,将其中一个看成变量,另一个看成常量构造函数.

此题(3)学生的其他解法思路:

思路1:注意到 $f(0)=0$,要证 $f(s+t)>f(s)+f(t)$,只要证

$$\dfrac{f(s+t)-f(s)}{t}>\dfrac{f(t)-f(0)}{t},$$

只要证 $h(x)=\dfrac{f(x+t)-f(x)}{t}$($x>0$)单调递增.以下类似上面证法.

思路2:要证 $f(s+t)>f(s)+f(t)$,只要证 $\dfrac{f(s+t)}{s+t}>\dfrac{f(s)}{s}$,$\dfrac{f(s+t)}{s+t}>\dfrac{f(t)}{t}$,

只要证 $h(x)=\dfrac{f(x)}{x}$($x>0$)单调递增.

$h(x)=\dfrac{e^x\ln(x+1)}{x}$，$h'(x)=\dfrac{e^x\left[\ln(x+1)+\dfrac{1}{x+1}\right]x-e^x\ln(x+1)}{x^2}=$

$\dfrac{e^x}{x^2}\left[x\ln(x+1)+\dfrac{x}{x+1}-\ln(x+1)\right]$，

设 $k(x)=x\ln(x+1)+\dfrac{x}{x+1}-\ln(x+1)$，

则 $k'(x)=\ln(x+1)+\dfrac{x}{x+1}+\dfrac{1}{(x+1)^2}-\dfrac{1}{x+1}=\ln(x+1)+\dfrac{x^2}{(x+1)^2}>0$，

则 $k(x)$ 在 $(0,+\infty)$ 上单调递增，$k(x)>k(0)=0$，

则 $h'(x)>0$，$h(x)$ 在 $(0,+\infty)$ 上单调递增，

所以 $\dfrac{f(s+t)}{s+t}>\dfrac{f(s)}{s}$，$\dfrac{f(s+t)}{s+t}>\dfrac{f(t)}{t}$，

则 $sf(s+t)>(s+t)f(s)$，$tf(s+t)>(s+t)f(t)$，两式相加即可得证.

总结(11)看成两个函数——分别研究两个简单的函数，从而解决综合问题.

如前面"积累的函数很有用"中的例 2.

以上为我们构造函数的常见方法，其他方法等待你自己补充.

8. 用积累的结论秒解抛物线题目

抛物线中有一些常用的结论.若能够熟练掌握这些结论,我们在做一些小题时,就可以不用从头去推,利用结论快速求解.

以 $y^2 = 2px(p > 0)$ 为例.

1. 经过抛物线上任意两点的直线的斜率只与纵坐标有关.

设 $A(x_1, y_1), B(x_2, y_2)$ 是抛物线 $y^2 = 2px(p > 0)$ 上的任意两点 $(x_1 \neq x_2)$,则 $k_{AB} = \dfrac{2p}{y_1 + y_2}$.

证明:$k_{AB} = \dfrac{y_1 - y_2}{x_1 - x_2} = \dfrac{y_1 - y_2}{\dfrac{y_1^2 - y_2^2}{2p}} = \dfrac{2p(y_1 - y_2)}{(y_1 + y_2)(y_1 - y_2)} = \dfrac{2p}{y_1 + y_2}$.

2. 有关焦点弦的结论.

过焦点 F 作直线 l(倾斜角为 θ)交抛物线于 $A(x_1, y_1), B(x_2, y_2)$ 两点,则由抛物线的定义可得:

①已知坐标时:$|AF| = x_1 + \dfrac{p}{2}, |BF| = x_2 + \dfrac{p}{2}$;

②已知倾斜角时:$|AF| = \dfrac{p}{1 - \cos\theta}, |BF| = \dfrac{p}{1 + \cos\theta}$.

证明:设准线与 x 轴交于点 E,根据抛物线的定义,如图,作 $AM \perp$ 准线 ME 于 M,作 $AN \perp x$ 轴于 N,

$|AF| = |AM| = |EF| + |AF|\cos\theta$,

则 $|AF| = \dfrac{p}{1 - \cos\theta}$,

同理可得 $|BF| = \dfrac{p}{1 + \cos\theta}$.

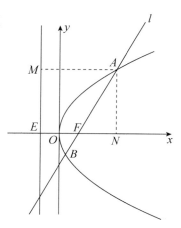

③焦点弦长 $|AB| = x_1 + x_2 + p = \dfrac{2p}{\sin^2\theta}$

$= \sqrt{1 + k^2}\,|x_1 - x_2| = \sqrt{1 + m^2}\,|y_1 - y_2|$.

公式中 k 指 AB 的斜率,m 指 AB 斜率的倒数.

证明：$|AB|=|AF|+|BF|=\dfrac{p}{1-\cos\theta}+\dfrac{p}{1+\cos\theta}=\dfrac{2p}{\sin^2\theta}$.

3. 过焦点 F 作直线 l 交抛物线于 $A(x_1,y_1)$，$B(x_2,y_2)$ 两点，有定值：$x_1x_2=\dfrac{p^2}{4}$，$y_1y_2=-p^2$.

推广的结论：过点 $(t,0)$ 作直线 l 交抛物线于 $A(x_1,y_1)$，$B(x_2,y_2)$ 两点，则 $x_1x_2=t^2$，$y_1y_2=-2tp$.

证明：设过点 $(t,0)$ 的直线 $l:x=my+t$，代入抛物线 $y^2=2px$，

得 $y^2-2pmy-2pt=0$，则 $y_1y_2=-2tp$，$x_1x_2=\dfrac{y_1^2}{2p}\cdot\dfrac{y_2^2}{2p}=t^2$.

【例1】已知抛物线 $y^2=4x$ 与直线 l 交于不同的两点 A，B，且 AB 中点 M 的坐标为 $(3,-2)$，则 $|AB|=$ _____.

答案：8

解析：用结论秒解：由 $k_{AB}=\dfrac{p}{\dfrac{y_1+y_2}{2}}=\dfrac{2}{-2}=-1$，

得过点 M 的直线方程为 $x+y-1=0$，

所以直线过焦点 $F(1,0)$，焦点弦长 $|AB|=x_1+x_2+p=6+2=8$.

【例2】在平面直角坐标系 xOy 中，设抛物线 $C:y^2=4x$ 的焦点为 F，直线 $l:y=\sqrt{3}(x-1)$ 与抛物线 C 交于点 A，且点 A 在 x 轴上方，过点 A 作抛物线 C 的切线与抛物线 C 的准线交于点 P，与 x 轴交于点 H. 给出下列四个结论：

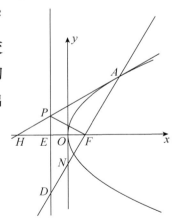

① $\triangle OFA$ 的面积是 $\sqrt{3}$；

②点 H 的坐标是 $(-\sqrt{3},0)$；

③在 x 轴上存在点 Q 使 $\overrightarrow{AQ}\cdot\overrightarrow{PQ}=0$；

④以 HF 为直径的圆与 y 轴的负半轴交于点 N，则 $\overrightarrow{AF}=2\overrightarrow{FN}$.

其中所有正确结论的序号是 _____.

答案：①③④

解析：①由直线 $l:y=\sqrt{3}(x-1)$ 知其倾角为 $60°$，设 $A(x_1,y_1)$，

所以 $|AF|=\dfrac{p}{1-\cos 60°}=4=x_1+1\Rightarrow x_1=3\Rightarrow A(3,2\sqrt{3})$，所以 $\triangle OFA$ 的

面积是 $\sqrt{3}$ 正确;

②过点 H 的切线交抛物线于 A,由 $x_1^2 = t^2 \Rightarrow t^2 = 3^2 \Rightarrow t = -3$,所以 $H(-3,0)$,②错误;

③由②可知 $k_{AH} = \dfrac{\sqrt{3}}{3}$,$|HE| = |EF| = 2$,所以 $\angle PFH = \angle PHF = 30°$,又因为 AD 的倾斜角为 $60°$,

所以 $\angle AFP = 90°$,即 F 点就是满足条件的 Q 点;

④以 HF 为直径的圆与 y 轴的负半轴交于点 N,则 $|ON|^2 = |OH||OF| = 3 \Rightarrow N(0, -\sqrt{3})$,又 $A(3, 2\sqrt{3})$,$F(1,0)$,所以 $\overrightarrow{AF} = (-2, -2\sqrt{3})$,$\overrightarrow{FN} = (-1, -\sqrt{3})$,所以 $\overrightarrow{AF} = 2\overrightarrow{FN}$.

【例3】(2020·丰台一模)过抛物线 $C: y^2 = 2px(p>0)$ 的焦点 F 作倾斜角为 $60°$ 的直线与抛物线 C 交于两个不同的点 A,B(点 A 在 x 轴上方),则 $\dfrac{|AF|}{|BF|}$ 的值为   (   )

A. $\dfrac{1}{3}$ B. $\dfrac{4}{3}$ C. $\sqrt{3}$ D. 3

答案:D

解析:方法 1:设 $A(x_A, y_A)$,$B(x_B, y_B)$,过点 A 作 x 轴的垂线,垂足为 N,过点 B 作 x 轴的垂线,垂足为点 Q.

设直线 AB 的方程为 $y = \sqrt{3}\left(x - \dfrac{p}{2}\right)$,即 $x = \dfrac{\sqrt{3}}{3}y + \dfrac{p}{2}$,

代入 $y^2 = 2px$ 中,得 $3y^2 - 2\sqrt{3}py - 3p^2 = (y - \sqrt{3}p)(3y + \sqrt{3}p) = 0$,

点 A 在 x 轴上方,则 $y_A = \sqrt{3}p$,$y_B = \dfrac{-\sqrt{3}p}{3}$,

因为 $\triangle BFQ \backsim \triangle AFN$,所以 $\dfrac{|AF|}{|BF|} = \dfrac{y_A}{-y_B} = \sqrt{3}p \times \dfrac{3}{\sqrt{3}p} = 3$.

方法 2:如图 1,设 $A(x_A, y_A)$,$B(x_B, y_B)$,过点 A 分别作准线和 x 轴的垂线,垂足分别为 M, N,过点 B 作 x 轴的垂线,垂足为点 Q,直线 AB 与准线交于点 D,准线与 x 轴交于点 E.

因为直线 AB 的倾斜角为 $60°$,所以 $\angle MDA = 30°$,即 $|AD| = 2|AM|$.

由抛物线的定义知,$|AM| = |AF|$,则 $|AD| = 2|AF|$,即点 F 为 AD 的

中点,

由于 $AM /\!/ EF$,则 $|AM| = 2|EF| = 2p$,即 $|AF| = 2p$,则 $y_A = 2p\sin 60° = \sqrt{3}\,p$,

设直线 AB 的方程为 $y = \sqrt{3}\left(x - \dfrac{p}{2}\right)$,

则 $x = \dfrac{\sqrt{3}}{3}y + \dfrac{p}{2}$,

代入 $y^2 = 2px$ 中,得 $y^2 - \dfrac{2\sqrt{3}\,p}{3}y - p^2 = 0$,

即 $y_A y_B = -p^2$,则 $y_B = \dfrac{-p^2}{\sqrt{3}\,p} = \dfrac{-\sqrt{3}\,p}{3}$,

因为 $\triangle BFQ \backsim \triangle AFN$,所以 $\dfrac{|AF|}{|BF|} = \dfrac{y_A}{-y_B} = \sqrt{3}\,p \times \dfrac{3}{\sqrt{3}\,p} = 3$.

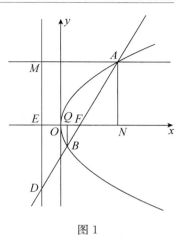

图 1

方法 3(巧用定义,方程转化):

根据抛物线的焦半径公式易得 $|AF| = |AM| = |EF| + |AF|\cos\theta$,

则 $|AF| = \dfrac{p}{1 - \cos\theta} = \dfrac{p}{1 - \dfrac{1}{2}} = 2p$,同样也可以得到 $|BF| = \dfrac{2p}{3}$,

所以 $\dfrac{|AF|}{|BF|} = 3$.

方法 4(深入理解,巧用性质):

如图 2,过 B 作 $BH /\!/ EF$ 交抛物线准线于点 H,易得 $\angle HBF = \dfrac{2\pi}{3}$,$|HF| = \sqrt{3}\,|BF|$,

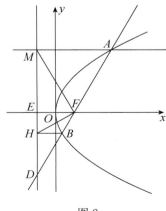

图 2

而 $|MF|=|AF|,MF\perp HF$,则 $|MF|=\sqrt{3}|HF|$,所以 $\dfrac{|AF|}{|BF|}=3.$

方法 5:这里的比值显然是一个与 p 无关的值,因此在进行运算的时候,可以令 $p=2$,在抛物线 $y^2=4x$ 下展开探究,简化运算.对于这样的典型问题,总结一些曲线的拓展结论,深入认识曲线性质,提高解题效率.

【例 4】 已知抛物线 $y^2=2x$ 的焦点为 F,准线为 l,P 是 l 上一点,直线 PF 与抛物线交于 M,N 两点,若 $\overrightarrow{PF}=3\overrightarrow{MF}$,则 $|MN|$ 等于 (   )

A. $\dfrac{16}{3}$ B. $\dfrac{8}{3}$ C. 2   D. $\dfrac{8\sqrt{3}}{3}$

答案: B

解析: 抛物线 $C:y^2=2x$ 的焦点为 $F\left(\dfrac{1}{2},0\right)$,准线为 $l:x=-\dfrac{1}{2}$,

设 $M(x_1,y_1),N(x_2,y_2),M,N$ 到准线的距离分别为 d_M,d_N,

如图,过 M 作 l 的垂线,垂足为 Q,则 $d_M=|MQ|$.

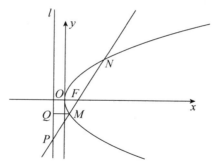

由抛物线的定义可知 $|MF|=d_M=x_1+\dfrac{1}{2}$,$|NF|=d_N=x_2+\dfrac{1}{2}$,

于是 $|MN|=|MF|+|NF|=x_1+x_2+1.$

$\because \overrightarrow{PF}=3\overrightarrow{MF},\therefore PM=2QM,$

易知直线 MN 的斜率为 $\pm\sqrt{3}$.

方法 1:$\because F\left(\dfrac{1}{2},0\right),\therefore$ 直线 PF 的方程为 $y=\pm\sqrt{3}\left(x-\dfrac{1}{2}\right),$

将 $y=\pm\sqrt{3}\left(x-\dfrac{1}{2}\right)$ 代入方程 $y^2=2x$,得 $3\left(x-\dfrac{1}{2}\right)^2=2x$,化简得 $12x^2-20x+3=0$,

$\therefore x_1+x_2=\dfrac{5}{3},\therefore |MN|=x_1+x_2+1=\dfrac{5}{3}+1=\dfrac{8}{3}.$

方法 2：设直线 MN 的倾斜角为 θ，则 $\tan \theta = \pm\sqrt{3}$，$\sin \theta = \dfrac{\sqrt{3}}{2}$，$|MN| = \dfrac{2p}{\sin^2\theta} = \dfrac{2}{\dfrac{3}{4}} = \dfrac{8}{3}$.

【例 5】（2004·北京理科）过抛物线 $y^2 = 2px$（$p > 0$）上一定点 $P(x_0, y_0)$（$y_0 > 0$）作两条直线分别交抛物线于 $A(x_1, y_1)$，$B(x_2, y_2)$ 两点. 当 PA，PB 斜率存在且倾斜角互补时，求 $\dfrac{y_1 + y_2}{y_0}$ 的值，并证明直线 AB 的斜率是非零常数.

解：由抛物线 $y^2 = 2px$ 上任意两点连线的斜率只与纵坐标有关，可得：

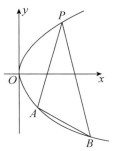

$$k_{PA} = \frac{2p}{y_1 + y_0}，\quad k_{PB} = \frac{2p}{y_2 + y_0}，$$

$\because k_{PA} = -k_{PB}$，

$\therefore \dfrac{2p}{y_1 + y_0} = -\dfrac{2p}{y_2 + y_0}$，

$\therefore y_1 + y_0 = -(y_2 + y_0)$，

$\therefore y_1 + y_2 + 2y_0 = 0$，

$\therefore \dfrac{y_1 + y_2}{y_0} = \dfrac{-2y_0}{y_0} = -2$，

$k_{AB} = \dfrac{y_1 - y_2}{x_1 - x_2} = \dfrac{2p}{y_1 + y_2} = -\dfrac{2p}{2y_0} = -\dfrac{p}{y_0}$ 为非零常数.

9. 有事找"老大"

——解析几何中利用平面几何的性质解决问题

几何是个大家族,家族成员有:平面几何、三角几何、向量几何、立体几何、解析几何、复数几何等,家族中的"老大"是平面几何. 平日在课堂上经常用平面几何的性质分析和转化已知条件,使得运算求解变得简便. 于是有了学生的口头禅:有事找"老大"! 看"老大"能给出什么巧妙的转化和独到的见解. 这种先通过平面几何性质进行分析转化的意识,在大题小题中都有很好的作用. 这种例子太多了,这里只能抛砖引玉,建议同学们将来做解析几何题的时候,首先站在解几何题的角度,分析其几何条件和几何性质的使用和转化,然后再从解析几何的角度分析解决问题.

【例1】 (1)已知双曲线 $M: \dfrac{x^2}{a^2} - \dfrac{y^2}{b^2} = 1(a > 0, b > 0)$ 的左焦点为 F_1,A, B 为双曲线 M 上的两点,O 为坐标原点. 若四边形 F_1ABO 为菱形,则双曲线 M 的离心率为_____.

答案: $\sqrt{3} + 1$

解析: 设双曲线 M 的右焦点为 F_2,由四边形 F_1ABO 为菱形及双曲线和菱形的对称性,

可知四边形 F_2BAO 也为菱形,且 $F_1B \perp AO$,$\therefore F_1B \perp F_2B$.

$|F_2B| = c$,$|F_1F_2| = 2c$,$\therefore |BF_1| = \sqrt{3}c$,$\therefore \sqrt{3}c - c = 2a$,$\therefore e = \dfrac{c}{a} = \sqrt{3} + 1$.

(2)(2024·朝阳二模)已知双曲线 $C: \dfrac{x^2}{a^2} - \dfrac{y^2}{b^2} = 1(a > 0, b > 0)$ 的右焦点为 F,c 是双曲线 C 的半焦距,点 A 是圆 $x^2 + y^2 = c^2$ 上一点,线段 FA 与双曲线 C 的右支交于点 B. 若 $|FA| = a$,$\overrightarrow{FA} = 2\overrightarrow{FB}$,则双曲线 C 的离心率为 ( )

A. $\dfrac{\sqrt{7}}{2}$ B. $\dfrac{3\sqrt{3}}{2}$ C. $\sqrt{7}$ D. $\dfrac{3\sqrt{7}}{2}$

答案: A

解析: 设双曲线的左焦点为 F_1, ∵圆中有中点弦, ∴$OB \perp AF \Rightarrow AF_1 \perp AF$.

∵$|FA| = a$, $\overrightarrow{FA} = 2\overrightarrow{FB}$, $|FB| = |BA| = \dfrac{a}{2}$, ∴$|AF_1|^2 = (2c)^2 - a^2$, ∴$|BF_1| = $

$\sqrt{|AF_1|^2 + |AB|^2} = \sqrt{4c^2 - \dfrac{3}{4}a^2}$,

又 $BF_1 - BF = 2a$, ∴$\sqrt{4c^2 - \dfrac{3}{4}a^2} - \dfrac{a}{2} = 2a \Rightarrow 4c^2 = 7a^2 \Rightarrow e = \dfrac{\sqrt{7}}{2}$.

(3)设 F_1, F_2 分别为双曲线 $\dfrac{x^2}{a^2} - \dfrac{y^2}{b^2} = 1 (a > 0, b > 0)$ 的左、右焦点. 若在双曲线右支上存在点 P, 满足 $|PF_2| = |F_1F_2|$, 且 F_2 到直线 PF_1 的距离等于双曲线的实轴长, 则该双曲线的渐近线方程为 ( )

A. $3x \pm 4y = 0$　　B. $3x \pm 5y = 0$　　C. $5x \pm 4y = 0$　　D. $4x \pm 3y = 0$

答案: D

解析: 如图, 作 $F_2H \perp PF_1$ 于 H, 则 $|F_2H| = 2a$,

$|PF_2| = |F_1F_2| = 2c$,

∴$|F_1H| = 2b$, $|PF_1| = 2|F_1H| = 4b$,

∴$|PF_1| - |PF_2| = 4b - 2c = 2a$,

∴$(2b - a)^2 = c^2 = a^2 + b^2 \Rightarrow \dfrac{b}{a} = \dfrac{4}{3}$,

∴双曲线的渐近线方程为 $4x \pm 3y = 0$.

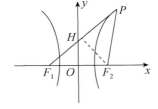

【例2】 已知椭圆 $W : \dfrac{x^2}{a^2} + \dfrac{y^2}{b^2} = 1 (a > b > 0)$ 的上、下顶点分别为 A, B, 且点 $B(0, -1)$. F_1, F_2 分别为椭圆 W 的左、右焦点, 且 $\angle F_1BF_2 = 120°$.

(1)求椭圆 W 的标准方程.

(2)点 M 是椭圆上异于 A, B 的任意一点, 过点 M 作 $MN \perp y$ 轴于 N, E 为线段 MN 的中点. 直线 AE 与直线 $y = -1$ 交于点 C, G 为线段 BC 的中点, O 为坐标原点. 求 $\angle OEG$ 的大小.

解: (1)依题意, 得 $b = 1$. 因为 $\angle F_1BF_2 = 120°$,

所以在 $Rt\triangle BF_1O$ 中, $\angle F_1BO = 60°$, 所以 $a = 2$.

所以椭圆 W 的标准方程为 $\dfrac{x^2}{4} + y^2 = 1$.

(2)方法 1：设 $M(x_0, y_0)$，$x_0 \neq 0$，则 $N(0, y_0)$，$E\left(\dfrac{x_0}{2}, y_0\right)$.

因为点 M 在椭圆 W 上，所以 $\dfrac{x_0^2}{4} + y_0^2 = 1$，即 $x_0^2 = 4 - 4y_0^2$.

又 $A(0, 1)$，所以直线 AE 的方程为 $y - 1$

$= \dfrac{2(y_0 - 1)}{x_0} x$.

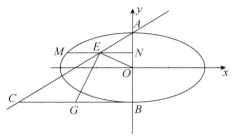

令 $y = -1$，得 $C\left(\dfrac{x_0}{1 - y_0}, -1\right)$.

又 $B(0, -1)$，G 为线段 BC 的中点，所以

$G\left(\dfrac{x_0}{2(1 - y_0)}, -1\right)$.

所以 $\overrightarrow{OE} = \left(\dfrac{x_0}{2}, y_0\right)$，$\overrightarrow{GE} = \left(\dfrac{x_0}{2} - \dfrac{x_0}{2(1 - y_0)}, y_0 + 1\right)$.

因为 $\overrightarrow{OE} \cdot \overrightarrow{GE} = \dfrac{x_0}{2}\left[\dfrac{x_0}{2} - \dfrac{x_0}{2(1 - y_0)}\right] + y_0(y_0 + 1)$

$= \dfrac{x_0^2}{4} - \dfrac{x_0^2}{4(1 - y_0)} + y_0^2 + y_0 = 1 - \dfrac{4 - 4y_0^2}{4(1 - y_0)} + y_0 = 1 - y_0 - 1 + y_0 = 0$，

所以 $\overrightarrow{OE} \perp \overrightarrow{GE}$，所以 $\angle OEG = 90°$.

方法 2：设 $E(x_0, y_0)$，$x_0 \neq 0$，则 $N(0, y_0)$，$M(2x_0, y_0)$.

因为点 M 在椭圆 W 上，所以 $\dfrac{4x_0^2}{4} + y_0^2 = x_0^2 + y_0^2 = 1$，

即点 E 的轨迹是除去 $(0, 1)$ 和 $(0, -1)$ 的单位圆，

所以 $\angle AEB = \angle CEB = 90°$，

因为 G 为线段 BC 的中点，所以 $GE = GB = \dfrac{1}{2} CB$，

所以 $\triangle GEO \cong \triangle GBO$，所以 $\angle OEG = \angle OBG = 90°$.

每一个代数结构都对应一个图形的性质，透过方程看曲线，全面理解圆锥曲线的概念性质，是合理转化、简化运算从而提高解题效率的基础.

【例 3】 已知点 A 为椭圆 $C：\dfrac{x^2}{a^2} + \dfrac{y^2}{b^2} = 1(a > b > 0)$ 的左顶点，点 $F(1, 0)$ 为右焦点，直线 $l：x = 4$ 与 x 轴的交点为 N，且 $|AF| = |FN|$，点 M 为椭圆上异于点 A 的任意一点，直线 AM 交 l 于点 P.

(1)求椭圆 C 的标准方程；

(2)证明:$\angle MFN = 2\angle PFN$.

(1)**解**:由已知得 $F(1,0)$,故 $c=1$,

由 $|AF|=|FN|$ 得,$a+1=4-1$,得 $a=2$,

又因为 $a^2=b^2+c^2$,所以 $b=\sqrt{3}$,

所以椭圆 C 的标准方程为 $\dfrac{x^2}{4}+\dfrac{y^2}{3}=1$.

(2)**证明**:方法 1:设 $M(x_0,y_0)$,所以 $\dfrac{x_0^2}{4}+\dfrac{y_0^2}{3}=1$,

当 $x_0=1$ 时,$P(4,\pm3)$,$\angle MFN=90°$,$\angle PFN=45°$,满足 $\angle MFN=2\angle PFN$.

当 $x_0\neq1$ 时,直线 AM 的方程为 $y=\dfrac{y_0}{x_0+2}(x+2)$,所以 $P\left(4,\dfrac{6y_0}{x_0+2}\right)$.

当 $y_0>0$ 时,$\tan\angle MFN=k_{MF}=\dfrac{y_0}{x_0-1}$,$\tan\angle PFN=k_{PF}=\dfrac{2y_0}{x_0+2}$,

$$\tan2\angle PFN=\dfrac{2\tan\angle PFN}{1-\tan^2\angle PFN}=\dfrac{\dfrac{4y_0}{x_0+2}}{1-\left(\dfrac{2y_0}{x_0+2}\right)^2}=\dfrac{4y_0(x_0+2)}{(x_0+2)^2-4y_0^2}$$

$$=\dfrac{4y_0(x_0+2)}{(x_0+2)^2-3(x_0+2)(2-x_0)}=\dfrac{y_0}{x_0-1}=\tan\angle MFN,$$

所以 $\angle MFN=2\angle PFN$.

当 $y_0<0$ 时,$\tan\angle MFN=-k_{MF}=-\dfrac{y_0}{x_0-1}$,$\tan\angle PFN=-k_{PF}=$

$-\dfrac{2y_0}{x_0+2}$,

其余同理可证.

方法 2:由(1)得 $A(-2,0)$,则设直线 AM 的方程为 $x=my-2$,

与椭圆方程 $\dfrac{x^2}{4}+\dfrac{y^2}{3}=1$ 联立,可得 $(3m^2+4)y^2-12my=0$,

解得 $y=\dfrac{12m}{3m^2+4}$($y=0$,即点 A,舍),$x=my-2=\dfrac{12m^2}{3m^2+4}-2=\dfrac{6m^2-8}{3m^2+4}$,

即 $M\left(\dfrac{6m^2-8}{3m^2+4},\dfrac{12m}{3m^2+4}\right)$,

直线 AM:$x=my-2$ 与直线 $x=4$ 的交点 P 的坐标为 $\left(4,\dfrac{6}{m}\right)$,

当 $m=\pm2$ 时,可得 $M\left(1,\pm\dfrac{3}{2}\right)$,$P(4,\pm3)$,$\angle MFN=90°$,$\angle PFN=45°$,

满足 $\angle MFN=2\angle PFN$.

当 $m>0$ 时,$k_{PF}=\dfrac{\dfrac{6}{m}}{4-1}=\dfrac{2}{m}$,即 $\tan\angle PFN=\dfrac{2}{m}$,

$$k_{MF}=\dfrac{\dfrac{12m}{3m^2+4}}{\dfrac{6m^2-8}{3m^2+4}-1}=\dfrac{12m}{3m^2-12}=\dfrac{4m}{m^2-4}\text{,即 }\tan\angle MFN=\dfrac{4m}{m^2-4}\text{,}$$

又 $\tan2\angle PFN=\dfrac{2\tan\angle PFN}{1-\tan^2\angle PFN}=\dfrac{2\cdot\dfrac{2}{m}}{1-\dfrac{4}{m^2}}=\dfrac{4m}{m^2-4}=\tan\angle MFN$,

所以 $\angle MFN=2\angle PFN$.

当 $m<0$ 时,同理可证.

方法 3:证明 $d_{P-MF}=d_{P-NF}$,运算量较大,略.

(2)还可利用几何性质简化运算:

方法 1:如图 1,作 $PQ/\!/FN$ 交直线 MF 于 Q,

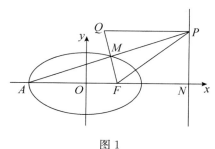

图 1

则 $\angle QPF=\angle PFN$,

要证 $\angle MFN=2\angle PFN$,即 $\angle QFP=\angle PFN$,

只要证 $\angle QFP=\angle QPF$,即 $|QF|=|QP|$.

简证:直线 $MF:y=\dfrac{y_0}{x_0-1}(x-1)$,

由 $y_Q=y_P=\dfrac{6y_0}{x_0+2}$,得 $x=1+\dfrac{6(x_0-1)}{x_0+2}$,则 $Q\left(1+\dfrac{6(x_0-1)}{x_0+2},\dfrac{6y_0}{x_0+2}\right)$,

$$|QF|^2=\left[\dfrac{6(x_0-1)}{x_0+2}\right]^2+\left(\dfrac{6y_0}{x_0+2}\right)^2=\dfrac{36\left[(x_0-1)^2+y_0^2\right]}{(x_0+2)^2}$$

$$= \frac{36\left(x_0^2 - 2x_0 + 1 + 3 - \frac{3}{4}x_0^2\right)}{(x_0 + 2)^2} = \frac{36\left(\frac{1}{2}x_0 - 2\right)^2}{(x_0 + 2)^2} = \left(\frac{3x_0 - 12}{x_0 + 2}\right)^2,$$

$$|QP| = 4 - \frac{6(x_0 - 1)}{x_0 + 2} - 1 = \frac{12 - 3x_0}{x_0 + 2},$$

可见 $|QF| = |QP|$,得证.

方法 2:如图 2,作 $ME /\!/ FN$ 交 PF 于 E,

所以 $\angle MEF = \angle PFN$,

要证 $\angle MFN = 2\angle PFN$,

即 $\angle MFP = \angle PFN$,

只要证 $\angle MEF = \angle MFP$,

即 $|MF| = |ME|$.

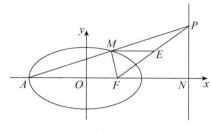

图 2

$P\left(4, \dfrac{6y_0}{x_0 + 2}\right)$, $F(1, 0)$,直线 $PF: y = \dfrac{2y_0}{x_0 + 2}(x - 1)$,

令 $y = y_0$,则 $x = 2 + \dfrac{x_0}{2}$, $|ME| = 2 + \dfrac{x_0}{2} - x_0 = 2 - \dfrac{x_0}{2} = |MF|$.

方法 3:如图 3,连接 MN 交 PF 于 K,作 $ME /\!/ FN$ 交 PF 于 E,

要证 $\angle MFN = 2\angle PFN$,

即 $\angle MFP = \angle PFN$,

只要证 $\dfrac{|MK|}{|KN|} = \dfrac{|FM|}{|FN|}$,

因为 $\dfrac{|MK|}{|KN|} = \dfrac{|ME|}{|FN|}$,

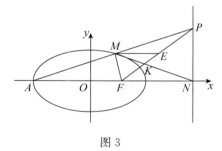

图 3

所以只要证 $|MF| = |ME|$.

以下同解法 2.

方法 4:如图 4,作 $PE /\!/ MF$ 交 x 轴于 E,

所以 $\angle FPE = \angle MFP$,

要证 $\angle MFN = 2\angle PFN$,

即 $\angle MFP = \angle PFN$,

只要证 $\angle FPE = \angle PFE$,即 $|EF| = |EP|$.

$E\left(\dfrac{-2x_0 + 14}{x_0 + 2}, 0\right)$,下略.

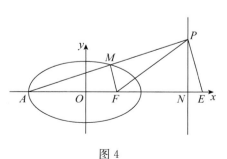

图 4

方法 5：如图 5，作 $MT \parallel PF$ 交 x 轴于 T，$MH \perp x$ 轴于 H，

则 $\angle TMF = \angle MFP$，$\angle MTF = \angle PFN$，

只要证 $\angle TMF = \angle MTF$，即 $|MF| = |FT|$.

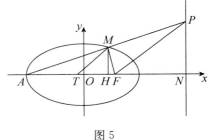

由相似与比例可得 $\dfrac{|AT|}{|AF|} = \dfrac{|AM|}{|AP|} = \dfrac{|AH|}{|AN|}$，

因为 F 是 AN 的中点，所以 T 是 AH 的

中点，

图 5

所以 $T\left(\dfrac{x_0 - 2}{2}, 0\right)$，下略.

方法 6：如图 6，在 x 轴上 F 的右侧找到 D，

使得 $|FD| = |MF|$，

只要证明 $MD \perp PF$ 即可.

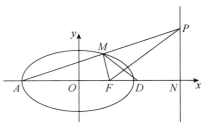

因为 $MF = 2 - \dfrac{1}{2} x_0$，所以 $D\left(3 - \dfrac{x_0}{2}, 0\right)$，

下略.

图 6

方法 7：$\dfrac{S_{\triangle PFM}}{S_{\triangle PFN}} = \dfrac{\dfrac{1}{2}|MF| \cdot |FP| \cdot \sin\angle MFP}{\dfrac{1}{2}|FN| \cdot |FP| \cdot \sin\angle PFN} = \dfrac{|MF| \cdot \sin\angle MFP}{|FN| \cdot \sin\angle PFN}$，

又 $\dfrac{S_{\triangle PFM}}{S_{\triangle PFN}} = \dfrac{S_{\triangle AFP} - S_{\triangle AFM}}{S_{\triangle PFN}} = \dfrac{\dfrac{1}{2}|AF| \, |y_P - y_M|}{\dfrac{1}{2}|FN| \cdot |y_P|} = \dfrac{|y_P - y_M|}{|y_P|}$，

所以 $\dfrac{\sin\angle MFP}{\sin\angle PFN} = \dfrac{|FN| \cdot |y_P - y_M|}{|MF| \cdot |y_P|}$，

只要证上式等于 1 即可.

因为 $\dfrac{\sin\angle MFP}{\sin\angle PFN} = \dfrac{|FN| \cdot |y_P - y_M|}{|MF| \cdot |y_P|} = \dfrac{3\left|\dfrac{6 y_0}{x_0 + 2} - y_0\right|}{\left(2 - \dfrac{x_0}{2}\right)\left|\dfrac{6 y_0}{x_0 + 2}\right|} = \dfrac{3|6 - x_0 - 2|}{3(4 - x_0)}$

$= 1$，

所以 $\sin\angle MFP = \sin\angle PFN$，即 $\angle MFN = 2\angle PFN$.

【例 4】（2010·北京）在平面直角坐标系 xOy 中，点 B 与点 $A(-1,1)$ 关于

原点 O 对称，P 是动点，且直线 AP 与 BP 的斜率之积等于 $-\dfrac{1}{3}$.

（1）求动点 P 的轨迹方程.

（2）设直线 AP 和 BP 分别与直线 $x=3$ 交于点 M,N，是否存在点 P 使得 $\triangle PAB$ 与 $\triangle PMN$ 的面积相等？若存在，求出点 P 的坐标；若不存在，说明理由.

解：（1）因为点 B 与点 $A(-1,1)$ 关于原点 O 对称，所以点 B 的坐标为 $(1,-1)$.

设点 P 的坐标为 (x,y).

由题意得 $\dfrac{y-1}{x+1} \cdot \dfrac{y+1}{x-1}=-\dfrac{1}{3}$，

化简得 $x^2+3y^2=4(x \neq \pm 1)$. ←**别忽略限制条件**

故动点 P 的轨迹方程为 $x^2+3y^2=4(x \neq \pm 1)$.

（2）方法 1（直译法）：

设点 P 的坐标为 (x_0,y_0)，点 M,N 的坐标分别为 $(3,y_M)$，$(3,y_N)$.

则直线 AP 的方程为 $y-1=\dfrac{y_0-1}{x_0+1}(x+1)$，直线 BP 的方程为 $y+1=\dfrac{y_0+1}{x_0-1}(x-1)$.

令 $x=3$ 得 $y_M=\dfrac{4y_0+x_0-3}{x_0+1}$，$y_N=\dfrac{2y_0-x_0+3}{x_0-1}$.

$S_{\triangle PMN}=\dfrac{1}{2}|y_M-y_N|(3-x_0)=\dfrac{|x_0+y_0|(3-x_0)^2}{|x_0^2-1|}$. ←**这一步的因式分解是计算的关键，也是接下去能运算到底的关键**

又直线 AB 的方程为 $x+y=0$，$|AB|=2\sqrt{2}$，

点 P 到直线 AB 的距离 $d=\dfrac{|x_0+y_0|}{\sqrt{2}}$.

于是 $\triangle PAB$ 的面积 $S_{\triangle PAB}=\dfrac{1}{2}|AB| \cdot d=|x_0+y_0|$.

当 $S_{\triangle PAB}=S_{\triangle PMN}$ 时，$|x_0+y_0|=\dfrac{|x_0+y_0|(3-x_0)^2}{|x_0^2-1|}$.

又 $|x_0+y_0| \neq 0$，所以 $(3-x_0)^2=|x_0^2-1|$，解得 $x_0=\dfrac{5}{3}$.

因为 $x_3^2+3y_0^2=4$，所以 $y_0=\pm\dfrac{\sqrt{33}}{9}$.

故存在点 P 使得 $\triangle PAB$ 与 $\triangle PMN$ 的面积相等,此时点 P 的坐标为 $\left(\dfrac{5}{3},\pm\dfrac{\sqrt{33}}{9}\right)$.

方法 2(面积公式的选择,利用平面几何性质转化):

若存在点 P 使得 $\triangle PAB$ 与 $\triangle PMN$ 的面积相等,设点 P 的坐标为 (x_0,y_0).

则 $\dfrac{1}{2}|PA|\cdot|PB|\sin\angle APB=\dfrac{1}{2}|PM|\cdot|PN|\sin\angle MPN$.

因为 $\sin\angle APB=\sin\angle MPN$,

所以 $\dfrac{|PA|}{|PM|}=\dfrac{|PN|}{|PB|}$. ←共线的线段长度比

所以 $\dfrac{|x_0+1|}{|3-x_0|}=\dfrac{|3-x_0|}{|x_0-1|}$. ←共线的线段长度比转化为横坐标(纵坐标)之差的比

即 $(3-x_0)^2=|x_0^2-1|$,解得 $x_0=\dfrac{5}{3}$.

因为 $x_0^2+3y_0^2=4$,所以 $y_0=\pm\dfrac{\sqrt{33}}{9}$.

故存在点 P 使得 $\triangle PAB$ 与 $\triangle PMN$ 的面积相等,此时点 P 的坐标为 $\left(\dfrac{5}{3},\pm\dfrac{\sqrt{33}}{9}\right)$.

方法 3(平面几何性质的应用):

将线段 AB 延长交直线 MN 于点 C,可得 B 是 AC 的中点,

由 $S_{\triangle APB}=S_{\triangle MPN}$,得 $S_{\triangle ABM}=S_{\triangle MBN}$,所以 $AN/\!/BM$,由 B 是 AC 中点,可得 M 是 NC 的中点,

所以 P 为 $\triangle ACN$ 的重心,所以 $x_P=\dfrac{-1+3+3}{3}=\dfrac{5}{3}$,$P\left(\dfrac{5}{3},\pm\dfrac{\sqrt{33}}{9}\right)$.

【例 5】(2023·北京)已知椭圆 $E:\dfrac{x^2}{a^2}+\dfrac{y^2}{b^2}=1(a>b>0)$ 的离心率为 $\dfrac{\sqrt{5}}{3}$,A,C 分别是 E 的上、下顶点,B,D 分别是 E 的左、右顶点,$|AC|=4$.

(1)求 E 的方程;

(2)设 P 为第一象限内 E 上的动点,直线 PD 与直线 BC 交于点 M,直线 PA 与直线 $y=-2$ 交于点 N.求证:$MN/\!/CD$.

分析:(1)结合题意得到$\frac{c}{a}=\frac{\sqrt{5}}{3}$,$2b=4$,再结合$a^2-c^2=b^2$,解之即可;

(2)方法1:依题意求得直线BC,PD与PA的方程,从而求得点M,N的坐标,进而求得k_{MN},再根据题意求得k_{CD},得到$k_{MN}=k_{CD}$,由此得解.

方法2:要证$MN/\!/CD$,只要证$\angle MNC=\angle NCD$.

因为$\angle MCN=\angle BCK=\angle NCD$($K$为$NC$延长线上点$C$左侧一点),所以只要证$\angle MNC=\angle NCM$,只要证$|MN|=|CM|$,只要证$x_N=2x_M$,只需求点$M$,$N$的横坐标.

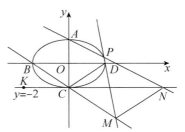

(1)**解:**依题意,得$e=\frac{c}{a}=\frac{\sqrt{5}}{3}$,则$c=\frac{\sqrt{5}}{3}a$,

又A,C分别为椭圆的上、下顶点,$|AC|=4$,所以$2b=4$,即$b=2$,

所以$a^2-c^2=b^2=4$,即$a^2-\frac{5}{9}a^2=\frac{4}{9}a^2=4$,则$a^2=9$,

所以椭圆E的方程为$\frac{x^2}{9}+\frac{y^2}{4}=1$.

(2)**证明:**方法1:因为椭圆E的方程为$\frac{x^2}{9}+\frac{y^2}{4}=1$,所以$A(0,2)$,$C(0,-2)$,$B(-3,0)$,$D(3,0)$,

因为P为第一象限E上的动点,设$P(m,n)$($0<m<3$,$0<n<2$),所以$\frac{m^2}{9}+\frac{n^2}{4}=1$,

易得$k_{BC}=\frac{0+2}{-3-0}=-\frac{2}{3}$,则直线$BC$的方程为$y=-\frac{2}{3}x-2$,

$k_{PD}=\frac{n-0}{m-3}=\frac{n}{m-3}$,则直线$PD$的方程为$y=\frac{n}{m-3}(x-3)$,

联立得$\begin{cases} y=-\frac{2}{3}x-2, \\ y=\frac{n}{m-3}(x-3), \end{cases}$ 解得 $\begin{cases} x=\frac{3(3n-2m+6)}{3n+2m-6}, \\ y=\frac{-12n}{3n+2m-6}, \end{cases}$

即$M\left(\frac{3(3n-2m+6)}{3n+2m-6},\frac{-12n}{3n+2m-6}\right)$,

而$k_{PA}=\frac{n-2}{m-0}=\frac{n-2}{m}$,则直线$PA$的方程为$y=\frac{n-2}{m}x+2$,

令 $y=-2$，则 $-2=\dfrac{n-2}{m}x+2$，解得 $x=\dfrac{-4m}{n-2}$，即 $N\left(\dfrac{-4m}{n-2}，-2\right)$，

所以

$$k_{MN}=\dfrac{\dfrac{-12n}{3n+2m-6}+2}{3(3n-2m+6)-\dfrac{-4m}{n-2}}=\dfrac{(-6n+4m-12)(n-2)}{(9n-6m+18)(n-2)+4m(3n+2m-6)}$$

$$=\dfrac{-6n^2+4mn-8m+24}{9n^2+8m^2+6mn-12m-36}=\dfrac{-6n^2+4mn-8m+24}{9n^2+72-18n^2+6mn-12m-36}$$

$$=\dfrac{-6n^2+4mn-8m+24}{-9n^2+6mn-12m+36}=\dfrac{2(-3n^2+2mn-4m+12)}{3(-3n^2+2mn-4m+12)}=\dfrac{2}{3}，$$

又 $k_{CD}=\dfrac{0+2}{3-0}=\dfrac{2}{3}$，即 $k_{MN}=k_{CD}$，

显然，MN 与 CD 不重合，所以 $MN /\!/ CD$.

方法2：因为 P 为第一象限 E 上的动点，所以设 $P(m,n)(0<m<3,0<n<2)$，所以 $\dfrac{m^2}{9}+\dfrac{n^2}{4}=1$，

则直线 PA 的方程为 $y=\dfrac{n-2}{m}x+2$，令 $y=-2$，解得 $x_N=\dfrac{-4m}{n-2}$，

直线 BC 的方程为 $y=-\dfrac{2}{3}x-2$，直线 PD 的方程为 $y=\dfrac{n}{m-3}(x-3)$，

联立得 $\begin{cases} y=-\dfrac{2}{3}x-2, \\ y=\dfrac{n}{m-3}(x-3), \end{cases}$ 解得 $x_M=\dfrac{3(3n-2m+6)}{3n+2m-6}$，

因为 $x_M-\dfrac{x_N}{2}=\dfrac{3(3n-2m+6)}{3n+2m-6}+\dfrac{2m}{n-2}$

$$=\dfrac{9n^2-6mn+18n-18n+12m-36+6mn+4m^2-12m}{(3n+2m-6)(n-2)}$$

$$=\dfrac{4m^2+9n^2-36}{(3n+2m-6)(n-2)}=0，$$

即 $x_N=2x_M$，所以 $|MN|=|CM|$，所以 $\angle MNC=\angle NCM$，

因为 $\angle MCN=\angle BCK=\angle NCD$，所以 $\angle MNC=\angle NCD$，所以 $MN /\!/ CD$.

10. 算算看——硬算、简算、巧算

解析几何离不开运算. 但是每个人审题的角度不同、条件的转化不同、观察的能力不同、采用的算理不同, 都会导致运算的难度和复杂程度有很大差异. 这也是许多同学在解析几何题目中有想法而实施不下去的主要原因. 下面我们通过几道题来总结一下在解析几何中简化运算的几个有效方法.

【例 1】已知双曲线的中心在原点, 以坐标轴为对称轴, 离心率为 $\frac{\sqrt{5}}{2}$. 若双曲线上动点 P 到点 $A(2,0)$ 的距离的最小值为 1, 则双曲线的方程为 _____.

答案: $\dfrac{x^2}{9} - \dfrac{y^2}{\frac{9}{4}} = 1$

解析: 焦点在 y 轴上时, 由离心率为 $\frac{\sqrt{5}}{2}$ 可得渐近线方程为 $y = \pm 2x$,

$\therefore A$ 到渐近线的距离 $d = \dfrac{4}{\sqrt{5}} > 1$, 舍.

$\therefore$ 焦点在 x 轴上.

方法 1: 由离心率为 $\frac{\sqrt{5}}{2}$ 可得双曲线方程为 $x^2 - 4y^2 = 4b^2$,

$PA^2 = (x-2)^2 + y^2 = x^2 - 4x + 4 + \dfrac{x^2}{4} - b^2 = \dfrac{5}{4}\left(x - \dfrac{8}{5}\right)^2 + \dfrac{4}{5} - b^2$, 其中 $x \geq 2b$,

当 $\dfrac{8}{5} \leq 2b$ 时, $(2b-2)^2 = 1$, 得 $2b = 3$, 即 $\dfrac{x^2}{9} - \dfrac{y^2}{\frac{9}{4}} = 1$,

当 $\dfrac{8}{5} > 2b$ 时, $\dfrac{4}{5} - b^2 = 1$ 无解, 舍.

方法 2: 由离心率为 $\frac{\sqrt{5}}{2}$ 可得渐近线方程为 $y = \pm \dfrac{1}{2}x$.

若 $a < 2$, $\because A$ 到渐近线的距离 $d = \dfrac{2}{\sqrt{5}} < 1$,

∴A 到双曲线上的点的距离更小,不合题意,舍;

若 $a \geq 2$,则最小值在顶点处取得,即 $a = 3$,此时双曲线方程为 $\dfrac{x^2}{9} - \dfrac{y^2}{\frac{9}{4}} = 1$.

分析:方法 1 是常规求函数最值的分类讨论的方法,方法 2 是数形结合的方法,借助双曲线的渐近线的性质分析问题,此方法比方法 1 计算简单.

简算:数形结合,定性与定量分析.

1. 双曲线的渐近线的作用;

2. 此题是由形到数的分析,简化运算;

3. 还有由数到形的分析,不能随意画图;

如:$f(x) = \sin x - \tan x$,$x \in \left(-\dfrac{\pi}{2}, \dfrac{\pi}{2} \right)$ 的零点的个数是_____.

不能随意画图,要有由数到形的理论支撑:$\sin x < x < \tan x$,$x \in \left(0, \dfrac{\pi}{2} \right)$.

4. 小题小做,不随意小题大做!

【例 2】(2014·北京理科)已知椭圆 $C: x^2 + 2y^2 = 4$.

(1)求椭圆 C 的离心率;

(2)设 O 为原点,若点 A 在椭圆 C 上,点 B 在直线 $y = 2$ 上,且 $OA \perp OB$,试判断直线 AB 与圆 $x^2 + y^2 = 2$ 的位置关系,并证明你的结论.

解:(1)由题意,椭圆 C 的标准方程为 $\dfrac{x^2}{4} + \dfrac{y^2}{2} = 1$.

所以 $a^2 = 4$,$b^2 = 2$,

从而 $c^2 = a^2 - b^2 = 2$.

因此 $a = 2$,$c = \sqrt{2}$.

故椭圆 C 的离心率 $e = \dfrac{c}{a} = \dfrac{\sqrt{2}}{2}$.

(2)直线 AB 与圆 $x^2 + y^2 = 2$ 相切.证明如下:

设点 A,B 的坐标分别为 (x_0, y_0),$(t, 2)$,其中 $x_0 \neq 0$.

因为 $OA \perp OB$,

所以 $\overrightarrow{OA} \cdot \overrightarrow{OB} = 0$,即 $tx_0 + 2y_0 = 0$,

解得 $t = -\dfrac{2y_0}{x_0}$.

方法 1：直译法（硬算）.

当 $x_0 = t$ 时，$y_0 = -\dfrac{t^2}{2}$，

代入椭圆 C 的方程，得 $t = \pm\sqrt{2}$，

故直线 AB 的方程为 $x = \pm\sqrt{2}$. 圆心 O 到直线 AB 的距离 $d = \sqrt{2}$.

此时直线 AB 与圆 $x^2 + y^2 = 2$ 相切.

当 $x_0 \neq t$ 时，直线 AB 的方程为 $y - 2 = \dfrac{y_0 - 2}{x_0 - t}(x - t)$，

即 $(y_0 - 2)x - (x_0 - t)y + 2x_0 - ty_0 = 0.$ ←**此步运算要有整体意识，即 x, y 的系数不要拆开，只合并化简常数项**

圆心 O 到直线 AB 的距离 $d = \dfrac{|2x_0 - ty_0|}{\sqrt{(y_0 - 2)^2 + (x_0 - t)^2}}$.

$t = -\dfrac{2y_0}{x_0}$，故 $d = \dfrac{\left|2x_0 + \dfrac{2y_0^2}{x_0}\right|}{\sqrt{x_0^2 + y_0^2 + \dfrac{4y_0^2}{x_0^2} + 4}}$，←**此步消元消掉参数 t**

又 $x_0^2 + 2y_0^2 = 4$，

所以 $d = \dfrac{\left|\dfrac{4 + x_0^2}{x_0}\right|}{\sqrt{\dfrac{x_0^4 + 8x_0^2 + 16}{2x_0^2}}} = \sqrt{2}.$ ←**此步消元消掉参数 y_0**

此时直线 AB 与圆 $x^2 + y^2 = 2$ 相切.

方法 2：利用双垂图形的几何性质简化运算（简算）.

由 $OA \perp OB$，作 $OH \perp AB$ 于 H，

则 $d = |OH| = \dfrac{|OA| \cdot |OB|}{|AB|}$，←**避免了求直线 AB 方程的麻烦**

$|OA|^2 = x_0^2 + y_0^2$，$|OB|^2 = 4 + \dfrac{4y_0^2}{x_0^2} = \dfrac{4(x_0^2 + y_0^2)}{x_0^2}$，

$|AB|^2 = (x_0 - t)^2 + (y_0 - 2)^2 = \left(x_0 + \dfrac{2y_0}{x_0}\right)^2 + (y_0 - 2)^2$←**用两点间的距离公式运算**

$= x_0^2 + y_0^2 + \dfrac{4y_0^2}{x_0^2} + 4 = (x_0^2 + 4)\left(\dfrac{x_0^2 + y_0^2}{x_0^2}\right)$，

所以 $d^2 = \left(\dfrac{|OA| \cdot |OB|}{|AB|}\right)^2 = \dfrac{|OA|^2 \cdot |OB|^2}{|AB|^2}$

$$= \dfrac{(x_0^2 + y_0^2) \cdot \dfrac{4(x_0^2 + y_0^2)}{x_0^2}}{(x_0^2 + 4) \cdot \dfrac{(x_0^2 + y_0^2)}{x_0^2}},$$

又 $x_0^2 + 2y_0^2 = 4$,

所以 $d^2 = \dfrac{4(4 - y_0^2)}{(8 - 2y_0^2)} = 2, d = \sqrt{2}$.

所以直线 AB 与圆 $x^2 + y^2 = 2$ 相切.

方法3:利用双垂图形的几何性质+观察结构简化运算(巧算).

由 $OA \perp OB$,作 $OH \perp AB$ 于 H,

则 $d = |OH| = \dfrac{|OA| \cdot |OB|}{|AB|}$,←避免了求直线 AB 方程的麻烦

$|OA|^2 = x_0^2 + y_0^2, |OB|^2 = 4 + \dfrac{4y_0^2}{x_0^2} = \dfrac{4(x_0^2 + y_0^2)}{x_0^2}$,

$\dfrac{1}{d^2} = \dfrac{|AB|^2}{|OA|^2 \cdot |OB|^2} = \dfrac{|OA|^2 + |OB|^2}{|OA|^2 \cdot |OB|^2}$,←只需要化简 $|OA|, |OB|$ 即可

$$\dfrac{1}{d^2} = \dfrac{(x_0^2 + y_0^2) + \dfrac{4(x_0^2 + y_0^2)}{x_0^2}}{(x_0^2 + y_0^2) \cdot \dfrac{4(x_0^2 + y_0^2)}{x_0^2}} = \dfrac{(x_0^2 + y_0^2)\left(\dfrac{x_0^2 + 4}{x_0^2}\right)}{(x_0^2 + y_0^2) \cdot \dfrac{4\left(x_0^2 + 2 - \dfrac{x_0^2}{2}\right)}{x_0^2}} = \dfrac{1}{2},$$

所以 $d = \sqrt{2}$,直线 AB 与圆 $x^2 + y^2 = 2$ 相切.

【例3】已知椭圆 $C: \dfrac{x^2}{t+1} + \dfrac{y^2}{6-t} = 1$ 的焦点在 x 轴上,且离心率为 $\dfrac{1}{2}$.

(1)求实数 t 的值;

(2)若过点 $P(m, n)$ 可作两条互相垂直的直线 l_1, l_2,且 l_1, l_2 均与椭圆 C 相切,证明:动点 P 组成的集合是一个圆.

(1)**解:**设椭圆的长半轴长为 a,短半轴长为 b,半焦距为 c.

由题意,得 $\begin{cases} a^2 = t+1, \\ b^2 = 6-t, \\ \dfrac{c}{a} = \dfrac{1}{2}, \\ a^2 = b^2 + c^2, \end{cases}$ 解得 $t = 3$.

（2）**证明**：方法 1：常规思路，用到切点弦所在直线方程的结论.

由题，过点 $P(m,n)$ 可作椭圆 C 的两条切线，设切点分别为 A,B，则过切点 A,B 的直线方程为 $\dfrac{mx}{4}+\dfrac{ny}{3}=1$，

与椭圆方程 $\dfrac{x^2}{4}+\dfrac{y^2}{3}=1$ 联立，

得 $(3m^2+4n^2)x^2-24mx+48-16n^2=0$，

设 $A(x_1,y_1),B(x_2,y_2)$，$\Delta=(24m)^2-4(3m^2+4n^2)(48-16n^2)>0$，

$x_1+x_2=\dfrac{24m}{3m^2+4n^2}$，$x_1x_2=\dfrac{48-16n^2}{3m^2+4n^2}$.（＊）

$\because PA\perp PB$，

$\therefore \overrightarrow{PA}\cdot\overrightarrow{PB}=(x_1-m)(x_2-m)+(y_1-n)(y_2-n)=0$，

即 $(x_1-m)(x_2-m)+\left(\dfrac{12-3mx_1}{4n}-n\right)\left(\dfrac{12-3mx_2}{4n}-n\right)=0$，

即

$$x_1x_2-m(x_1+x_2)+m^2+\dfrac{9m^2x_1x_2-3m(12-4n^2)(x_1+x_2)+(12-4n^2)^2}{16n^2}=0,$$

将（＊）代入整理得 $3m^4+7m^2n^2+4n^2-33m^2-40n^2+84=0$，

即 $(m^2+n^2-7)(3m^2+4n^2-12)=0$，

$\because 3m^2+4n^2-12>0$，

$\therefore m^2+n^2-7=0$.

$\therefore$ 动点 P 组成的集合是一个圆，且圆的方程为 $x^2+y^2=7$.

方法 2：利用圆锥曲线的性质和椭圆的第三定义化简.

由 $k_{PA}\cdot k_{OA}=-\dfrac{b^2}{a^2}$，$k_{PB}\cdot k_{OB}=-\dfrac{b^2}{a^2}$，$k_{PA}\cdot k_{PB}=-1$，知 $k_{OA}\cdot k_{OB}=-\dfrac{b^4}{a^4}=-\dfrac{9}{16}$，

$\therefore 9x_1x_2+16y_1y_2=0$，

$\therefore 9n^2x_1x_2+(12-3mx_1)(12-3mx_2)=0$，

即 $(m^2+n^2)x_1x_2-4m(x_1+x_2)+16=0$，将方法 1 中（＊）代入，

化简得 $m^2+n^2-7=0$，得证.

方法 3:已知条件的等价转化.

由(1)知椭圆 C 的方程为 $\dfrac{x^2}{4}+\dfrac{y^2}{3}=1$.

① 当 $m\neq\pm2$ 时,

设过点 $P(m,n)$ 且与椭圆 C 相切的直线方程为 $y-n=k(x-m)$.

联立得方程组 $\begin{cases} y-n=k(x-m), \\ \dfrac{x^2}{4}+\dfrac{y^2}{3}=1, \end{cases}$

消去 y,得 $(3+4k^2)x^2+8k(n-km)x+4(n-km)^2-12=0$,

则 $\Delta_1=64k^2(n-km)^2-4(3+4k^2)[4(n-km)^2-12]=0$,

化简,得 $(m^2-4)k^2-2mnk-3+n^2=0.$ ($*$)

$\because$ 过点 $P(m,n)$ 可作两条互相垂直的直线 l_1,l_2,且 l_1,l_2 均与椭圆 C 相切,

$\therefore$ 关于 k 的方程($*$)存在两个根 k_1,k_2 (分别为直线 l_1,l_2 的斜率),且 $k_1k_2=-1$.

$\therefore m^2-4\neq0,\Delta_2=4m^2n^2-4(m^2-4)(n^2-3)=4(3m^2+4n^2-12)>0$,

且 $k_1k_2=\dfrac{n^2-3}{m^2-4}=-1$.

即 $m^2+n^2=7(m\neq\pm2)$,且验证知 $\Delta_2>0$.

$\therefore$ 点 $P(m,n)$ 在圆 $x^2+y^2=7$ 上.

② 当 $m=\pm2$ 时,

由 l_1,l_2 均与椭圆 C 相切,得直线 l_1,l_2 分别与 x 轴、y 轴平行,此时点 P 的坐标为 $(2,\sqrt{3})$ 或 $(2,-\sqrt{3})$ 或 $(-2,\sqrt{3})$ 或 $(-2,-\sqrt{3})$.

$\therefore$ 点 $P(m,n)$ 在圆 $x^2+y^2=7$ 上.

经验证,过圆 $x^2+y^2=7$ 上任意的一点可作两条互相垂直的直线 l_1,l_2,且 l_1,l_2 均与椭圆 C 相切.

综上,动点 $P(m,n)$ 组成的集合是一个圆,且圆的方程为 $x^2+y^2=7$.

【例 4】(2024·房山一模)已知椭圆 $E:\dfrac{x^2}{a^2}+\dfrac{y^2}{b^2}=1(a>b>0)$ 的离心率为 $\dfrac{1}{2}$,左焦点为 $F_1(-1,0)$,过 F_1 的直线交椭圆 E 于 A,B 两点,点 M 为弦 AB 的中点,O 是坐标原点,且 M 不与 O,F_1 重合.

(1)求椭圆 E 的方程;

（2）若 P 是 OM 延长线上一点，且 OP 的长度为 2，求四边形 $OAPB$ 面积的取值范围.

解：（1）$E: \dfrac{x^2}{4}+\dfrac{y^2}{3}=1$，过程略.

（2）设直线 $AB: x=my-1$，与椭圆 $E: 3x^2+4y^2=12$ 联立得 $(3m^2+4)y^2-6my-9=0$，

设 $A(x_1,y_1)$，$B(x_2,y_2)$，

$\Delta=144(m^2+1)>0$，$y_1+y_2=\dfrac{6m}{3m^2+4}$，$y_1y_2=\dfrac{-9}{3m^2+4}$，

AB 中点 M 的坐标为 $\left(-\dfrac{4}{3m^2+4},\dfrac{3m}{3m^2+4}\right)$，

于是 $|AB|=\sqrt{1+m^2}\cdot\dfrac{12\sqrt{1+m^2}}{3m^2+4}=\dfrac{12(1+m^2)}{3m^2+4}$，

$d_{O-AB}=\dfrac{1}{\sqrt{1+m^2}}$.

方法 1：利用 $S_{\text{四边形}OAPB}=\dfrac{1}{2}|AB|(d_{O-AB}+d_{P-AB})$ 求解.

解法 1：未知距离转化为已知.

$\dfrac{d_{P-AB}}{d_{O-AB}}=\dfrac{|MP|}{|OM|}\Rightarrow d_{P-AB}=\dfrac{|MP|}{|OM|}d_{O-AB}$，

$S_{\text{四边形}OAPB}=\dfrac{1}{2}|AB|d_{O-AB}\left(\dfrac{|OM|+|MP|}{|OM|}\right)$

$=\dfrac{1}{2}|AB|d_{O-AB}\cdot\dfrac{2}{|OM|}=\dfrac{12\sqrt{m^2+1}}{\sqrt{9m^2+16}}$.

解法 2：求点 P 坐标.

P 在直线 OM 上，直线 OM 的解析式为 $y=-\dfrac{3m}{4}x$，$|OP|=2$，$x^2+y^2=4$，

解得 $x_P^2=\dfrac{64}{9m^2+16}\xrightarrow[x_M<0]{\text{射线 } OM}x_P=\dfrac{-8}{\sqrt{9m^2+16}}$，

$d_{P-AB}=\dfrac{|x_P-my_P+1|}{\sqrt{1+m^2}}=\dfrac{\left|x_P\left(1+\dfrac{3m^2}{4}\right)+1\right|}{\sqrt{1+m^2}}=\dfrac{\dfrac{2(3m^2+4)}{\sqrt{9m^2+16}}-1}{\sqrt{1+m^2}}$，

$S_{\text{四边形}OAPB}=\dfrac{1}{2}|AB|(d_{O-AB}+d_{P-AB})=\dfrac{6(m^2+1)}{3m^2+4}\cdot\dfrac{2(3m^2+4)}{\sqrt{9m^2+16}\cdot\sqrt{1+m^2}}$

$$= \frac{12\sqrt{m^2+1}}{\sqrt{9m^2+16}}.$$

方法 2：利用 $S_{四边形OAPB} = \frac{1}{2}|OP|(d_{A-OP} + d_{B-OP})$ 求解.

解法 1：线性规划.

$$d_{A-OP} + d_{B-OP} = \frac{|3mx_1 + 4y_1| + |3mx_2 + 4y_2|}{\sqrt{9m^2+16}},$$

因为点 A,B 在直线 OP 的两侧，所以 $(3mx_1 + 4y_1)(3mx_2 + 4y_2) < 0$，

$$d_{A-OP} + d_{B-OP} = \frac{|3mx_1 + 4y_1| + |3mx_2 + 4y_2|}{\sqrt{9m^2+16}}$$

$$= \frac{|3m(x_1 - x_2) + 4(y_1 - y_2)|}{\sqrt{9m^2+16}}$$

$$= \frac{|(3m^2 + 4)(y_1 - y_2)|}{\sqrt{9m^2+16}}$$

$$= \frac{12\sqrt{m^2+1}}{3m^2+4}.$$

解法 2：求点 A 坐标.

因为 AB 中点为 M，所以 $d_{A-OP} + d_{B-OP} = 2d_{A-OP} = \frac{2|3mx_1 + 4y_1|}{\sqrt{9m^2+16}} = \frac{2|(3m^2+4)y_1 - 3m|}{\sqrt{9m^2+16}}$，

由 $(3m^2+4)y^2 - 6my - 9 = 0$，根据求根公式得

$$y_1 = \frac{6m \pm 12\sqrt{m^2+1}}{2(3m^2+4)} = \frac{3m \pm 6\sqrt{m^2+1}}{3m^2+4} \Rightarrow |(3m^2+4)y_1 - 3m| = 6\sqrt{m^2+1}.$$

方法 3：利用 $S_{四边形OAPB} = \frac{1}{2}|OP||AB|\sin\theta$ 求解.

解法 1：求 $\tan\theta$（θ 为直线 AB 与直线 OP 的夹角）.

$$k_{OM} = -\frac{3m}{4}, k_{AB} = \frac{1}{m},$$

$$\tan\theta = \left| \frac{\frac{1}{m} + \frac{3m}{4}}{1 - \frac{3}{4}} \right| = \frac{3m^2+4}{m} \Rightarrow \sin\theta = \frac{3m^2+4}{\sqrt{9m^4 + 25m^2 + 16}}.$$

解法 2：求 $\cos\theta$（$\overrightarrow{OP}=\lambda(4,-3m)$，$\overrightarrow{AB}=\mu(m,1)$）.

$$\cos\theta=\frac{m}{\sqrt{9m^2+16}\cdot\sqrt{1+m^2}}\Rightarrow\sin\theta=\frac{3m^2+4}{\sqrt{9m^2+16}\cdot\sqrt{1+m^2}}.$$

解法 3：求 $\sin\theta$.

$$\sin\theta=\frac{d_{O-AB}}{|OM|}=\frac{3m^2+4}{\sqrt{m^2+1}\cdot\sqrt{9m^2+16}}.$$

综上，$S_{\text{四边形}OAPB}=\dfrac{12\sqrt{m^2+1}}{\sqrt{9m^2+16}}$，$m\neq0$.

设 $T^2=\dfrac{m^2+1}{9m^2+16}=\dfrac{t}{9t+7}\in\left(\dfrac{1}{16},\dfrac{1}{9}\right)(t=m^2+1)$

$\Rightarrow T\in\left(\dfrac{1}{4},\dfrac{1}{3}\right)$

$\Rightarrow S_{\text{四边形}OAPB}\in(3,4)$.

> 说明：面积公式的选择不同，采用的具体解法不同，转化的方向和运用的知识点不同，带来的运算量大小也不同，所以在动笔之前，先分析转化，预估运算量，整体观察，在运算中尽可能提取公因式，约掉共同系数，把运算量尽可能减少。

11. 解析几何中定点定向问题的解题方法

在解析几何中,有一类定点定向问题,其基本结论是:过曲线上一点 P,作两条直线 PA、PB,分别与曲线交于 A、B 两点,当直线 PA、PB 满足一定的关系(如倾斜角互补、斜率之和为定值、倾斜角之和为定值……)时,直线 AB 要么过定点,要么斜率为定值,我们称之为定点定向问题.

【例1】已知椭圆 C:$\dfrac{x^2}{4}+\dfrac{y^2}{3}=1$.

(1)若直线 l 与椭圆 C 相交于 M、N 两点(M、N 不是左、右顶点),且以 MN 为直径的圆过椭圆 C 的右顶点 B. 求证:直线 l 过定点,并求出该定点的坐标.

(2)若过 $Q(4,0)$ 的直线 l 与椭圆 C 交于 M、N 两点,M 关于 x 轴的对称点为 D,求证:直线 ND 过定点.

(3)过点 $Q(-4,0)$ 任作一动直线 l 交椭圆 C 于 M,N 两点,记 $\overrightarrow{MQ}=\lambda\overrightarrow{QN}$,若在线段 MN 上取一点 R 使得 $\overrightarrow{MR}=-\lambda\overrightarrow{RN}$,试判断当直线 l 运动时,点 R 是否在某一定直线上运动. 若在,请求出该定直线;若不在,请说明理由.

(1)**证明:**方法1:设直线 l:$y=kx+m$,联立直线与椭圆方程得,

$$\begin{cases}y=kx+m,\\3x^2+4y^2=12\end{cases}\Rightarrow(3+4k^2)x^2+8mkx+4(m^2-3)=0,$$

设 $M(x_1,y_1)$,$N(x_2,y_2)$,$\Delta=64m^2k^2-16(4k^2+3)(m^2-3)>0$.

$\therefore x_1+x_2=-\dfrac{8mk}{4k^2+3}$,$x_1x_2=\dfrac{4(m^2-3)}{4k^2+3}$,

$\therefore y_1y_2=(kx_1+m)(kx_2+m)=k^2x_1x_2+mk(x_1+x_2)+m^2$

$=\dfrac{4k^2(m^2-3)}{4k^2+3}-\dfrac{8mk\cdot mk}{4k^2+3}+m^2=\dfrac{3m^2-12k^2}{4k^2+3}$,($*$)

$\because$ 以 MN 为直径的圆过 $B(2,0)$,$\therefore\overrightarrow{BM}\cdot\overrightarrow{BN}=0$,

$\therefore\overrightarrow{BM}\cdot\overrightarrow{BN}=(x_1-2)(x_2-2)+y_1y_2=x_1x_2-2(x_1+x_2)+4+y_1y_2=0$,

将($*$)代入得 $\dfrac{4(m^2-3)}{4k^2+3}+2\cdot\dfrac{8mk}{4k^2+3}+4+\dfrac{3m^2-12k^2}{4k^2+3}=0$,

$\therefore \dfrac{4m^2-12+16mk+16k^2+12+3m^2-12k^2}{4k^2+3}=0,$

$\therefore 7m^2+16mk+4k^2=0 \Rightarrow (7m+2k)(m+2k)=0,$

$\therefore m=-\dfrac{2}{7}k$ 或 $m=-2k.$

当 $m=-\dfrac{2}{7}k$ 时,$l: y=kx-\dfrac{2}{7}k=k\left(x-\dfrac{2}{7}\right),$

$\therefore l$ 恒过 $\left(\dfrac{2}{7},0\right),$

当 $m=-2k$ 时,$l: y=kx-2k=k(x-2),$

$\therefore l$ 恒过 $(2,0)$,但 $(2,0)$ 为椭圆右顶点,不符合题意,故舍去,

$\therefore l$ 恒过 $\left(\dfrac{2}{7},0\right).$

方法一: 我们给出一个计算相对简单的解决办法——设直线 $MN(y=kx+m)$,与曲线方程联立,利用原题所给的条件列出等量关系,转化为两根和与积的对称式,从而求出斜率算出定值,或找到直线方程中 k 与 m 的线性关系,继而得到定点.

方法 2:设直线 $BM: y=k(x-2)$,则直线 $BN: y=-\dfrac{1}{k}(x-2)$,与椭圆方程联立求出 M,N 坐标(用 k 表示),表示出直线 MN,由对称性可知,定点在 x 轴上,令 $y=0$,计算 x 的值即可.

方法二: 参数法,我们找到运动系统中的动力源,设出关于点的参数,或者关于某条直线的斜率的参数,用这个参数去表示其他的量,从而得到直线的参数表示.利用恒成立思想,将方程整理为以参数为主元的形式,令其系数均为 0,求解方程组的解,即得到定点或定值.

过程略.

(2)**证明:** 设直线 $l: y=k(x-4)$,与椭圆方程联立可得 $\begin{cases} \dfrac{x^2}{4}+\dfrac{y^2}{3}=1, \\ y=k(x-4), \end{cases}$ 消去 y

可得 $(4k^2+3)x^2-32k^2x+64k^2-12=0,$

设 $N(x_1,y_1),M(x_2,y_2)$,

$\therefore D(x_2,-y_2),x_1+x_2=\dfrac{32k^2}{4k^2+3},x_1x_2=\dfrac{64k^2-12}{4k^2+3}$,

$\therefore$ 直线 ND 的方程为 $y-y_1=\dfrac{y_1+y_2}{x_1-x_2}(x-x_1)$,

令 $y=0$ 可得 $x=\dfrac{x_1y_2+x_2y_1}{y_1+y_2}$,而 $y_1=k(x_1-4),y_2=k(x_2-4)$,

代入可得 $x=\dfrac{x_1k(x_2-4)+x_2k(x_1-4)}{k(x_1-4)+k(x_2-4)}=\dfrac{2x_1x_2-4(x_1+x_2)}{x_1+x_2-8}$,

代入 $x_1+x_2=\dfrac{32k^2}{4k^2+3},x_1x_2=\dfrac{64k^2-12}{4k^2+3}$,

可得 $x=\dfrac{2\cdot\dfrac{64k^2-12}{4k^2+3}-4\cdot\dfrac{32k^2}{4k^2+3}}{\dfrac{32k^2}{4k^2+3}-8}=\dfrac{\dfrac{-24}{4k^2+3}}{\dfrac{-24}{4k^2+3}}=1$,

$\therefore$ 直线 ND 过定点 $(1,0)$.

方法三:直译法,根据题意描述,我们找到运动系统中的动力源,设出关于点的参数,或者关于某条直线的斜率的参数,用这个参数去表示其他的量,从而得到直线的参数表示.根据对称性,得到定点在 x 轴上,可令 $y=0$,求解 x 即得到定点.

(3)解:设直线 $MN:y=k(x+4),M(x_1,y_1),N(x_2,y_2)$,

则 $\overrightarrow{MQ}=(-4-x_1,-y_1),\overrightarrow{QN}=(x_2+4,y_2)$,

由 $\overrightarrow{MQ}=\lambda\overrightarrow{QN}$ 可得 $-4-x_1=\lambda(x_2+4)\Rightarrow\lambda=-\dfrac{4+x_1}{x_2+4}$,

设 $R(x_0,y_0)$,则 $\overrightarrow{MR}=(x_0-x_1,y_0-y_1),\overrightarrow{RN}=(x_2-x_0,y_2-y_0)$,

由 $\overrightarrow{MR}=-\lambda\overrightarrow{RN}$ 可得 $x_0-x_1=-\lambda(x_2-x_0)$,

$\therefore x_0=\dfrac{x_1-\lambda x_2}{1-\lambda}=\dfrac{x_1+\dfrac{4+x_1}{x_2+4}\cdot x_2}{1+\dfrac{4+x_1}{x_2+4}}=\dfrac{2x_1x_2+4(x_1+x_2)}{x_1+x_2+8}$,(＊)

联立得方程组 $\begin{cases}3x^2+4y^2=12,\\y=k(x+4),\end{cases}$ 消去 y 整理可得

$(3+4k^2)x^2+32k^2x+64k^2-12=0$,

$$\therefore x_1 + x_2 = \frac{-32k^2}{3+4k^2}, \; x_1 x_2 = \frac{64k^2-12}{3+4k^2},$$

代入到（*）可得 $x_0 = \dfrac{2 \cdot \dfrac{64k^2-12}{3+4k^2} + 4 \cdot \dfrac{-32k^2}{3+4k^2}}{\dfrac{-32k^2}{3+4k^2}+8} = \dfrac{\dfrac{-24}{3+4k^2}}{\dfrac{24}{3+4k^2}} = -1,$

$\therefore R$ 在定直线 $x = -1$ 上.

【例2】（2020·北京）已知椭圆 $C: \dfrac{x^2}{a^2}+\dfrac{y^2}{b^2}=1$ 过点 $A(-2,-1)$，且 $a = 2b$.

（1）求椭圆 C 的方程；

（2）过点 $B(-4,0)$ 的直线 l 交椭圆 C 于点 M,N，直线 MA,NA 分别交直线 $x=-4$ 于点 P,Q，求 $\dfrac{|PB|}{|BQ|}$ 的值.

解:（1）由题意可得

$\begin{cases} \dfrac{4}{a^2}+\dfrac{1}{b^2}=1, \\ a=2b, \end{cases}$ 解得 $\begin{cases} a^2=8, \\ b^2=2, \end{cases}$ 故椭圆方程为 $\dfrac{x^2}{8}+\dfrac{y^2}{2}=1.$

（2）当直线 l 是 $y=0$ 时,$M(-2\sqrt{2},0),N(2\sqrt{2},0),A(-2,-1),$

$MA: y = \dfrac{1}{2-2\sqrt{2}}(x+2\sqrt{2}),$ 得 $y_P = \dfrac{-4+2\sqrt{2}}{2-2\sqrt{2}} = \sqrt{2},$

$NA: y = \dfrac{1}{2+2\sqrt{2}}(x-2\sqrt{2}),$ 得 $y_Q = \dfrac{-4-2\sqrt{2}}{2+2\sqrt{2}} = -\sqrt{2},$

此时 $\dfrac{|BP|}{|BQ|} = 1.$

当直线 l 不是 $y=0$ 时,设 $M(x_1,y_1),N(x_2,y_2)$，直线 MN 的方程为 $y = k(x+4),$

与椭圆方程 $\dfrac{x^2}{8}+\dfrac{y^2}{2}=1$ 联立可得 $(4k^2+1)x^2 + 32k^2 x + (64k^2-8) = 0,$

则 $x_1+x_2 = \dfrac{-32k^2}{4k^2+1}, \; x_1 x_2 = \dfrac{64k^2-8}{4k^2+1}.$

直线 MA 的方程为 $y+1 = \dfrac{y_1+1}{x_1+2}(x+2),$

令 $x=-4$ 可得 $y_P = -2 \times \dfrac{y_1+1}{x_1+2} - 1 = -2 \times \dfrac{k(x_1+4)+1}{x_1+2} - \dfrac{x_1+2}{x_1+2} =$

$$\frac{-(2k+1)(x_1+4)}{x_1+2},$$

同理可得 $y_Q=\dfrac{-(2k+1)(x_2+4)}{x_2+2}.$

很明显 $y_P y_Q<0,$ 且 $\left|\dfrac{PB}{BQ}\right|=\left|\dfrac{y_P}{y_Q}\right|.$

说明:由特殊值猜测 $\left|\dfrac{BP}{BQ}\right|=1,$ 只需证 $\left|\dfrac{y_P}{y_Q}\right|=1,$ 但是算除法会遇到非对称的情况,可等价转化为计算和差的情况,注意到 P,Q 纵坐标相反,只要证 $y_P+y_Q=0$ 即可.

$$y_P+y_Q=-(2k+1)\left(\frac{x_1+4}{x_1+2}+\frac{x_2+4}{x_2+2}\right)$$

$$=-(2k+1)\times\frac{(x_1+4)(x_2+2)+(x_2+4)(x_1+2)}{(x_1+2)(x_2+2)},$$

而 $(x_1+4)(x_2+2)+(x_2+4)(x_1+2)=2[x_1 x_2+3(x_1+x_2)+8]$

$$=2\left[\frac{64k^2-8}{4k^2+1}+3\times\left(\frac{-32k^2}{4k^2+1}\right)+8\right]$$

$$=2\times\frac{(64k^2-8)+3\times(-32k^2)+8(4k^2+1)}{4k^2+1}=0,$$

故 $y_P+y_Q=0,y_P=-y_Q.$

从而 $\left|\dfrac{PB}{BQ}\right|=\left|\dfrac{y_P}{y_Q}\right|=1.$

先猜再证,等价转化.在解决定点定值问题中,先通过特殊位置求出定点定值,或通过极限位置猜出定点定值,先猜再证,可以使运算的难度大大降低,这种先猜再证的思想方法在北京的高考中多次考查.将猜想的结论等价转化,降低运算难度,也是对解析几何的分类讨论思想、化归与转化思想的落实与应用,能够简化数学运算.

【例3】(2021·西城一模)已知椭圆 $C:\dfrac{x^2}{a^2}+\dfrac{y^2}{3}=1(a>0)$ 的焦点在 x 轴上,且经过点 $E\left(1,\dfrac{3}{2}\right),$ 左顶点为 $D,$ 右焦点为 $F.$

(1)求椭圆 C 的离心率和 $\triangle DEF$ 的面积.

(2)已知直线 $y=kx+1$ 与椭圆 C 交于 A，B 两点. 过点 B 作直线 $y=t(t>\sqrt{3})$ 的垂线，垂足为 G. 判断是否存在常数 t，使得直线 AG 经过 y 轴上的定点. 若存在，求 t 的值；若不存在，请说明理由.

解：(1)依题意得，$\dfrac{1}{a^2}+\dfrac{3}{4}=1$，解得 $a=2$.

因为 $c^2=a^2-b^2=4-3=1$，即 $c=1$，

所以 $D(-2,0)$，$F(1,0)$，

所以离心率 $e=\dfrac{c}{a}=\dfrac{1}{2}$，$\triangle DEF$ 的面积 $S=\dfrac{1}{2}\times3\times\dfrac{3}{2}=\dfrac{9}{4}$.

(2)结合(1)知，直线 DE 的方程为 $y=\dfrac{1}{2}x+1$.

当 $A(-2,0)$，$B\left(1,\dfrac{3}{2}\right)$，$G(1,t)$ 时，

直线 AG 的方程为 $y=\dfrac{t}{3}(x+2)$，交 y 轴于点 $\left(0,\dfrac{2}{3}t\right)$；

当 $A\left(1,\dfrac{3}{2}\right)$，$B(-2,0)$，$G(-2,t)$ 时，

直线 AG 的方程为 $y-\dfrac{3}{2}=\dfrac{t-\dfrac{3}{2}}{-3}(x-1)$，交 y 轴于点 $\left(0,\dfrac{t+3}{3}\right)$.

若直线 AG 经过 y 轴上定点，则 $\dfrac{2}{3}t=\dfrac{t+3}{3}$，

即 $t=3$，直线 AG 交 y 轴于点 $(0,2)$.

下面证明存在实数 $t=3$，使得直线 AG 经过 y 轴上定点 $(0,2)$.

联立得 $\begin{cases} y=kx+1, \\ \dfrac{x^2}{4}+\dfrac{y^2}{3}=1, \end{cases}$ 消去 y 并整理得 $(4k^2+3)x^2+8kx-8=0$，

设 $A(x_1,y_1)$，$B(x_2,y_2)$.

则 $x_1+x_2=\dfrac{-8k}{4k^2+3}$，$x_1x_2=\dfrac{-8}{4k^2+3}$.

设点 $G(x_2,3)$，所以直线 AG 的方程为 $y-3=\dfrac{y_1-3}{x_1-x_2}(x-x_2)$.

令 $x=0$，得 $y=\dfrac{-x_2y_1+3x_2}{x_1-x_2}+3=\dfrac{3x_1-x_2y_1}{x_1-x_2}$

$$=\frac{3x_1-x_2(kx_1+1)}{x_1-x_2}=\frac{3x_1-x_2-kx_1x_2}{x_1-x_2}.$$

因为 $kx_1x_2=x_1+x_2$,

所以 $y=\dfrac{3x_1-x_2-(x_1+x_2)}{x_1-x_2}=\dfrac{2x_1-2x_2}{x_1-x_2}=2.$

所以直线 AG 过定点 $(0,2)$.

综上,存在实数 $t=3$,使得直线 AG 经过 y 轴上定点 $(0,2)$.

【例 4】 已知椭圆 $C:\dfrac{x^2}{4}+\dfrac{y^2}{3}=1.$

(1) 若过椭圆上一点 $P\left(1,\dfrac{3}{2}\right)$ 作两条倾斜角互补的直线,分别交椭圆于 A,B 两点(A,B 不与 P 重合),求证:直线 AB 的斜率为定值.

(2)若作斜率为 $\dfrac{1}{2}$ 的直线交椭圆于 A,B 两点,$P\left(1,\dfrac{3}{2}\right)$,求证:$\triangle PAB$ 的内心在一条直线上.

(3)过椭圆 E 内一点 $P(1,1)$ 的两条直线分别与椭圆交于 A,C 和 B,D,且满足 $\overrightarrow{AP}=\lambda\overrightarrow{PC}$,$\overrightarrow{BP}=\lambda\overrightarrow{PD}$,其中 λ 为常数且 $\lambda>0$,当 λ 变化时,k_{AB} 是否为定值? 若是,请求出此定值;若不是,请说明理由

(1)**证明:方法 1**:设 $AB:y=kx+m$,联立直线与椭圆方程,

$$\begin{cases}y=kx+m,\\3x^2+4y^2=12\end{cases}\Rightarrow(3+4k^2)x^2+8mkx+4(m^2-3)=0,$$

设 $A(x_1,y_1)$,$B(x_2,y_2)$,$\Delta>0$,所以 $x_1+x_2=-\dfrac{8mk}{4k^2+3}$,$x_1x_2=\dfrac{4(m^2-3)}{4k^2+3}$,($*$)

因为 PA,PB 的倾斜角互补,所以 $k_{PA}+k_{PB}=0$,

即 $k_{PA}+k_{PB}=\dfrac{y_1-\dfrac{3}{2}}{x_1-1}+\dfrac{y_2-\dfrac{3}{2}}{x_2-1}=\dfrac{kx_1+m-\dfrac{3}{2}}{x_1-1}+\dfrac{kx_2+m-\dfrac{3}{2}}{x_2-1}=0$,

即 $\left(kx_1+m-\dfrac{3}{2}\right)(x_2-1)+\left(kx_2+m-\dfrac{3}{2}\right)(x_1-1)=0$,

化简得 $2kx_1x_2+\left(m-k-\dfrac{3}{2}\right)(x_1+x_2)-(2m-3)=0$,

将($*$)代入得 $8k(m^2-3)+\left(m-k-\dfrac{3}{2}\right)(-8km)-(2m-3)(4k^2+3)=0$,

化简得 $4k^2+4km-8k-2m+3=0$,

即 $(2k+2m-3)(2k-1)=0$.

当 $2k+2m-3=0$ 时,直线 $AB:y=kx-k+\dfrac{3}{2}$,过 $P\left(1,\dfrac{3}{2}\right)$,舍;

当 $2k-1=0$ 时,$k=\dfrac{1}{2}$.

方法 2:设直线 $PA:y=k(x-1)+\dfrac{3}{2}$,则直线 $PB:y=-k(x-1)+\dfrac{3}{2}$,

将直线 PA 的解析式代入椭圆方程得 $(3+4k^2)x^2+4k(3-2k)x+4k^2-12k-3=0$,

设 $A(x_1,y_1),B(x_2,y_2)$,则 $x_1=\dfrac{4k^2-12k-3}{3+4k^2}$,同理 $x_2=\dfrac{4k^2+12k-3}{3+4k^2}$.

$$k_{AB}=\dfrac{y_1-y_2}{x_1-x_2}=\dfrac{kx_1-k+\dfrac{3}{2}+kx_2-k-\dfrac{3}{2}}{x_1-x_2}=\dfrac{k(x_1+x_2-2)}{x_1-x_2}$$

$$=\dfrac{k(8k^2-6-6-8k^2)}{-24k}=\dfrac{1}{2}.$$

(2)分析:先猜再证:这是第一问的逆命题,内心是三角形角平分线的交点,猜测 PA,PB 斜率相反,所以 $\angle APB$ 的平分线就比较特殊,是 $x=1$.

证明:设直线 $AB:y=\dfrac{1}{2}x+m$,联立直线与椭圆方程,

$$\begin{cases} y=\dfrac{1}{2}x+m, \\ 3x^2+4y^2=12 \end{cases} \Rightarrow x^2+mx+m^2-3=0,$$

设 $A(x_1,y_1),B(x_2,y_2),\Delta>0$,所以 $x_1+x_2=-m,x_1x_2=m^2-3$,(∗)

$$k_{PA}+k_{PB}=\dfrac{y_1-\dfrac{3}{2}}{x_1-1}+\dfrac{y_2-\dfrac{3}{2}}{x_2-1}=\dfrac{\dfrac{1}{2}x_1+m-\dfrac{3}{2}}{x_1-1}+\dfrac{\dfrac{1}{2}x_2+m-\dfrac{3}{2}}{x_2-1},$$

$\left(\dfrac{1}{2}x_1+m-\dfrac{3}{2}\right)(x_2-1)+\left(\dfrac{1}{2}x_2+m-\dfrac{3}{2}\right)(x_1-1)=x_1x_2+(m-2)(x_1+x_2)-(2m-3)=m^2-3-m(m-2)-(2m-3)=0$,即 $k_{PA}+k_{PB}=0$,

所以直线 $x=1$ 平分 $\angle APB$,所以 $\triangle PAB$ 的内心在直线 $x=1$ 上.

(3)解:设 $A(x_1,y_1),B(x_2,y_2),C(x_3,y_3),D(x_4,y_4)$,则 $\overrightarrow{AP}=(1-x_1,1-y_1),\overrightarrow{PC}=(x_3-1,y_3-1)$,

由 $\overrightarrow{AP}=\lambda\overrightarrow{PC}$，可得 $\begin{cases}x_3=\dfrac{1-x_1}{\lambda}+1,\\[2mm]y_3=\dfrac{1-y_1}{\lambda}+1,\end{cases}$ 因为 A,C 在椭圆 $\dfrac{x^2}{4}+\dfrac{y^2}{3}=1$ 上，

所以 $\begin{cases}\dfrac{x_1^2}{4}+\dfrac{y_1^2}{3}=1,\\[2mm]\dfrac{x_3^2}{4}+\dfrac{y_3^2}{3}=1,\end{cases}$ 将 $\begin{cases}x_3=\dfrac{1-x_1}{\lambda}+1,\\[2mm]y_3=\dfrac{1-y_1}{\lambda}+1\end{cases}$ 代入并整理可得

$$\begin{cases}3x_1^2+4y_1^2=12,① \\[2mm] 3\left(\dfrac{1-x_1}{\lambda}+1\right)^2+4\left(\dfrac{1-y_1}{\lambda}+1\right)^2=12,②\end{cases}$$

整理②可得 $3\big[(1-x_1)+\lambda\big]^2+4\big[(1-y_1)+\lambda\big]^2=12\lambda^2$，

$3(1-x_1)^2+4(1-y_1)^2+6\lambda(1-x_1)+8\lambda(1-y_1)=5\lambda^2$，

$3x_1^2+4y_1^2-2(3x_1+4y_1)+7+14\lambda-2\lambda(3x_1+4y_1)=5\lambda^2$，

所以 $3x_1+4y_1=\dfrac{19-5\lambda^2+14\lambda}{2+2\lambda}$，

同理可得，对于 B,D，则有 $3x_2+4y_2=\dfrac{19-5\lambda^2+14\lambda}{2+2\lambda}$，

所以 $3x_1+4y_1=3x_2+4y_2\Rightarrow3(x_1-x_2)=-4(y_1-y_2)$，

所以 $k_{AB}=\dfrac{y_1-y_2}{x_1-x_2}=-\dfrac{3}{4}$，即为定值.

定点、定向问题的解法是相通的，通常是先直译，根据条件列出满足的等量关系，观察等量关系与所求之间的联系非常重要.

12. 解析几何定点定向问题中的未卜先知

在解析几何中,过曲线上一点 P,作两条直线 PA,PB,分别与曲线交于 A,B 两点,当直线 PA,PB 满足一定的关系,如倾斜角互补时,则直线 AB 的斜率为定值.

当直线 PA、PB 满足一定的关系:如斜率之和为定值、倾斜角之和为定值……时,则直线 AB 要么过定点,要么斜率为定值. 有时候,我们不需要大兴土木般计算完才知道结论,如果是小题,我们可以很快给出答案.

一、结论的未卜先知

【例 1】已知圆的方程为 $x^2 + y^2 = 25$,过 $M(-4, 3)$ 作割线 MA,MB 与圆交于点 A,B,且 MA,MB 关于直线 $y = 3$ 对称,则直线 AB 的斜率等于 （   ）

A. $-\dfrac{4}{3}$ B. $-\dfrac{3}{4}$ C. $-\dfrac{5}{4}$ D. $-\dfrac{4}{5}$

答案:A

解析:由题得 MA,MB 与直线 $y = 3$ 所成的角相等,设 $N(4, 3)$,则 N 是弧 AB 的中点,所以 $ON \perp AB$,因为 $k_{ON} = \dfrac{3}{4}$,所以 $k_{AB} = -\dfrac{4}{3}$.

拓展:我们将该曲线拓展到椭圆,过椭圆 $\dfrac{x^2}{a^2} + \dfrac{y^2}{b^2} = 1 (a > b > 0)$ 上任意一点 $P(m, n)$ 作斜率相反的弦 PA,PB,求证直线 AB 定向.

方法 1:利用椭圆的仿射变换.

将椭圆 $\dfrac{x^2}{a^2} + \dfrac{y^2}{b^2} = 1 (a > b > 0)$ 通过 $\begin{cases} x' = x, \\ y' = \dfrac{a}{b} y \end{cases}$ 变换,

即椭圆上每点的横坐标不变,纵坐标伸长为原来的 $\dfrac{a}{b}$ 倍,得圆:$(x')^2 + (y')^2 = a^2$,

点 $P(m, n)$ 变为 $P'\left(m, \dfrac{an}{b}\right)$,$Q'\left(-m, \dfrac{an}{b}\right)$,

以上性质不变时,可得直线 AB 的斜率 $k_{A'B'}=-\dfrac{1}{k_{OQ'}}=\dfrac{bm}{an}$,

将该斜率再仿射回椭圆时,横坐标不变,纵坐标变为原坐标的 $\dfrac{b}{a}$ 倍,即 k_{AB} $=\dfrac{b}{a}k_{A'B'}=\dfrac{b^2m}{a^2n}$.

方法2:利用椭圆上一点的切线方程结论以及椭圆的对称性求解.

椭圆上点 $P(m,n)$ 处的切线方程是 $\dfrac{mx}{a^2}+\dfrac{ny}{b^2}=1$,

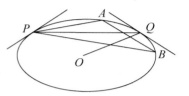

在 $Q(-m,n)$ 处的切线方程是 $\dfrac{-mx}{a^2}+\dfrac{ny}{b^2}=1$,此

时斜率为 $\dfrac{b^2m}{a^2n}$,

考虑直线 AB 的极限位置,即由椭圆的割线渐变到椭圆的切线,

直线 AB 定向,则其斜率就是在点 Q 处的切线的斜率 $\dfrac{b^2m}{a^2n}$.

二、计算的未卜先知

【例2】已知椭圆 C 的方程为 $\dfrac{x^2}{a^2}+\dfrac{y^2}{b^2}=1(a>b>0)$,左、右焦点分别为 F_1,

F_2,焦距为4,点 M 是椭圆 C 上一点,满足 $\angle F_1MF_2=60°$,且 $S_{\triangle F_1MF_2}=\dfrac{4\sqrt{3}}{3}$.

(1)求椭圆 C 的方程;

(2)过点 $P(0,2)$ 分别作直线 PA,PB 交椭圆 C 于 A,B 两点,设直线 PA,PB 的斜率分别为 k_1,k_2,且 $k_1+k_2=4$,求证:直线 AB 过定点,并求出直线 AB 的斜率 k 的取值范围.

(1)**解**:在 $\triangle F_1MF_2$ 中,设 $F_1M=r_1$,$F_2M=r_2$,

由余弦定理得 $4c^2=r_1^2+r_2^2-2r_1r_2\cos 60°$,

即 $4c^2=(r_1+r_2)^2-2r_1r_2-2r_1r_2\cos 60°$,即 $4c^2=(r_1+r_2)^2-3r_1r_2$,

得 $3r_1r_2=4b^2$.

又因为 $S_{\triangle F_1MF_2}=\dfrac{1}{2}r_1r_2\sin 60°=\dfrac{4\sqrt{3}}{3}$,所以 $r_1r_2=\dfrac{16}{3}$,$b^2=4$,

又因为 $2c=4$,所以 $a^2=b^2+c^2=8$,

所以所求椭圆的方程为 $\dfrac{x^2}{8}+\dfrac{y^2}{4}=1$.

（2）**证明**：显然直线 AB 的斜率 k 存在，设直线 AB 的方程为 $y=kx+m$，$A(x_1,y_1),B(x_2,y_2)$，

由 $\begin{cases} y=kx+m, \\ x^2+2y^2=8 \end{cases}$ 得 $x^2+2(kx+m)^2=8$，

即 $(2k^2+1)x^2+4kmx+2m^2-8=0$，

$\Delta=(4km)^2-4(2k^2+1)(2m^2-8)>0$，$x_1+x_2=\dfrac{-4km}{2k^2+1}$，$x_1x_2=\dfrac{2(m^2-4)}{2k^2+1}$，

由 $k_1+k_2=4$ 得，$\dfrac{y_1-2}{x_1}+\dfrac{y_2-2}{x_2}=4$，

又 $y_1=kx_1+m$，$y_2=kx_2+m$，

则 $\dfrac{kx_1+m-2}{x_1}+\dfrac{kx_2+m-2}{x_2}=4$，

$2k+\dfrac{(m-2)(x_1+x_2)}{x_1x_2}=4$，

即 $(2k-4)x_1x_2+(m-2)(x_1+x_2)=0$，

即 $2(2k-4)(m^2-4)-4km(m-2)=0$，$(m-2)(k-m-2)=0$，**←这一步一定可以因式分解，而且一定有一个因式是 $m-2$**

所以 $m=2$ 或 $k=m+2$.

当 $m=2$ 时，直线 AB 过点 P，舍；

当 $k=m+2$ 时，$y=kx+m \Rightarrow y=kx+k-2 \Rightarrow y=k(x+1)-2$，则直线 AB 过定点 $(-1,-2)$.

因为 $\Delta=(4km)^2-4(2k^2+1)(2m^2-8)>0$，$m=k-2$，

所以 $[4k(k-2)]^2-4(2k^2+1)[2(k-2)^2-8]>0$，

$4k^2(k-2)^2-(2k^2+1)(2k^2-8k)>0$，

$2k^2(k-2)^2-(2k^2+1)(k^2-4k)>0$，$k[2k(k-2)^2-(2k^2+1)(k-4)]>0$，

$k(7k+4)>0$，所以 $k>0$ 或 $k<-\dfrac{4}{7}$.

又因为直线 AB 不过 P 点，所以 $k\neq 4$.

综上，$k\in\left(-\infty,-\dfrac{4}{7}\right)\cup(0,4)\cup(4,+\infty)$.

一般地,过某个点作的两条直线,在因式分解中一定有一个增根是过该点的因式.如过点 $P(1,-2)$ 作的直线,得到的 k,m 的二次方程在进行因式分解时,就会有一个因式是 $m+k+2$,剩下的因式就可以通过系数配凑得到.

【例3】(2020・全国Ⅰ卷)已知椭圆 $C:\dfrac{x^2}{a^2}+\dfrac{y^2}{b^2}=1(a>b>0)$ 的离心率为 $\dfrac{\sqrt{2}}{2}$,且过点 $A(2,1)$.

(1)求 C 的方程.

(2)点 M,N 在 C 上,且 $AM\perp AN,AD\perp MN,D$ 为垂足.证明:存在定点 Q,使得 $|DQ|$ 为定值.

分析:(2)由 $AM\perp AN$ 知,直线 MN 恒过定点,设为 E,由 $AD\perp MN$ 知,D 在以 AE 为直径的圆上,所以 Q 为 AE 的中点,$|DQ|$ 为半径.此题转化为求直线 MN 恒过定点的问题.

(1)**解:**由题意可得 $\begin{cases}\dfrac{c}{a}=\dfrac{\sqrt{2}}{2},\\[2mm]\dfrac{4}{a^2}+\dfrac{1}{b^2}=1,\\[2mm]a^2=b^2+c^2.\end{cases}$ 解得 $a^2=6,b^2=c^2=3$,

故椭圆方程为 $\dfrac{x^2}{6}+\dfrac{y^2}{3}=1$.

(2)**证明:**方法1:通法.

当直线 MN 的斜率存在时,设方程为 $y=kx+m$,如图1.

代入椭圆方程消去 y 并整理得 $(1+2k^2)x^2+4kmx+2m^2-6=0$,

设点 $M(x_1,y_1),N(x_2,y_2)$.

$\begin{cases}x_1+x_2=-\dfrac{4km}{1+2k^2},\\[3mm]x_1x_2=\dfrac{2m^2-6}{1+2k^2},\end{cases}$ ①

因为 $AM\perp AN$,所以 $\overrightarrow{AM}\cdot\overrightarrow{AN}=0$,

即 $(x_1-2)(x_2-2)+(y_1-1)(y_2-1)=0$,②

将 $y_1=kx_1+m,y_2=kx_2+m$ 代入②整理可得

$(k^2+1)x_1x_2+(km-k-2)(x_1+x_2)+(m-1)^2+4=0$，③

将①代入③可得 $(k^2+1)\dfrac{2m^2-6}{1+2k^2}+(km-k-2)\left(-\dfrac{4km}{1+2k^2}\right)+(m-1)^2+4$

$=0$，

整理化简得 $4k^2+8km+3m^2-2m-1=0$，**←这一步的运算是难点，方程左边一定可以因式分解. 由 $A(2,1)$ 得，必有因式 $2k+m-1$；再由双十字因式分解配凑系数，得到另一个因式.**

即 $(2k+3m+1)(2k+m-1)=0$.

当 $2k+m-1=0$ 时，直线 MN：$y=kx-2k+1$，过 $A(2,1)$，舍；

所以 $2k+3m+1=0$，$k\neq1$，

于是直线 MN 的方程为 $y=k\left(x-\dfrac{2}{3}\right)-\dfrac{1}{3}$，所以直线过定点 $E\left(\dfrac{2}{3},-\dfrac{1}{3}\right)$.

当直线 MN 的斜率不存在时，设 $M(x_1,y_1)$，则 $N(x_1,-y_1)$，如图 2.

代入 $(x_1-2)(x_2-2)+(y_1-1)(y_2-1)=0$ 得 $(x_1-2)^2+1-y_1^2=0$，

结合 $\dfrac{x_1^2}{6}+\dfrac{y_1^2}{3}=1$，解得 $x_1=2$（舍）或 $x_1=\dfrac{2}{3}$，此时直线 MN 过点 $E\left(\dfrac{2}{3},-\dfrac{1}{3}\right)$，

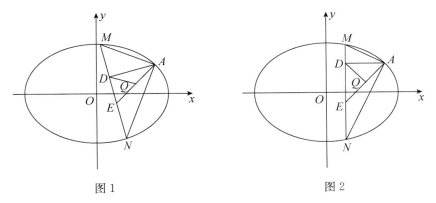

图 1   图 2

由于 AE 为定值，且 $\triangle ADE$ 为直角三角形，AE 为斜边，

所以 AE 中点 Q 满足 $|QD|$ 为定值.$\left(AE\ \text{长度的一半为}\ \dfrac{1}{2}\sqrt{\left(2-\dfrac{2}{3}\right)^2+\left(1+\dfrac{1}{3}\right)^2}\right.$

$\left.=\dfrac{2\sqrt{2}}{3}\right)$

由于 $A(2,1)$，$E\left(\dfrac{2}{3},-\dfrac{1}{3}\right)$，故由中点坐标公式可得 $Q\left(\dfrac{4}{3},\dfrac{1}{3}\right)$.

故存在点 $Q\left(\dfrac{4}{3},\dfrac{1}{3}\right)$，使得 $|DQ|$ 为定值.

说明:此法是通法,能解决大多数定点定值问题,也是学生必须掌握的方法;此外,还可以用先猜再证、构造对称式等方法求解以简化运算.许多解析几何题的背景是椭圆相关性质中的二级结论,如果学生能适当了解这些二级结论,那么在考场中就能很快找到解题突破口.当然最终能够算到底,还是需要扎实的基本功,以及较强的运算能力,而这些二级结论的证明过程往往都体现了解析几何的通性通法、运算技巧与基本功.因此同学们在平时的学习中要适当了解一些二级结论,并做一些拓展性研究学习,对于拓宽我们的视野,锻炼解题能力,提高解题素养还是非常有帮助的.

方法2:构造齐次式.

设点 $M(x_1,y_1)$,$N(x_2,y_2)$,

直线 MN 的方程为 $m(x-2)+n(y-1)=1$①,

因为 $AM\perp AN$,所以 $\dfrac{y_1-1}{x_1-2}\cdot\dfrac{y_2-1}{x_2-2}=-1$②,

由 $x^2+2y^2=6$ 得 $(x-2+2)^2+2(y-1+1)^2=6$,

即 $(x-2)^2+2(y-1)^2+4(x-2)+4(y-1)=0$,

所以 $(x-2)^2+2(y-1)^2+[4(x-2)+4(y-1)][m(x-2)+n(y-1)]=0$,

$(4m+1)(x-2)^2+4(m+n)(x-2)(y-1)+(4n+2)(y-1)^2=0$,

两边同除以 $(x-2)^2$,并设 $\dfrac{y-1}{x-2}=k$,

则有 $(4n+2)k^2+4(m+n)k+4m+1=0$,

由②可得 $k_1k_2=\dfrac{4m+1}{4n+2}=-1$,所以 $m=-n-\dfrac{3}{4}$,

代入①可得 $n(1-x+y)+\dfrac{1}{2}-\dfrac{3}{4}x=0$,

令 $\begin{cases} 1-x+y=0, \\ \dfrac{1}{2}-\dfrac{3}{4}x=0, \end{cases}$ 解得 $x=\dfrac{2}{3}$,$y=-\dfrac{1}{3}$,所以直线 MN 过定点 $E\left(\dfrac{2}{3},-\dfrac{1}{3}\right)$,

因为 $AD\perp MN$,所以 $AD\perp DE$,即 D 在以 AE 为直径的圆上,

取 AE 的中点 $Q\left(\dfrac{4}{3},\dfrac{1}{3}\right)$,则 Q 使 $|DQ|$ 为定值.

13. 解析几何中"非对称"问题的常见处理方法

直线和圆锥曲线的位置关系一直是高考中考查的重点和难点,在经过一定的题目训练和一段时间的沉淀后,学生对直线方程和圆锥曲线方程的联立,用根与系数的关系解决等量关系是两根对称式的问题已经得心应手. 但是在有些问题中会出现转化后等量关系是两根"非对称"的情况,即直线方程与曲线方程联立后,等量关系与两交点的横坐标或纵坐标的和与积之间的关系无法直接使用的情况,本文称这种情况为"非对称"问题.

这种"非对称"的情况有几种常见的处理方法,均是可以仿照使用的,希望同学们能有所受益.

【例1】已知直线 $l: y = kx + 1$ 与椭圆 $C: x^2 + \dfrac{y^2}{4} = 1$ 相交于 A, B 两点,直线 l 与 y 轴交于点 M,若 $\overrightarrow{AM} = 2\overrightarrow{MB}$,求 k 的值.

解:设 $A(x_1, y_1)$,$B(x_2, y_2)$,由题知 $M(0, 1)$,因为 $\overrightarrow{AM} = 2\overrightarrow{MB}$,所以 $\begin{cases} -x_1 = 2x_2, \\ 1 - y_1 = 2(y_2 - 1), \end{cases}$

我们选一个比较简单的关系: $x_1 = -2x_2$ ①.

联立直线和椭圆方程,得 $(4 + k^2)x^2 + 2kx - 3 = 0$,

$\Delta = 4k^2 + 12(k^2 + 4) = 16(k^2 + 3) > 0$ 恒成立,

$x_1 + x_2 = \dfrac{-2k}{k^2 + 4}$ ②,$x_1 x_2 = \dfrac{-3}{k^2 + 4}$ ③.

方法1:用线性关系消参

由①②解得 $x_2 = \dfrac{2k}{k^2 + 4}$,

代入③得 $-2x_2^2 = -2\left(\dfrac{2k}{k^2 + 4}\right)^2 = \dfrac{-3}{k^2 + 4}$,

解方程得 $k = \pm\dfrac{2}{5}\sqrt{15}$.

解释说明：方法1的关键点是已知条件的等量关系转化后出现坐标的线性关系，可以借助根与系数关系中两根和的关系构造方程组，解出两根的表达式，代入根与系数关系中的两根积中，从而得到参数的方程来求解.

方法2：构造对称式

由 $x_1 = -2x_2$ ① 可知 $\dfrac{x_1}{x_2} = -2, \dfrac{x_2}{x_1} = -\dfrac{1}{2}$，所以 $\dfrac{x_1}{x_2} + \dfrac{x_2}{x_1} = \dfrac{x_1^2 + x_2^2}{x_1 x_2} = \dfrac{(x_1 + x_2)^2}{x_1 x_2}$

$-2 = -\dfrac{5}{2}$.

我们将 $x_1 + x_2 = \dfrac{-2k}{k^2 + 4}$ ②，$x_1 x_2 = \dfrac{-3}{k^2 + 4}$ ③ 代入上式，解得 $k = \pm \dfrac{2}{5}\sqrt{15}$.

解释说明：方法2的出发点是学生熟悉的将等量关系转化为两根的对称式，然后用两根和与两根积表示该对称式，从而整体消元，得到参数的方程，避免求根的大量运算.学生已经有了比较丰富的经验用两根和与两根积表示两根的常见对称式，如 $x_1^2 + x_2^2$，$|x_1 - x_2|$ 等，这里是将已知条件 $x_1 = -2x_2$ 转化为 $\dfrac{x_1}{x_2} + \dfrac{x_2}{x_1}$ 的对称式.学生可以模仿使用.

方法3：设点求值

A, B 在椭圆上，将 A, B 坐标代入椭圆方程得，

$\begin{cases} 4x_2^2 + y_2^2 = 4, \\ 4(-2x_2)^2 + (3 - 2y_2)^2 = 4, \end{cases}$ 解得 $\begin{cases} x_2 = \pm \dfrac{\sqrt{15}}{8}, \\ y_2 = \dfrac{7}{4}, \end{cases}$

由 $M(0,1)$，$B\left(\pm \dfrac{\sqrt{15}}{8}, \dfrac{7}{4} \right)$ 得 $k = \pm \dfrac{2}{5}\sqrt{15}$.

解释说明：设点求值的方法是条件不对称时代数方程思想的应用.即设出需要的未知量，找到未知量之间的所有独立关系，当方程的个数等于未知数的个数时，理论上就能够解出未知数，难点是解方程的过程，消元的方法等.

【例2】 如图，已知椭圆 $E: \dfrac{x^2}{a^2} + \dfrac{y^2}{b^2} = 1 (a > b > 0)$ 的左、右顶点分别为 A, B，

长轴长为 4，离心率为 $\dfrac{1}{2}$．过右焦点 F 的直线 l 交椭圆 E 于 C,D 两点（均不与 A,B 重合），记直线 AC,BD 的斜率分别为 k_1,k_2．

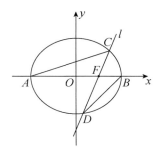

（1）求椭圆 E 的方程．

（2）是否存在常数 λ，当直线 l 变动时，总有 $k_1=\lambda k_2$ 成立？若存在，求出 λ 的值；若不存在，请说明理由．

解：（1）由题知 $\begin{cases}2a=4,\\[2pt]\dfrac{c}{a}=\dfrac{1}{2},\\[2pt]a^2=b^2+c^2.\end{cases}$ 解得 $\begin{cases}a=2,\\ b=\sqrt{3},\\ c=1.\end{cases}$ 所以椭圆 E 的方程为 $\dfrac{x^2}{4}+\dfrac{y^2}{3}=1$．

（2）由（1）知 $A(-2,0),B(2,0),F(1,0)$．

分析： 设 $C(x_1,y_1),D(x_2,y_2)$．则 $k_1=\dfrac{y_1}{x_1+2},k_2=\dfrac{y_2}{x_2-2}$，

$\dfrac{k_1}{k_2}=\dfrac{y_1(x_2-2)}{y_2(x_1+2)}$ 显然不是对称式．

方法 4：先猜再证，将结果代入变成对称式

当直线 l 的斜率不存在时，直线 l 的方程为 $x=1$．

由 $\begin{cases}x=1,\\[2pt]\dfrac{x^2}{4}+\dfrac{y^2}{3}=1\end{cases}$ 解得 $\begin{cases}x=1,\\ y=\dfrac{3}{2}\end{cases}$ 或 $\begin{cases}x=1,\\ y=-\dfrac{3}{2}.\end{cases}$

得 $k_1=\dfrac{1}{2},k_2=\dfrac{3}{2}$，则 $k_1=\dfrac{1}{3}k_2$．猜测存在 $\lambda=\dfrac{1}{3}$．

当直线 l 的斜率存在时，设直线 l 的方程为 $y=k(x-1),C(x_1,y_1),D(x_2,y_2)$．

由 $\begin{cases}y=k(x-1),\\[2pt]\dfrac{x^2}{4}+\dfrac{y^2}{3}=1\end{cases}$ 得 $(4k^2+3)x^2-8k^2x+4k^2-12=0$．

则 $\begin{cases} x_1+x_2=\dfrac{8k^2}{4k^2+3}, \\ x_1x_2=\dfrac{4k^2-12}{4k^2+3}. \end{cases}$

故 $k_1-\dfrac{1}{3}k_2=\dfrac{y_1}{x_1+2}-\dfrac{y_2}{3(x_2-2)}=\dfrac{3(x_2-2)y_1-(x_1+2)y_2}{3(x_1+2)(x_2-2)}$

$=\dfrac{k[2x_1x_2-5(x_1+x_2)+8]}{3(x_1+2)(x_2-2)}=\dfrac{k\left[\dfrac{8(k^2-3)}{4k^2+3}-\dfrac{40k^2}{4k^2+3}+8\right]}{3(x_1+2)(x_2-2)}=0.$

所以存在常数 $\lambda=\dfrac{1}{3}$ 使得 $k_1=\dfrac{1}{3}k_2$ 恒成立.

解释说明:想要求出一个代数式的值在解析几何的运算中是比较难的,尤其是这种不对称的关系的运算.而由特殊的位置关系得到的结论猜想一般结论的成立,往往可以使问题简化,从而将不对称的代数运算转化为求对称式子值为 0 的证明问题.这也是北京考题经常考查的解决问题的常见方法.

方法 5:用椭圆方程消元,创造对称式

本质:椭圆的方程中隐含的性质——椭圆上任意一点与长轴两端点或短轴两端点或任意关于原点对称的两点的斜率之积为定值 $-\dfrac{b^2}{a^2}$,满足该条件时可以求出点的轨迹是椭圆,我们也称之为椭圆的第三定义.

$\lambda=\dfrac{k_1}{k_2}=\dfrac{y_1(x_2-2)}{y_2(x_1+2)}$,其中 $y_1^2=\dfrac{3}{4}(4-x_1^2)$,$y_2^2=\dfrac{3}{4}(4-x_2^2)$,

平方,得 $\lambda^2=\left(\dfrac{k_1}{k_2}\right)^2=\dfrac{y_1^2}{y_2^2}\dfrac{(x_2-2)^2}{(x_1+2)^2}=\dfrac{\dfrac{3}{4}(2+x_1)(2-x_1)(2-x_2)^2}{\dfrac{3}{4}(2+x_2)(2-x_2)(2+x_1)^2}$

$=\dfrac{(2-x_1)(2-x_2)}{(2+x_1)(2+x_2)}=\dfrac{4-2(x_1+x_2)+x_1x_2}{4+2(x_1+x_2)+x_1x_2}.$

于是问题转化为对称式,将 $\begin{cases} x_1+x_2=\dfrac{8k^2}{4k^2+3}, \\ x_1x_2=\dfrac{4k^2-12}{4k^2+3} \end{cases}$ 代入化简可得 $\lambda=\dfrac{1}{3}$.

解释说明:学生习惯了将直线方程代入等量关系进行消元,实际上,当代入直线方程后结果不理想时,我们可以借助曲线的方程消元,这点在抛物线中比较明显. 在本题中,题目条件是曲线上的点与椭圆长轴两端点有关,这些条件指向并利用了椭圆方程中的定义和性质——椭圆上任意一点与长轴(短轴)两端点的斜率之积为定值 $-\dfrac{b^2}{a^2}$,平方后利用曲线消元就会使非对称问题转化为对称问题.

方法 6:用根与系数的关系代入所求消灭不对称

注意用此法有优势的前提是消元后展开式中不出现常数项,此时用根与系数的关系会非常直接. 如下:

我们将 $x=my+1$ 与 $3x^2+4y^2=12$ 联立,

得 $(3m^2+4)y^2+6my-9=0$,

于是 $y_1+y_2=-\dfrac{6m}{3m^2+4}$,$y_1y_2=-\dfrac{9}{3m^2+4}$,

可知 $3(y_1+y_2)=2my_1y_2$,

于是 $\lambda=\dfrac{k_1}{k_2}=\dfrac{y_1(x_2-2)}{y_2(x_1+2)}=\dfrac{y_1(my_2-1)}{y_2(my_1+3)}=\dfrac{my_1y_2-y_1}{my_1y_2+3y_2}=\dfrac{3y_1+3y_2-2y_1}{3y_1+3y_2+6y_2}=$

$\dfrac{y_1+3y_2}{3y_1+9y_2}=\dfrac{1}{3}$.

注意:若出现常数项,我们的处理方法是先合并化简两根积与常数,再寻找与两根和之间的关系. 如下:

设直线 l 的方程为 $y=k(x-1)$,$C(x_1,y_1)$,$D(x_2,y_2)$.

由 $\begin{cases} y=k(x-1), \\ \dfrac{x^2}{4}+\dfrac{y^2}{3}=1 \end{cases}$ 得 $(4k^2+3)x^2-8k^2x+4k^2-12=0.$

则 $\begin{cases} x_1+x_2=\dfrac{8k^2}{4k^2+3}, \\ x_1x_2=\dfrac{4k^2-12}{4k^2+3}. \end{cases}$

于是 $\lambda=\dfrac{k_1}{k_2}=\dfrac{y_1(x_2-2)}{y_2(x_1+2)}=\dfrac{k(x_1-1)(x_2-2)}{k(x_2-1)(x_1+2)}=\dfrac{x_1x_2+2-2x_1-x_2}{x_1x_2-2-x_1+2x_2}$,

$$x_1 x_2 + 2 = \frac{4k^2 - 12}{4k^2 + 3} + 2 = \frac{12k^2 - 6}{4k^2 + 3} = \frac{12k^2}{4k^2 + 3} - \frac{6}{4k^2 + 3} = \frac{3}{2}(x_1 + x_2)$$

$$-\frac{6}{4k^2 + 3},$$

$$x_1 x_2 - 2 = \frac{4k^2 - 12}{4k^2 + 3} - 2 = \frac{-4k^2 - 18}{4k^2 + 3} = \frac{-4k^2}{4k^2 + 3} - \frac{18}{4k^2 + 3} = -\frac{1}{2}(x_1 + x_2)$$

$$-\frac{18}{4k^2 + 3},$$

代入 $\lambda = \dfrac{x_1 x_2 + 2 - 2x_1 - x_2}{x_1 x_2 - 2 - x_1 + 2x_2} = \dfrac{-\dfrac{1}{2}x_1 + \dfrac{1}{2}x_2 - \dfrac{6}{4k^2 + 3}}{-\dfrac{3}{2}x_1 + \dfrac{3}{2}x_2 - \dfrac{18}{4k^2 + 3}} = \dfrac{1}{3}.$

> 解释说明:这个方法是学生非常不习惯的,但是却是很好用的一个方法.2020年高考试题中有好几道解析几何题都用这个方法.在北京的试题中,循规蹈矩的学生,基本上能够算到建立等量关系这一步,之后就不会处理了,而这个方法对于能力稍弱、循规蹈矩的孩子来讲,就是可以模仿和复制的方法,是可以借鉴和积累的方法.

模仿练习:(2020·全国卷理)已知 A,B 分别为椭圆 $E:\dfrac{x^2}{a^2} + y^2 = 1(a > 1)$ 的左、右顶点,G 为 E 的上顶点,$\overrightarrow{AG} \cdot \overrightarrow{GB} = 8$,$P$ 为直线 $x = 6$ 上的动点,PA 与 E 的另一交点为 C,PB 与 E 的另一交点为 D.

(1)求 E 的方程;

(2)证明:直线 CD 过定点.

(1)**解:**依据题意作出如下图象:

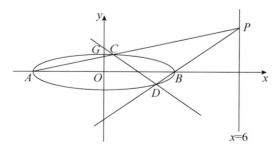

由椭圆方程 $E:\dfrac{x^2}{a^2} + y^2 = 1(a > 1)$ 可得 $A(-a, 0)$,$B(a, 0)$,$G(0, 1)$,

所以 $\overrightarrow{AG} = (a, 1)$,$\overrightarrow{GB} = (a, -1)$,

所以 $\overrightarrow{AG} \cdot \overrightarrow{GB} = a^2 - 1 = 8$，所以 $a^2 = 9$，

所以椭圆方程为 $\dfrac{x^2}{9} + y^2 = 1$.

(2)**分析 1**：设点 P 坐标，求直线 PA，PB 方程，与椭圆方程联立求 C，D 坐标，表示直线 CD，求证直线 CD 过定点.

方法 1：直译

证明：设 $P(6, y_0)$，

则直线 AP 的方程为 $y = \dfrac{y_0 - 0}{6 - (-3)}(x + 3)$，即 $y = \dfrac{y_0}{9}(x + 3)$，

联立直线 AP 的方程与椭圆方程可得 $\begin{cases} \dfrac{x^2}{9} + y^2 = 1, \\ y = \dfrac{y_0}{9}(x + 3), \end{cases}$ 整理得，

$(y_0^2 + 9)x^2 + 6y_0^2 x + 9y_0^2 - 81 = 0$，解得 $x = -3$ 或 $x = \dfrac{-3y_0^2 + 27}{y_0^2 + 9}$，

将 $x = \dfrac{-3y_0^2 + 27}{y_0^2 + 9}$ 代入直线方程 $y = \dfrac{y_0}{9}(x + 3)$ 可得 $y = \dfrac{6y_0}{y_0^2 + 9}$，

所以点 C 的坐标为 $\left(\dfrac{-3y_0^2 + 27}{y_0^2 + 9}, \dfrac{6y_0}{y_0^2 + 9} \right)$.

同理可得，点 D 的坐标为 $\left(\dfrac{3y_0^2 - 3}{y_0^2 + 1}, \dfrac{-2y_0}{y_0^2 + 1} \right)$.

直线 CD 的方程为 $y - \dfrac{-2y_0}{y_0^2 + 1} = \dfrac{\dfrac{6y_0}{y_0^2 + 9} - \dfrac{-2y_0}{y_0^2 + 1}}{\dfrac{-3y_0^2 + 27}{y_0^2 + 9} - \dfrac{3y_0^2 - 3}{y_0^2 + 1}} \left(x - \dfrac{3y_0^2 - 3}{y_0^2 + 1} \right)$，

整理可得 $y + \dfrac{2y_0}{y_0^2 + 1} = \dfrac{8y_0(y_0^2 + 3)}{6(9 - y_0^4)} \left(x - \dfrac{3y_0^2 - 3}{y_0^2 + 1} \right) = \dfrac{8y_0}{6(3 - y_0^2)} \left(x - \dfrac{3y_0^2 - 3}{y_0^2 + 1} \right)$，

整理得 $y = \dfrac{4y_0}{3(3 - y_0^2)}x + \dfrac{2y_0}{y_0^2 - 3} = \dfrac{4y_0}{3(3 - y_0^2)} \left(x - \dfrac{3}{2} \right)$，

所以直线 CD 过定点 $\left(\dfrac{3}{2}, 0 \right)$.

当 $y_0^2 = 3$ 时，直线 $CD : x = \dfrac{3}{2}$，直线过点 $\left(\dfrac{3}{2}, 0 \right)$. 故直线 CD 过定点 $\left(\dfrac{3}{2}, 0 \right)$.

分析 2：由椭圆的对称性和相应直线关于 x 轴对称可知，定点在 x 轴上，可以用待定系数法求定点. 设直线 CD 方程为 $x = my + a$，其中 a 为所求，等量关

系是直线 AC,BD 与直线 $x=6$ 的交点 P 的纵坐标相同.

证明:设直线 CD:$x=my+a$,代入椭圆方程 $\dfrac{x^2}{9}+y^2=1$,

得 $(m^2+9)y^2+2may+a^2-9=0$,

设 $C(x_1,y_1),D(x_2,y_2),\Delta=4m^2a^2-4(m^2+9)(a^2-9)>0$,

$y_1+y_2=-\dfrac{2ma}{m^2+9},y_1y_2=\dfrac{a^2-9}{m^2+9}$,

直线 AC:$y=\dfrac{y_1}{x_1+3}(x+3)$,与直线 $x=6$ 交于 $P\left(6,\dfrac{9y_1}{x_1+3}\right)$,

直线 BD:$y=\dfrac{y_2}{x_2-3}(x-3)$,与直线 $x=6$ 交于 $P\left(6,\dfrac{3y_2}{x_2-3}\right)$,

由题得 $\dfrac{3y_1}{x_1+3}=\dfrac{y_2}{x_2-3}$,即 $3y_1(my_2+a-3)-y_2(my_1+a+3)=0$,

展开得 $2my_1y_2+3(a-3)y_1-(a+3)y_2=0$.

方法 2:用两根的和与积的关系找 a 的值

$y_1+y_2=-\dfrac{2ma}{m^2+9},y_1y_2=\dfrac{a^2-9}{m^2+9}$,于是 $2may_1y_2=-(a^2-9)(y_1+y_2)$,

所以 $-(a+3)(a-3)y_1+3a(a-3)y_1-(a+3)(a-3)y_2-a(a+3)y_2=0$,

即 $[(a-3)y_1-(a+3)y_2](2a-3)=0$,

解得 $a=\dfrac{3}{2}$.

直线 CD 过定点 $\left(\dfrac{3}{2},0\right)$.

分析 3:设直线 CD:$y=kx+m$,由直线 AC,BD 与直线 $x=6$ 的交点 P 的纵坐标相同建立等量关系,从而寻找 k 与 m 的关系.

证明:设直线 CD:$y=kx+m$,代入椭圆方程,

得 $(1+9k^2)x^2+18kmx+9(m^2-1)=0$,

$\Delta>0,x_1+x_2=-\dfrac{18km}{1+9k^2},x_1x_2=\dfrac{9(m^2-1)}{1+9k^2}$.

直线 AC:$y=\dfrac{y_1}{x_1+3}(x+3)$,与直线 $x=6$ 交于 $P\left(6,\dfrac{9y_1}{x_1+3}\right)$.

直线 BD:$y=\dfrac{y_2}{x_2-3}(x-3)$,与直线 $x=6$ 交于 $P\left(6,\dfrac{3y_2}{x_2-3}\right)$.

由题得 $\dfrac{3y_1}{x_1+3}=\dfrac{y_2}{x_2-3}$.

方法3：两边平方，用椭圆方程消元转化为对称式

$\dfrac{9y_1^2}{(x_1+3)^2}=\dfrac{y_2^2}{(x_2-3)^2}\Rightarrow\dfrac{(3+x_1)(3-x_1)}{(3+x_1)^2}=\dfrac{(3+x_2)(3-x_2)}{9(3-x_2)^2}\Rightarrow9(3-x_1)(3-x_2)=(3+x_1)(3+x_2)$，

即转化为对称式 $4x_1x_2-15(x_1+x_2)+36=0$，

将 $x_1+x_2=-\dfrac{18km}{1+9k^2}$，$x_1x_2=\dfrac{9(m^2-1)}{1+9k^2}$ 代入上式，

得 $2m^2+15km+18k^2=0$，$(2m+3k)(m+6k)=0$，

解得 $m=-\dfrac{3}{2}k$ 或 $m=-6k$，

则 $y=kx+m=k\left(x-\dfrac{3}{2}\right)$，直线 CD 过定点 $\left(\dfrac{3}{2},0\right)$，注意 $(6,0)$ 舍去.

在解析几何问题中解决"非对称"问题时，例题中的方法 1，2，3 是我们经常遇到的方法，学生在解决问题时经常使用. 由例 2 和练习可见，例题中的方法 4，5，6 比较灵活，有一定的技巧，学生在学习过程中可以复制和模仿，尤其是对于按部就班、循规蹈矩的学生来讲，方法 4 和方法 6 是可以完全掌握并实践应用的. 希望老师和同学们在遇到类似问题的时候能够选择合适的方法，如法炮制，从而简单地解决解析几何中这一类问题.

14. 立体几何面面谈

通常情况下,立体几何解答题第一问考查空间线面关系的平行或垂直的证明,第二问考查通过建立空间直角坐标系,用向量的方法计算空间的角或距离;偶尔会有劣构条件选择,或者有第三问,要么是开放性的问题,如确定动点是否存在,要么是新颖的问法但仍考查判断点线面的位置关系. 对于这种几乎形成套路的题,同学们一般不会有太大的问题. 然而在选填题目中考查空间想象能力时,对学生提出了更高的要求.

在立体几何小题中,空间点、线、面的位置关系的判断是立体几何中的重点和难点. 这涉及我们识图,即认识图形中点线面的位置关系,从而可以根据所学的判定定理和性质定理去证明一些结论. 在这里要注意,初中平面几何的一些结论在空间中几乎完全失效了,我们考虑问题时要注意将直线进行平移、旋转,从而判断结论的真假. 有时候,我们借助正方体等常见模型,来进行结论的反例举证. 同时,我们需要对正方体中的线面关系非常熟悉,这样许多问题都可以转化为正方体中的常见线面关系.

【例 1】如图,正方体 $ABCD-A_1B_1C_1D_1$ 中,P 是线段 BC_1 上的动点,有下列四个说法:

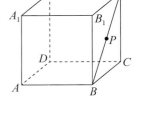

①存在点 P,使得 $D_1P /\!/$ 平面 A_1DB;

②对于任意点 P,三棱锥 $P-ACD_1$ 的体积为定值;

③存在点 P,使得 $A_1P \perp$ 平面 C_1DB;

④对于任意点 P,$\triangle A_1DP$ 都是锐角三角形.

其中,正确的个数是 （　　）

A. 1　　　　　B. 2　　　　　C. 3　　　　　D. 4

答案:C

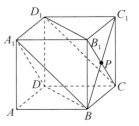

解析:对于①,如图 1,我们知道正方体中平面 B_1CD_1 $/\!/$ 平面 A_1DB,

所以存在点 P,使得 $D_1P /\!/$ 平面 A_1DB,①正确.

图 1

对于②,如图 2,因为正方体中 $BC_1 \mathbin{/\mkern-5mu/}$ 平面 ACD_1,所以直线 BC_1 到平面 ACD_1 的距离是定值,

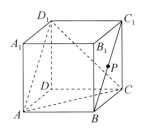

图 2

所以对任意点 P,三棱锥 $P-ACD_1$ 的体积为定值,②正确.

对于③,如图 3,因为正方体中 $A_1C \perp$ 平面 C_1DB 于 H,假设存在点 P,使 $A_1P \perp$ 平面 C_1DB,

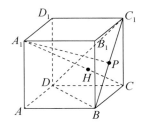

图 3

则 $A_1C \mathbin{/\mkern-5mu/} A_1P$,与 $A_1C \cap A_1P = A_1$ 矛盾,所以③错误.

对于④,如图 4,当 P 为 BC_1 中点,Q 为 A_1D 中点时,异面直线 A_1D 与 BC_1 之间的最短距离是公垂线 PQ 的长,此时 $\tan\angle A_1PQ$ 取得最大值,即 $\angle A_1PD$ 最大,

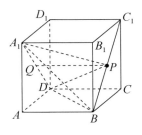

图 4

因为 $\tan\angle A_1PQ = \dfrac{\sqrt{2}}{2} < 1$,所以 $\angle A_1PQ < \dfrac{\pi}{4}$,所以 $\angle A_1PD < \dfrac{\pi}{2}$.

所以对于任意点 P,$\triangle A_1DP$ 都是锐角三角形,④正确. 故选 C.

立体几何中经常涉及画截面图的问题,我们需要掌握在正方体中画截面图

的方法,我称之为"命名——顶针画图法",有时候会借助平行平面被截面所截的交线平行的性质,这个方法可以推广到任意几何体中画截面的问题.

下面举例说明这种作图方法:如图 1,过正方体棱上的三点 E,F,G 作截面.

步骤 1:依据各点所在的面给点命名,如 E 在下面 $ABCD$ 内,也在右面 BCC_1B_1 内,称点 E 为下右,同理 F:上后,G:前下.

步骤 2:寻找名字中的相同字,GE 名字中都有下,所以直线 GE 与下面的线可以相交,即直线 GE 与直线 AD 交于 P_1(左下),直线 GE 与直线 CD 交于 P_2(后下).

步骤 3:再次寻找名字中的相同字,在相对应的平面内画出交点. P_2F 在后面 CDD_1C_1 内,直线 P_2F 与后面的直线 CC_1,DD_1 分别交于 P_3(后右),P_4(后左);直线 P_1P_4 与左面的直线 AA_1,A_1D_1 分别交于 P_5(左前),P_6(左上).

步骤 4:从棱上的一点出发,采用名字中的顶针法依次连接线段,画出截面图,如图 2.

如:下右—右后—后上—上左—左前—前下—下右,即截面 $EP_3FP_6P_5G$.

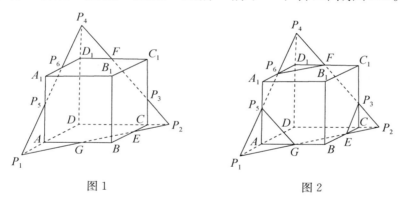

图 1   图 2

这种画截面图的方法非常好用,比较困难的一种情况是三个点的名字没有交集,如:过正方体棱上的三点 E,F,G 作截面,如图 3.

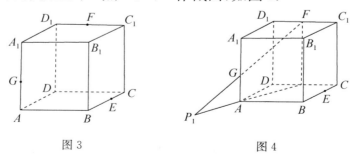

图 3   图 4

通常情况下,我们确定一个固定的点作为参照点,如以下面 $ABCD$ 的点 E

为参照点,只要确定直线 GF 与下面的交点的位置 P_1,如图 4,就可以找到下面 $ABCD$ 的两个点 E,P_1,从而转化为有公共名字的画截面图的问题.

步骤 1:作 $FF_1/\!/AA_1$ 交 CD 于 F_1,所以在平面 AA_1FF_1 内,直线 GF 与直线 F_1A 交于 P_1(下).

步骤 2:直线 EP_1 与下面的直线 AD,AB,CD 分别交于 P_2(左下),P_3(前下),P_4(后下),如图 5.

步骤 3:以下作法同上,可得截面 $EP_5FP_7GP_3$,如图 6.

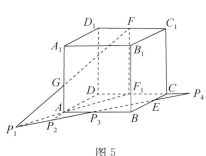
图 5

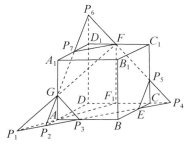
图 6

【例 2】 如图,正方体 $ABCD-A_1B_1C_1D_1$ 的棱长为 1,P 为 BC 的中点,Q 为线段 CC_1 上的动点,过点 A,P,Q 的平面截该正方体所得的截面图形记为 S. 则下列命题正确的是_____(写出所有正确命题的编号).

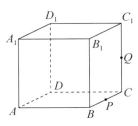

① 当 $0<CQ<\dfrac{1}{2}$ 时,S 为四边形;

② 当 $CQ=\dfrac{1}{2}$ 时,S 不为等腰梯形;

③ 当 $CQ=\dfrac{3}{4}$ 时,S 与 C_1D_1 的交点 R 满足 $C_1R=\dfrac{1}{3}$;

④ 当 $\dfrac{3}{4}<CQ<1$ 时,S 为六边形;

⑤ 当 $CQ=1$ 时,S 的面积为 $\dfrac{\sqrt{6}}{2}$.

答案: ①③⑤

解析: ①如图 1,当点 Q 向 C 移动,满足 $0<CQ<\dfrac{1}{2}$ 时,只需在 DD_1 上取点 T 满足 $AT/\!/PQ$,即可得截面为四边形 $APQT$,即 S 是四边形,故①正确;

②当 $CQ=\dfrac{1}{2}$ 时,如图 2,即 Q 为 CC_1 中点,此时可得 $PQ/\!/AD_1$,$AP=QD_1$

$=\sqrt{1^2+\left(\dfrac{1}{2}\right)^2}=\dfrac{\sqrt{5}}{2}$，故可得截面 $APQD_1$ 为等腰梯形，即 S 为等腰梯形，故②不

正确；

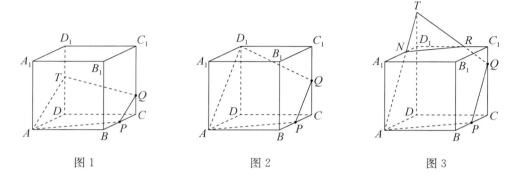

图1　　　　　　　　图2　　　　　　　　图3

③当 $CQ=\dfrac{3}{4}$ 时，如图3，延长 DD_1 至 T，使 $D_1T=\dfrac{1}{2}$，连接 AT 交 A_1D_1 于

N，连接 TQ 交 C_1D_1 于 R，连接 NR，可证 $AT/\!/PQ$，由 $\triangle TRD_1 \backsim \triangle QRC_1$，可得

$C_1R:D_1R=C_1Q:D_1T=1:2$，故可得 $C_1R=\dfrac{1}{3}$，故③正确；

④由③可知当 $\dfrac{3}{4}<CQ<1$ 时，只需点 Q 上移即可，此时的截面形状仍然是

五边形 $APQRN$，如图4，S 是五边形，故④不正确；

⑤当 $CQ=1$ 时，Q 与 C_1 重合，取 A_1D_1 的中点 M，连接 AM，可证 $PC_1/\!/$

AM，且 $PC_1=AM$，可知截面 APC_1M 为菱形，故其面积为 $\dfrac{1}{2}AC_1\cdot PM=\dfrac{1}{2}\times$

$\sqrt{3}\times\sqrt{2}=\dfrac{\sqrt{6}}{2}$，如图5，$S$ 是菱形，面积为 $\dfrac{\sqrt{6}}{2}$，故⑤正确．

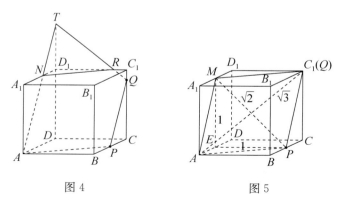

图4　　　　　　　　图5

故答案为①③⑤．

　　立体几何中还有一类翻折问题,解题的关键一般是两个:一方面要注意平面图形到空间图形中的长度、角度的不变量和不变化的位置关系;另一方面要关注翻折过程中点的变化轨迹。

【例 3】 在如图 1 所示的长方形 $ABCD$ 中,$AB=2$,$BC=1$,E 为 DC 的中点,F 为线段 EC(端点除外)上一动点. 现将 $\triangle AFD$ 沿 AF 折起,使平面 $ABD\perp$ 平面 $ABCF$,得到如图 2 所示的四棱锥. 在平面 ABD 内过点 D 作 $DK\perp AB$,垂足为 K. 设 $AK=t$,则 t 的取值范围是_____.

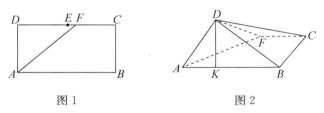

图 1　　　　　　　图 2

答案:$\left(\dfrac{1}{2},1\right)$

　　方法 1:特殊值法,用端点位置求出边界值. 如图 1,在平面图形中,作 $DH\perp AF$ 于 H 交 AB 于 K,则顶点 D 在折起的过程中,在底面 $ABCD$ 内的射影落在 $DK(DD')$ 上. 再求出点 F 在 E 和 C 时的 AK 值,分别如图 2、图 3.

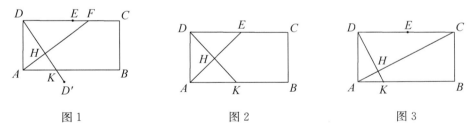

图 1　　　　　　　图 2　　　　　　　图 3

　　方法 2:代数运算. 设 $FC=x(0<x<1)$,利用勾股定理、面面垂直的性质定理和线面垂直的性质将 t 表示为关于 x 的函数,结合函数的单调性可得 t 的范围.

　　解析:过 F 作 $FM\perp AB$,交 AB 于 M,连接 FK(图略).

　　设 $FC=x$,$0<x<1$,则 $MF=BC=1$,$MB=FC=x$,

　　易知 $AK<AD=1$,又 $AB=2$,所以 K 一定在 M 的左边,则 $MK=2-t-x$.

　　在 $\text{Rt}\triangle ADK$ 中,$DK^2=1-t^2$,在 $\text{Rt}\triangle FMK$ 中,$FK^2=1+(2-t-x)^2$.

　　因为平面 $ABD\perp$ 平面 $ABCF$,平面 $ABD\bigcap$ 平面 $ABCF=AB$,$DK\perp AB$,

$DK \subset$ 平面 ABD,

所以 $DK \perp$ 平面 $ABCF$,所以 $DK \perp FK$.

在 Rt$\triangle DFK$ 中,$DF=2-x$,$DK^2+FK^2=DF^2$,

所以 $1-t^2+1+(2-t-x)^2=(2-x)^2$,化简得 $1-2t+tx=0$,即 $t=\dfrac{1}{2-x}$.

又因为 $t=\dfrac{1}{2-x}$ 在 $(0,1)$ 上单调递增,所以 $\dfrac{1}{2}<t<1$,故 t 的取值范围为 $\left(\dfrac{1}{2},1\right)$.

> 在立体几何小题中,有一些位置关系或数量关系的判断,我们尽可能多想少算,用一些技巧替代计算.常见的方法有:渐变法、交轨法、构造法、对称法等,需要在做题中不断总结和积累.

【例4】 如图,几何体是以正方形 $ABCD$ 的一边 BC 所在直线为旋转轴,其余三边旋转 $90°$ 形成的几何体,点 G 是 $\overparen{DF}$ 的中点,点 H 是 $\overparen{AE}$ 上的动点,$AB=2$,给出下列四个结论:

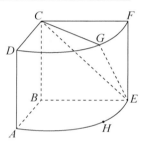

①不存在点 H,使得平面 BDH // 平面 CEG;

②存在点 H,使得 $FH \perp$ 平面 CEG;

③不存在点 H,使得点 H 到平面 CEG 的距离大于 $\dfrac{4\sqrt{3}}{3}$;

④存在点 H,使得直线 DH 与平面 CEG 所成角的正弦值为 $\dfrac{\sqrt{2}}{3}$.

其中所有正确结论的序号是_____.

答案:②④

解析: 对于①,方法1:对称的思想.取 $\overparen{AE}$ 的中点 H,如图1,可知 GH // BC,BC,GH 共面,记作 α,将几何体上下颠倒得到的图形是一样的(完全对称).平面 CEG 是将平面 α 的 CG 不动,点 H 移动 $\overparen{AE}$ 的一半得到的平面,平面 BDH 是将平面 α 的 BH 不动,点 G 移动 $\overparen{DF}$ 的一半得到的平面,两个平面与原平面 α 所成角度相等,此时平面 BDH // 平面 CEG,所以①错误.

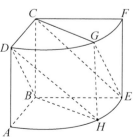

图1

方法 2：将几何体补全成圆柱，分别在空间图和平面图中寻找平行关系.

取 $\overset{\frown}{AE}$ 的中点 H，如图 2 的平面图，易证 $KH /\!/ AN$，$KH = AN$，如图 3 的空间图，易证 $MD /\!/ AN$，$MD = AN$，所以四边形 $KHDM$ 是平行四边形，得 DH $/\!/ MK$，又 $BH /\!/ CG$，$DH \bigcap BH = H$，$MK \bigcap CG = M$，所以平面 $BDH /\!/$ 平面 CEG，所以①错误.

方法 3：将几何体放到正方体中，如图 4，可知平面 CEG 即平面 CEP，显然正方体中平面 $BDQ /\!/$ 平面 CEP，BQ 与 $\overset{\frown}{AE}$ 交于弧中点，即满足条件的 H 的位置.

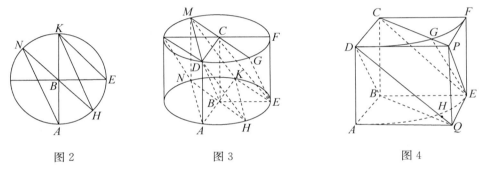

| 图 2 | 图 3 | 图 4 |

对于②，在正方体中，可知 $AF \perp$ 平面 CEP，即存在点 H，使得 $FH \perp$ 平面 CEG，所以②正确.

对于③，如图 5，易求得点 A 到平面 CEG 的距离为 $d = \dfrac{2}{3} \times 2\sqrt{3} = \dfrac{4\sqrt{3}}{3}$，所以③错误.

对于④，通过渐变的方法判断，如图 6，在 $\overset{\frown}{AE}$ 中点的位置，DH 与平面 CEG 平行，成 $0°$ 角，H 往两边移动时角会变大，只要判断端点值的角度大小.

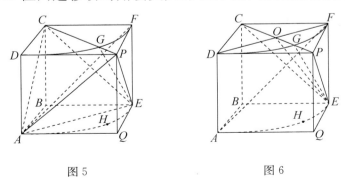

| 图 5 | 图 6 |

因为 DA 与平面 CEG 所成的角可以转化为 EF 与平面 CEG 所成的角，即

$\angle FEO$, $\tan\angle FEO=\dfrac{\sqrt{2}}{2}$, 所以 $\sin\angle FEO=\dfrac{\sqrt{3}}{3}>\dfrac{\sqrt{2}}{3}$, 所以存在点 H, 使得直线 DH 与平面 CEG 所成角的正弦值为 $\dfrac{\sqrt{2}}{3}$.

> 掌握了以上的方法, 你是不是摩拳擦掌, 跃跃欲试了呢? 现在就让我们练练手吧!

【练习 1】 如图, 在棱长为 2 的正方体 $ABCD-A_1B_1C_1D_1$ 中, M,N 分别是棱 A_1B_1, A_1D_1 的中点, 点 P 在线段 CM 上运动, 给出下列四个结论:

①平面 CMN 截正方体 $ABCD-A_1B_1C_1D_1$ 所得的截面图形是五边形;

②直线 B_1D_1 到平面 CMN 的距离是 $\dfrac{\sqrt{2}}{2}$;

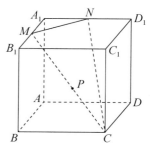

③存在点 P, 使得 $\angle B_1PD_1=90°$;

④$\triangle PDD_1$ 面积的最小值是 $\dfrac{5\sqrt{5}}{6}$.

其中所有正确结论的序号是_____.

【练习 2】 如图, 在棱长为 1 的正方体 $ABCD-A_1B_1C_1D_1$ 中, 点 P 是体对角线 AC_1 上的动点(点 P 与 A, C_1 不重合). 则下面结论中错误的是 (　　)

A. 存在点 P, 使得平面 A_1DP // 平面 B_1CD_1

B. 存在点 P, 使得 $AC_1\perp$ 平面 A_1DP

C. S_1, S_2 分别是 $\triangle A_1DP$ 在平面 $A_1B_1C_1D_1$, 平面 BB_1C_1C 上的正投影图形的面积, 对任意点 P, 都有 $S_1\neq S_2$

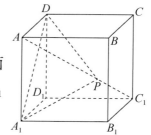

D. 对任意点 P, $\triangle A_1DP$ 的面积都不等于 $\dfrac{\sqrt{2}}{6}$

15. 函数生成数列的再认识

数列是离散的函数,若给定一个初始值,并且给定相邻两项之间的递推关系,我们可以得到数列的任何一项. 特殊地,当两项之间满足一定关系时,我们可以用叠加、叠乘、待定系数法构造等差或等比数列,用不动点法或求出前 n 项和再求通项公式等方法求出数列的通项公式. 数列的递推、求和,等差数列、等比数列的定义、性质、判定、通项公式、求和公式等是数列里研究的基本内容. 现在我们给出一个连续函数 $f(x)$,在定义域内给出一个初始值 a_1,规定:$a_{n+1}=f(a_n)(n=1,2,3,\cdots)$,这样得到的数列我们称为由函数 $f(x)$ 生成的数列. 有时候我们通过研究连续函数 $f(x)$ 的图象与性质,得到离散数列所具有的性质.

【例 1】(2023·北京)已知数列 $\{a_n\}$ 满足 $a_{n+1}=\dfrac{1}{4}(a_n-6)^3+6(n=1,2,3,\cdots)$,下列说法正确的是 ( )

A. 若 $a_1=3$,则 $\{a_n\}$ 是递减数列,且存在常数 $M\leqslant 0$,使得 $a_n>M$ 恒成立

B. 若 $a_1=5$,则 $\{a_n\}$ 是递增数列,且存在常数 $M\leqslant 6$,使得 $a_n<M$ 恒成立

C. 若 $a_1=7$,则 $\{a_n\}$ 是递减数列,且存在常数 $M>6$,使得 $a_n>M$ 恒成立

D. 若 $a_1=9$,则 $\{a_n\}$ 是递增数列,且存在常数 $M>0$,使得 $a_n<M$ 恒成立

答案:B

解析:方法 1:计算出数列的前几项,根据幂运算的取值趋势判断数列的单调性和是否有界.

如 B 选项中,$a_1=5$,$a_2=6-\dfrac{1}{4}$,$a_3=6-\left(\dfrac{1}{4}\right)^4$,$a_4=6-\left(\dfrac{1}{4}\right)^{13}$,$\cdots$,观察规律可知 $\{a_n\}$ 递增,且 $a_n<6$ 恒成立.

C 选项中,$a_1=7$,$a_2=6+\dfrac{1}{4}$,$a_3=6+\left(\dfrac{1}{4}\right)^4$,$a_4=6+\left(\dfrac{1}{4}\right)^{13}$,$\cdots$,观察规律可知 $\{a_n\}$ 递减,且 $a_n>6$ 恒成立,且无限趋近于 6,所以不存在大于 6 的常数 M,使 $a_n>M$ 恒成立,故 C 错误.

方法 2:在方法 1 的基础上,用数学归纳法给出严谨的证明.

对于 A,因为 $a_{n+1}=\frac{1}{4}(a_n-6)^3+6$,故 $a_{n+1}-6=\frac{1}{4}(a_n-6)^3$,若 $a_1=3$,可

用数学归纳法证明:$a_n-6\leqslant-3$ 即 $a_n\leqslant3$.

证明:当 $n=1$ 时,$a_1-6=-3\leqslant-3$,此时不等关系 $a_n\leqslant3$ 成立;

设当 $n=k$ 时,$a_k-6\leqslant-3$ 成立,

则 $a_{k+1}-6=\frac{1}{4}(a_k-6)^3\in\left(-\infty,-\frac{27}{4}\right)$,故 $a_{k+1}-6\leqslant-3$ 成立,

由数学归纳法可得 $a_n\leqslant3$ 成立.

而 $a_{n+1}-a_n=\frac{1}{4}(a_n-6)^3-(a_n-6)=(a_n-6)\left[\frac{1}{4}(a_n-6)^2-1\right]$,

$\frac{1}{4}(a_n-6)^2-1\geqslant\frac{9}{4}-1=\frac{5}{4}>0$,$a_n-6<0$,故 $a_{n+1}-a_n<0$,故 $a_{n+1}<a_n$,

故 $\{a_n\}$ 为递减数列,注意 $a_{k+1}-6\leqslant-3<0$,

故 $a_{n+1}-6=\frac{1}{4}(a_n-6)^3=(a_n-6)\times\frac{1}{4}(a_n-6)^2\leqslant\frac{9}{4}(a_n-6)$,

又 $a_{n+1}-6<0$,所以 $6-a_{n+1}\geqslant\frac{9}{4}(6-a_n)$,

故 $6-a_{n+1}\geqslant3\times\left(\frac{9}{4}\right)^{n-1}$,故 $a_{n+1}\leqslant6-3\times\left(\frac{9}{4}\right)^{n-1}$,

若存在常数 $M\leqslant0$,使得 $a_n>M$ 恒成立,则 $6-3\times\left(\frac{9}{4}\right)^{n-1}>M$,

故 $\frac{6-M}{3}>\left(\frac{9}{4}\right)^{n-1}$,故 $n<1+\log_{\frac{9}{4}}\frac{6-M}{3}$,故 $a_n>M$ 仅对部分 n 成立,

故 A 错误.

对于 B,若 $a_1=5$,可用数学归纳法证明:$-1\leqslant a_n-6<0$ 即 $5\leqslant a_n<6$.

证明:当 $n=1$ 时,$-1\leqslant a_1-6=-1<0$,此时不等关系 $5\leqslant a_n<6$ 成立;

设当 $n=k$ 时,$5\leqslant a_k<6$ 成立,

则 $a_{k+1}-6=\frac{1}{4}(a_k-6)^3\in\left[-\frac{1}{4},0\right)$,故 $-1\leqslant a_{k+1}-6<0$ 成立,即由数学归

纳法可得 $5\leqslant a_{k+1}<6$ 成立.

而 $a_{n+1}-a_n=\frac{1}{4}(a_n-6)^3-(a_n-6)=(a_n-6)\left[\frac{1}{4}(a_n-6)^2-1\right]$,

$\frac{1}{4}(a_n-6)^2-1<0$,$a_n-6<0$,故 $a_{n+1}-a_n>0$,故 $a_{n+1}>a_n$,故 $\{a_n\}$ 为递增

数列.

若 $M=6$,则 $a_n<6$ 恒成立,故 B 正确.

其余同理可证.

方法 3:数形结合. 设 $b_n=a_n-6$,所以 $b_{n+1}=\frac{1}{4}b_n^3$,转化为由函数 $f(x)=\frac{1}{4}x^3$ 生成数列:$b_{n+1}=f(b_n)$,研究函数 $f(x)$ 不动点的问题. $f(x)=x\Rightarrow\frac{1}{4}x^3=x\Rightarrow x_1=-2,x_2=0,x_3=2$,对于不同的初始值,研究其函数值的趋势. 注意直线 $y=x$ 的作用,其图象上点的横纵坐标相等. 我们借助这一性质,将 b_n 处的函数值 b_{n+1} 横向平移到直线上得 (b_{n+1},b_{n+1}),再将直线上对应点的横坐标 b_{n+1} 作为下一个自变量值得到 b_{n+2},以此类推,观察图象即可得到数列的单调性和有界性等性质.

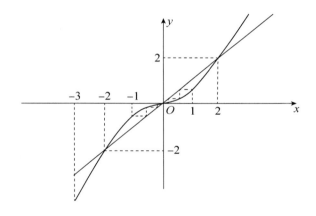

说明:有时,我们用函数的观点看数列的性质、变化趋势、值域分布等,从函数的角度研究数列等问题,用函数的图象与性质研究数列的性质,可以让我们从繁杂的运算中解放出来.

【例 2】(2024 · 西城二模)在数列 $\{a_n\}$ 中,$a_1=\frac{16}{3}$,$a_n=\frac{3a_{n-1}+4}{-a_{n-1}+7}(n=2,3,\cdots)$. 给出下列三个结论:

①存在正整数 N,当 $n\geqslant N$ 时,$a_n>2$;

②存在正整数 N,当 $n\geqslant N$ 时,$a_n>a_{n-1}$;

③存在正整数 N,当 $n\geqslant N$ 时,$a_n>\dfrac{a_{n-1}+a_{n+1}}{2}$.

其中所有正确结论的序号是_____.

答案:②③

解析: 方法1:代数运算.

由题得,$a_1 = \frac{16}{3}$,$a_2 = 12$,$a_3 = -8$,$a_4 = -\frac{4}{3}$,$a_5 = 0$,$\cdots$,

①$a_n - 2 = \frac{3a_{n-1} + 4}{-a_{n-1} + 7} - 2 = \frac{5(a_{n-1} - 2)}{7 - a_{n-1}}$,

当 $n \geq 4$ 时,$a_{n-1} < 2 < 7$,

所以 $a_n < 2$ 恒成立,①错误;

②$a_n - a_{n-1} = \frac{(a_{n-1} - 2)^2}{7 - a_{n-1}}$,

当 $n \geq 4$ 时,$a_{n-1} < 2 < 7$,

所以 $a_n > a_{n-1}$ 恒成立,②正确;

③由 $a_n = \frac{3a_{n-1} + 4}{-a_{n-1} + 7}$ 得 $a_{n-1} = \frac{7a_n - 4}{a_n + 3}$,

当 $n \geq 4$ 时,$a_n < 2$,

所以 $2a_n - a_{n-1} - a_{n+1} = a_n - a_{n-1} + a_n - a_{n+1} = -\frac{2(a_n - 2)^3}{(7 - a_n)(a_n + 3)} > 0$,③正确.

方法2:数形结合.

由函数 $f(x) = \frac{3x + 4}{7 - x}$ 生成的数列,函数图象的不动点是 $(2,2)$,

当 $a_1 = \frac{16}{3}$ 时,由数列 $a_{n+1} = f(a_n)$,画出前几项,如图所示:

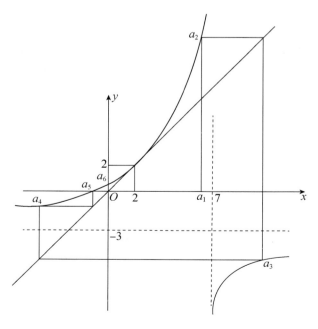

观察数列的特征,可得:

当 $n \geqslant 3$ 时, $a_n < 2$; $a_n > a_{n-1}$; $a_n > \dfrac{a_{n-1} + a_{n+1}}{2}$, 于是得②③正确.

> 注意:对于③,因为其自变量取值不是均等的,所以其性质不是体现在函数的凹凸性上,而是体现在函数值在 y 轴的投影随着项数的增加与上一项的距离越来越小.

【例3】已知函数 $f(x) = x^3 - x^2 + \dfrac{x}{2} + \dfrac{1}{4}$, 且存在 $x_0 \in \left(0, \dfrac{1}{2}\right)$, 使 $f(x_0) = x_0$. 设 $x_1 = 0$, $x_{n+1} = f(x_n)$; $y_1 = \dfrac{1}{2}$, $y_{n+1} = f(y_n)$. 其中 $n = 1, 2, \cdots$.

(1)求证: $f(x)$ 是 **R** 上的单调增函数;

(2)求证: $x_n < x_{n+1} < x_0 < y_{n+1} < y_n$;

(3)求证: $\dfrac{y_{n+1} - x_{n+1}}{y_n - x_n} < \dfrac{1}{2}$.

证明:(1)∵ $f'(x) = 3x^2 - 2x + \dfrac{1}{2} = 3\left(x - \dfrac{1}{3}\right)^2 + \dfrac{1}{6} > 0$,

∴ $f(x)$ 是 **R** 上的单调增函数.

(2)用数学归纳法证明如下:

① ∵ $x_0 \in \left(0, \dfrac{1}{2}\right)$, 即 $x_1 < x_0 < y_1$,

又 $f(x)$ 是增函数,

∴ $f(x_1) < f(x_0) < f(y_1)$, 即 $x_2 < x_0 < y_2$.

又 $x_2 = f(x_1) = f(0) = \dfrac{1}{4} > 0 = x_1$, $y_2 = f(y_1) = f\left(\dfrac{1}{2}\right) = \dfrac{3}{8} < \dfrac{1}{2} = y_1$,

∴ $x_1 < x_2 < x_0 < y_2 < y_1$.

即当 $n = 1$ 时,不等式成立.

②假设当 $n = k(k \geqslant 1)$ 时有 $x_k < x_{k+1} < x_0 < y_{k+1} < y_k$.

则当 $n = k+1$ 时,

由 $f(x)$ 是增函数,有 $f(x_k) < f(x_{k+1}) < f(x_0) < f(y_{k+1}) < f(y_k)$,

∴ $x_{k+1} < x_{k+2} < x_0 < y_{k+2} < y_{k+1}$,

由①②知对一切 $n = 1, 2, \cdots$,都有 $x_n < x_{n+1} < x_0 < y_{n+1} < y_n$.

（3）方法 1：$\dfrac{y_{n+1}-x_{n+1}}{y_n-x_n}=\dfrac{f(y_n)-f(x_n)}{y_n-x_n}=y_n^2+x_ny_n+x_n^2-(x_n+y_n)+\dfrac{1}{2}$

$\leqslant(x_n+y_n)^2-(x_n+y_n)+\dfrac{1}{2}=(x_n+y_n)(x_n+y_n-1)+\dfrac{1}{2}$,

由（2）知 $0<x_n+y_n<1$,

$\therefore(x_n+y_n)(x_n+y_n-1)<0$,

$\therefore\dfrac{y_{n+1}-x_{n+1}}{y_n-x_n}<\dfrac{1}{2}.$

方法 2：

分析：$\dfrac{y_{n+1}-x_{n+1}}{y_n-x_n}<\dfrac{1}{2}\Leftrightarrow 2y_{n+1}-2x_{n+1}<y_n-x_n\Leftrightarrow 2y_{n+1}-y_n<2x_{n+1}-x_n.$

构造函数 $g(x)=2f(x)-x$,

证函数 $g(x)$ 在 $\left(0,\dfrac{1}{2}\right)$ 上单调递减，下略.

说明：由函数生成数列的问题，往往以数列、函数、不等式的知识进行综合命题，需要分析结论和已知的逻辑关系，结合所学的知识综合解决问题.

16. 让探究成为一种习惯

在课堂教学中,学生的互动和探究可以很好地展示学生的思维过程,但是有时候会面临一些问题,比如在课堂讨论时会耽误教师的教学计划和教学进度.因此我们希望这种探究的过程能够延伸到课后,在学生充分研究后,另择时间展示学生的探究过程和探究结果.

教师在平时授课过程中,可以时不时留点"小尾巴",即结合所讲的知识背景或者相关的知识载体给学生留一些思考题,使学有余力的学生能够在课下进行探究,一方面锻炼学生的思维、推理和运算能力,一方面锻炼学生用计算机辅助解决问题的实践能力,同时给学生自由组合的机会,使学生自主分工合作,更好地沟通、交流,培养团队意识和团队精神.在研究问题的过程中也能使学生的学习能力得到锻炼与提升.

【探究1】对数函数与指数函数图象交点的个数.

问题:讨论 $y=a^x$ 与 $y=\log_a x$($a>0$,且 $a\neq 1$)图象的交点个数.

——借助计算机画图验证,利用导数知识进行计算证明.

探究结果:(1)当 $a>1$ 时:有 0 或 1 或 2 个交点.

其中:$a=\mathrm{e}^{\frac{1}{e}}$ 时,有一个交点;$a\in(0,\mathrm{e}^{\frac{1}{e}})$ 时,有两个交点;$a\in(\mathrm{e}^{\frac{1}{e}},+\infty)$ 时,无交点.

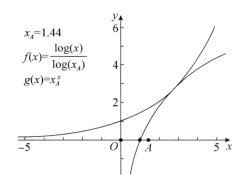
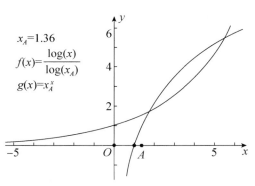

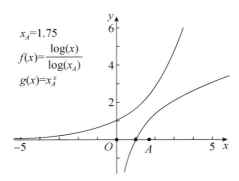

证明:当两个函数图象有一个交点时,设交点为(x_0,x_0),

则$a^{x_0}=x_0=\log_a x_0$,$[\log_a x]'_{x=x_0}=1\Rightarrow x_0\ln a=1$,

$x_0=\dfrac{\ln x_0}{\ln a}\Rightarrow x_0\ln a=\ln x_0=1\Rightarrow x_0=\mathrm{e}\Rightarrow a=\mathrm{e}^{\frac{1}{\mathrm{e}}}$.

(2)当$0<a<1$时:有1或3个交点.

其中:$a\in[\mathrm{e}^{-\mathrm{e}},1)$时,有一个交点;$a\in(0,\mathrm{e}^{-\mathrm{e}})$时,有三个交点.

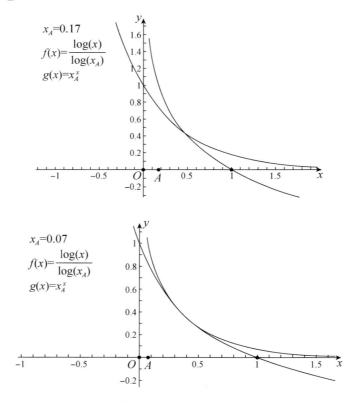

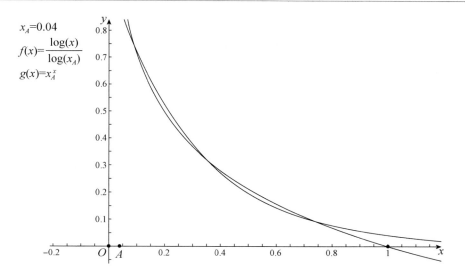

$x_A = 0.04$

$f(x) = \dfrac{\log(x)}{\log(x_A)}$

$g(x) = x_A^x$

证明: 当 $0 < a < 1$ 时,若两个函数图象有一个交点,设交点为 (x_0, x_0),

则 $a^{x_0} = x_0 = \log_a x_0$,$[\log_a x]'_{x=x_0} = -1 \Rightarrow x_0 \ln a = -1$,

$x_0 = \dfrac{\ln x_0}{\ln a} \Rightarrow \ln x_0 = -1 \Rightarrow x_0 = e^{-1} \Rightarrow a = e^{-e}$.

【探究 2】 圆锥曲线中所研究问题的变式.

课堂内我们研究了一个问题,可以将其中的条件做适当的改变,让学生去研究这些改变对结论的影响.

课内我们研究了例 1.

【例 1】 如图,在等腰梯形 $ABCD$ 中,$AB \parallel CD$,且 $AB = 2CD$. 设 $\angle DAB = \theta, \theta \in \left(0, \dfrac{\pi}{2}\right)$,以 A, B 为焦点且过点 D 的双曲线的离心率为 e_1,以 C, D 为焦点且过点 A 的椭圆的离心率为 e_2,则 （　　）

A. 随着角度 θ 的增大,e_1 增大,$e_1 e_2$ 为定值

B. 随着角度 θ 的增大,e_1 减小,$e_1 e_2$ 为定值

C. 随着角度 θ 的增大,e_1 增大,$e_1 e_2$ 也增大

D. 随着角度 θ 的增大,e_1 减小,$e_1 e_2$ 也减小

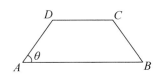

我们把条件 $AB = 2CD$ 改为 $AB = 2AD$,其余条件和选项都不变,请同学们课后探究其结论.

答案: B

【例2】 过椭圆外一点 P 作椭圆的两条切线,切点分别为 T_1,T_2,焦点分别是 F_1,F_2,探究 $\angle T_1PF_1$ 与 $\angle T_2PF_2$ 的大小关系与 P 的位置有没有关系.

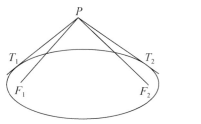 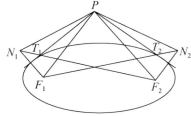

结论: $\angle T_1PF_1=\angle T_2PF_2$,与点 P 的位置无关.

证明: 分别作焦点 F_1,F_2 关于切线 PT_1,PT_2 的对称点 N_1,N_2,连接 N_1F_2,N_2F_1,则由椭圆的切线和椭圆的定义可知,T_1 是直线 PT_1 上到两个焦点距离最短的点,所以 N_1F_2 过 T_1,$|N_1F_2|=|N_1T_1|+|T_1F_2|=|F_1T_1|+|T_1F_2|=2a$,同理 $|N_2F_1|=2a=|N_1F_2|$. 又由对称知,$|PN_1|=|PF_1|$,$|PN_2|=|PF_2|$,

所以 $\triangle PN_1F_2\cong\triangle PN_2F_1$(SSS),所以 $\angle T_1PF_1=\angle T_2PF_2$.

【探究3】 请写出 3 个在点 $(1,0)$ 处的切线方程为 $y=x-1$ 的函数.

同学们可以根据不同结构的函数用待定系数法构造函数,也是同学们平时做题对数形结合的认识和经验积累. 以下给出几个参考.

$$y=\ln x;y=x\ln x;y=\mathrm{e}^{x-1}-1;y=\frac{1}{2}x^2-\frac{1}{2};y=\frac{1}{2}\left(x-\frac{1}{x}\right);y=x^3-x^2.$$

【探究4】 探究 $f_1(x)=\dfrac{x-1}{x}$,$f_2(x)=\ln x$,$f_3(x)=x-1$,$f_4(x)=\dfrac{2(x-1)}{x+1}$,$f_5(x)=\sqrt{x}-\dfrac{1}{\sqrt{x}}$,$f_6=\dfrac{1}{2}\left(x-\dfrac{1}{x}\right)$ 之间的大小关系.

探究: 先通过赋值得到特殊条件下的大小关系,再证明不等式的一般性.

结论: 当 $x>1$ 时,$f_1(x)<f_4(x)<f_2(x)<f_5(x)<f_6(x)<f_3(x)$;
当 $0<x<1$ 时,$f_1(x)<f_6(x)<f_5(x)<f_2(x)<f_4(x)<f_3(x)$;
当 $x=1$ 时,所有都相等.

证明: 当 $x>1$ 时,$f_1(x)-f_4(x)=\dfrac{x-1}{x}-\dfrac{2(x-1)}{x+1}=\dfrac{(x-1)(1-x)}{x(x+1)}<0$;

设 $g(x)=f_4(x)-f_2(x)=\dfrac{2(x-1)}{x+1}-\ln x$,则 $g'(x)=\dfrac{4}{(x+1)^2}-\dfrac{1}{x}=$

$\dfrac{-(x-1)^2}{x(x+1)^2}<0$，所以 $g(x)$ 在 $(1,+\infty)$ 上单调递减，$g(x)<g(1)=0$，

所以 $f_4(x)<f_2(x)$；

设 $h(x)=f_2(x)-f_5(x)=\ln x-\left(\sqrt{x}-\dfrac{1}{\sqrt{x}}\right)$，

$h'(x)=\dfrac{1}{x}-\dfrac{1}{2\sqrt{x}}-\dfrac{1}{2\sqrt{x^3}}=\dfrac{2\sqrt{x}-x-1}{2x\sqrt{x}}=-\dfrac{(\sqrt{x}-1)^2}{2x\sqrt{x}}<0$，

所以 $h(x)$ 在 $(1,+\infty)$ 上单调递减，$h(x)<h(1)=0$，所以 $f_2(x)<f_5(x)$；

$f_5(x)-f_6(x)=\sqrt{x}-\dfrac{1}{\sqrt{x}}-\dfrac{x^2-1}{2x}=\dfrac{(x-1)(2\sqrt{x}-x-1)}{2x}$

$=-\dfrac{(x-1)(\sqrt{x}-1)^2}{2x}<0$；

$f_6(x)-f_3(x)=\dfrac{x^2-1}{2x}-(x-1)=\dfrac{(x-1)(1-x)}{2x}<0.$

综上，当 $x\geqslant 1$ 时，$\dfrac{x-1}{x}\leqslant\dfrac{2(x-1)}{x+1}\leqslant\ln x\leqslant\sqrt{x}-\dfrac{1}{\sqrt{x}}\leqslant\dfrac{1}{2}\left(x-\dfrac{1}{x}\right)\leqslant x-1.$

请同学们自行给出当 $0<x<1$ 时的证明.

即对 $\forall x\in(0,1)$，$\dfrac{x-1}{x}<\dfrac{1}{2}\left(x-\dfrac{1}{x}\right)<\sqrt{x}-\dfrac{1}{\sqrt{x}}<\ln x<\dfrac{2(x-1)}{x+1}<x-1.$

> 说明：我们知道 $\dfrac{x-1}{x}\leqslant\ln x\leqslant x-1(x>0)$，这是一个不太精确的界定，对于 $y=\ln x$ 我们还有一个更精确的界定.这些不等式为我们证明零点存在时找正负函数值起到了很好的放缩作用.

利用上述不等式，容易证明对数—均值不等式：

即 $\forall a>0,b>0,a\neq b$ 有 $\sqrt{ab}<\dfrac{a-b}{\ln a-\ln b}<\dfrac{a+b}{2}$，

从而当 $0<a<b$ 时，串联均值不等式可以扩充为：

$0<a<\dfrac{2ab}{a+b}<\sqrt{ab}<\dfrac{a-b}{\ln a-\ln b}<\dfrac{a+b}{2}<\sqrt{\dfrac{a^2+b^2}{2}}<b.$

【探究 5】 极化恒等式.

对于向量的数量积问题，常见的解法有：定义法、几何投影法、坐标法、基底分解法.特殊地，我们补充一种极化恒等式的方法，很多时候用此法会简化

运算.

条件:A,B 是两个定点,$|AB|=2a$,设 AB 中点为 M,

则 $\overrightarrow{PA}\cdot\overrightarrow{PB}=(\overrightarrow{PM}+\overrightarrow{MA})\cdot(\overrightarrow{PM}+\overrightarrow{MB})=\overrightarrow{PM}^2-\overrightarrow{MA}^2=|PM|^2-a^2.$

其几何意义是向量 $\overrightarrow{PA}$ 与 $\overrightarrow{PB}$ 的数量积可以表示为动点 P 到定点 $M(AB$ 中点)的距离的平方与定值(半个 AB 长的平方)的差.

【例】(2023·东城一模)已知正方形 $ABCD$ 的边长为 $2,P$ 为正方形 $ABCD$ 内部(不含边界)的动点,且满足 $\overrightarrow{PA}\cdot\overrightarrow{PB}=0$,则 $\overrightarrow{CP}\cdot\overrightarrow{DP}$ 的取值范围是

( )

A. $(0,8]$ B. $[0,8)$ C. $(0,4)$ D. $[0,4)$

答案:D

解析:方法 1:以 AB 中点为原点建立如图所示的平面直角坐标系,

则 $A(-1,0),B(1,0),C(1,2),D(-1,2)$,

设 $P(x,y)$,则 $\overrightarrow{PA}=(-1-x,-y),\overrightarrow{PB}=(1-x,-y)$,

则 $\overrightarrow{PA}\cdot\overrightarrow{PB}=-(1-x^2)+y^2=0$,

即 $x^2+y^2=1$,则 $x^2-1=-y^2$,其中 $-1<x<1,0<y\leqslant1$,

则 $\overrightarrow{CP}=(x-1,y-2),\overrightarrow{DP}=(x+1,y-2),0<y\leqslant1$,

则 $\overrightarrow{CP}\cdot\overrightarrow{DP}=x^2-1+(y-2)^2=-y^2+(y-2)^2=-4y+4\in[0,4)$,故选 D.

方法 2:极化恒等式.由 $\overrightarrow{PA}\cdot\overrightarrow{PB}=0$,知 P 在以 AB 为直径的圆在正方形内的部分上;取 CD 的中点 $M,\overrightarrow{CP}\cdot\overrightarrow{DP}=\overrightarrow{PM}^2-\overrightarrow{MC}^2=|PM|^2-1$,转化为圆上点到定点距离的最值问题,由 $|PM|\in[1,\sqrt{5})$,得 $\overrightarrow{CP}\cdot\overrightarrow{DP}=|PM|^2-1\in[0,4)$.

【探究 6】平面向量的等和线.

由平面向量基本定理,得 $\overrightarrow{OP}=\lambda\overrightarrow{OA}+\mu\overrightarrow{OB}$,当点 P 不在直线 AB 上时,可以过点 P 作直线 AB 的平行线,且与 OA,OB 所在的直线分别交于 M,N 两点,则由 P,M,N 三点共线,不难得出 $\overrightarrow{OP}=x\overrightarrow{OM}+y\overrightarrow{ON}$,且 $x+y=1$.

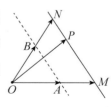

又由平行线分线段成比例定理,得 $\overrightarrow{OM}=k\overrightarrow{OA},\overrightarrow{ON}=k\overrightarrow{OB}$

$\left(\text{其中 } k=\dfrac{|\overrightarrow{OM}|}{|\overrightarrow{OA}|}\right)$，则 $\overrightarrow{OP}=x\overrightarrow{OM}+y\overrightarrow{ON}=kx\overrightarrow{OA}+ky\overrightarrow{OB}$，即 $\lambda=kx,\mu=ky$，故

$\lambda+\mu=k(x+y)=k.$ 把过点 P 作的直线 AB 的平行线 MN 称为等和线.

等和线的相关结论：

(1)当等和线恰为直线 AB 时，$k=1$；

(2)当等和线在点 O 和直线 AB 之间时，$k\in(0,1)$；

(3)当直线 AB 在点 O 和等和线之间时，$k\in(1,+\infty)$；

(4)当等和线过点 O 时，$k=0$；

(5)若两等和线关于点 O 对称，则定值 k 互为相反数.

【例 1】如图，在扇形 OAB 中，$\angle AOB=\dfrac{\pi}{3}$，$C$ 为弧 AB 上的动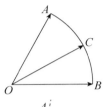

点，若 $\overrightarrow{OC}=x\overrightarrow{OA}+y\overrightarrow{OB}$，则 $x+3y$ 的取值范围是_____.

答案：$[1,3]$

解析：$\overrightarrow{OC}=x\overrightarrow{OA}+3y\times\dfrac{\overrightarrow{OB}}{3}$，如图，作 $\overrightarrow{OB'}=\dfrac{\overrightarrow{OB}}{3}$，则考虑以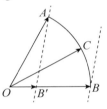

向量 $\overrightarrow{OA},\overrightarrow{OB'}$ 为基底. 显然，当 C 在 A 点时，经过 $m=1$ 的平行

线，当 C 在 B 点时，经过 $m=3$ 的平行线，这两条线分别是最近

与最远的平行线，所以 $x+3y$ 的取值范围是 $[1,3]$.

【例 2】已知点 A,B,C 不共线，λ,μ 为实数，$\overrightarrow{AP}=\lambda\overrightarrow{AB}+\mu\overrightarrow{AC}$，则"$0<\lambda+\mu$

<1"是"点 P 在 $\triangle ABC$ 内(不含边界)"的   (   )

A. 充分不必要条件   B. 必要不充分条件

C. 充要条件   D. 既不充分也不必要条件

答案：B

【探究 7】奔驰定理.

    点 P 在 $\triangle ABC$ 内部，若 $x\overrightarrow{PA}+y\overrightarrow{PB}+z\overrightarrow{PC}=\mathbf{0}$，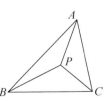

    则 $S_{\triangle PAB}:S_{\triangle PBC}:S_{\triangle PCA}=z:x:y$.

    因其形状像奔驰车的车标，故将此性质称为奔驰定理.

    证明：在射线 PA,PB,PC 上分别找到点 A',B',C'，使得

$\overrightarrow{PA'}=x\overrightarrow{PA},\overrightarrow{PB'}=y\overrightarrow{PB},\overrightarrow{PC'}=z\overrightarrow{PC}$，则 $\overrightarrow{PA'}+\overrightarrow{PB'}+\overrightarrow{PC'}=\mathbf{0}$，

    所以点 P 是 $\triangle A'B'C'$ 的重心，于是 $S_{\triangle PA'B'}=S_{\triangle PB'C'}=S_{\triangle PC'A'}$；

    又 $\dfrac{S_{\triangle PA'B'}}{S_{\triangle PAB}}=\dfrac{1}{xy},\dfrac{S_{\triangle PB'C'}}{S_{\triangle PBC}}=\dfrac{1}{yz},\dfrac{S_{\triangle PC'A'}}{S_{\triangle PCA}}=\dfrac{1}{xz}$，

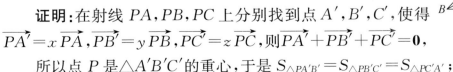

所以 $S_{\triangle PAB} : S_{\triangle PBC} : S_{\triangle PCA} = z : x : y$.

定理的证明方法很多,请同学们自己研究其他证法.

【例1】 设点 O 在 $\triangle ABC$ 内部,且 $\overrightarrow{AO} = \dfrac{1}{3}\overrightarrow{AB} + \dfrac{1}{4}\overrightarrow{AC}$,则 $\dfrac{S_{\triangle OAB}}{S_{\triangle OBC}} = $ _____.

答案: $\dfrac{3}{5}$

解析: 由 $\overrightarrow{AO} = \dfrac{1}{3}\overrightarrow{AB} + \dfrac{1}{4}\overrightarrow{AC}$,得 $-12\overrightarrow{OA} = 4(\overrightarrow{OB} - \overrightarrow{OA}) + 3(\overrightarrow{OC} - \overrightarrow{OA})$,

整理得 $5\overrightarrow{OA} + 4\overrightarrow{OB} + 3\overrightarrow{OC} = \mathbf{0}$,所以 $\dfrac{S_{\triangle OAB}}{S_{\triangle OBC}} = \dfrac{3}{5}$.

【例2】 设 I 为 $\triangle ABC$ 的内心,且 $2\overrightarrow{IA} + 3\overrightarrow{IB} + \sqrt{7}\overrightarrow{IC} = \mathbf{0}$,则 $C = $ _____.

答案: $\dfrac{\pi}{3}$

解析: 由 $2\overrightarrow{IA} + 3\overrightarrow{IB} + \sqrt{7}\overrightarrow{IC} = \mathbf{0}$,可得 $a : b : c = 2 : 3 : \sqrt{7}$,

令 $a = 2k, b = 3k, c = \sqrt{7}k$,则 $\cos C = \dfrac{4k^2 + 9k^2 - 7k^2}{2 \cdot 2k \cdot 3k} = \dfrac{1}{2}$,

又 $C \in (0, \pi)$,所以 $C = \dfrac{\pi}{3}$.

【例3】 设点 P 在 $\triangle ABC$ 内部且为 $\triangle ABC$ 的外心,$\angle BAC = \dfrac{\pi}{6}$,如图. 若 $\triangle PBC$,$\triangle PCA$,$\triangle PAB$ 的面积分别为 $\dfrac{1}{2}$,x,y,

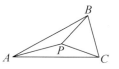

则 $x + y$ 的最大值是 _____.

答案: $\dfrac{\sqrt{3}}{3}$

解析: 方法1:据奔驰定理得,$\dfrac{1}{2}\overrightarrow{PA} + x\overrightarrow{PB} + y\overrightarrow{PC} = \mathbf{0}$,即 $\overrightarrow{AP} = 2x\overrightarrow{PB} + 2y\overrightarrow{PC}$,

平方得 $\overrightarrow{AP}^2 = 4x^2\overrightarrow{PB}^2 + 4y^2\overrightarrow{PC}^2 + 8xy|\overrightarrow{PB}| \cdot |\overrightarrow{PC}| \cdot \cos\angle BPC$,

又因为点 P 是 $\triangle ABC$ 的外心,所以 $|\overrightarrow{PA}| = |\overrightarrow{PB}| = |\overrightarrow{PC}|$,

且 $\angle BPC = 2\angle BAC = \dfrac{\pi}{3}$,所以 $x^2 + y^2 + xy = \dfrac{1}{4}$,

$(x + y)^2 = \dfrac{1}{4} + xy \leqslant \dfrac{1}{4} + \left(\dfrac{x + y}{2}\right)^2$,解得 $0 < x + y \leqslant \dfrac{\sqrt{3}}{3}$,

当且仅当 $x=y=\dfrac{\sqrt{3}}{6}$ 时取等号,所以 $(x+y)_{\max}=\dfrac{\sqrt{3}}{3}$.

方法 2:$S_{\triangle PBC}:S_{\triangle PCA}:S_{\triangle PAB}=\sin2\angle BAC:\sin2\angle ABC:\sin2\angle ACB=$ $\dfrac{1}{2}:x:y$,

又 $\angle BAC=\dfrac{\pi}{6}$,所以 $\sin2\angle BAC=\dfrac{\sqrt{3}}{2}$,

所以 $x=\dfrac{\sqrt{3}}{3}\sin2\angle ABC$,$y=\dfrac{\sqrt{3}}{3}\sin2\angle ACB$,

所以 $x+y=\dfrac{\sqrt{3}}{3}(\sin2\angle ABC+\sin2\angle ACB)=\dfrac{\sqrt{3}}{3}\left[\sin2\angle ABC+\sin\left(\dfrac{5\pi}{3}-2\angle ABC\right)\right]=\dfrac{\sqrt{3}}{3}\sin\left(2\angle ABC-\dfrac{\pi}{3}\right)$.

又因为 $\angle ABC\in\left(0,\dfrac{5\pi}{6}\right)$,所以 $2\angle ABC-\dfrac{\pi}{3}\in\left(-\dfrac{\pi}{3},\dfrac{4\pi}{3}\right)$,

所以 $\sin\left(2\angle ABC-\dfrac{\pi}{3}\right)\in\left(-\dfrac{\sqrt{3}}{2},1\right]$,所以 $x+y\in\left(-\dfrac{1}{2},\dfrac{\sqrt{3}}{3}\right]$,

所以 $(x+y)_{\max}=\dfrac{\sqrt{3}}{3}$.

【探究 8】 三角函数中求 ω 的值或取值范围的问题.

【例 1】(多选)已知函数 $f(x)=\sin\left(\omega x+\dfrac{\pi}{5}\right)(\omega>0)$,若 $f(x)$ 在 $[0,2\pi]$ 上有且仅有 5 个零点,则下列结论中正确的是　　　　　　　　　　　(　　)

A. $f(x)$ 在 $(0,2\pi)$ 上有且仅有 3 个极大值点

B. $f(x)$ 在 $(0,2\pi)$ 上有且仅有 2 个极小值点

C. $f(x)$ 在 $\left(0,\dfrac{\pi}{10}\right)$ 上单调递增

D. ω 的取值范围是 $\left[\dfrac{12}{5},\dfrac{29}{10}\right)$

答案:ACD

解析:对于 A,若 $f(x)$ 在 $[0,2\pi]$ 上有 5 个零点,可画出 $f(x)$ 的大致图象如图 1、图 2 所示,由图 1、图 2 可知,$f(x)$ 在 $(0,2\pi)$ 上有且仅有 3 个极大值点,故 A 正确.

对于 B,由图 1、图 2 可知,$f(x)$ 在 $(0,2\pi)$ 上有且仅有 2 个或 3 个极小值点,故 B 错误.

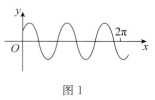

图 1

对于 D,当 $f(x)=\sin\left(\omega x+\dfrac{\pi}{5}\right)=0$ 时,$\omega x+\dfrac{\pi}{5}=$

$k\pi(k\in\mathbf{Z})$,所以 $x=\dfrac{k\pi-\dfrac{\pi}{5}}{\omega}(k\in\mathbf{Z})$. 因为 $f(x)$ 在 $[0,2\pi]$

图 2

上有且仅有 5 个零点,所以当 $k=5$ 时,$x=\dfrac{5\pi-\dfrac{\pi}{5}}{\omega}\leqslant 2\pi$,

当 $k=6$ 时,$x=\dfrac{6\pi-\dfrac{\pi}{5}}{\omega}>2\pi$,解得 $\dfrac{12}{5}\leqslant\omega<\dfrac{29}{10}$,故 D 正确.

对于 C,由函数 $f(x)=\sin\left(\omega x+\dfrac{\pi}{5}\right)$ 的增区间为 $-\dfrac{\pi}{2}+2k\pi<\omega x+\dfrac{\pi}{5}<\dfrac{\pi}{2}+$

$2k\pi(k\in\mathbf{Z})$,得 $\dfrac{\left(2k-\dfrac{7}{10}\right)\pi}{\omega}<x<\dfrac{\left(\dfrac{3}{10}+2k\right)\pi}{\omega}(\omega>0)$. 取 $k=0$,当 $\omega=\dfrac{12}{5}$ 时,单调

增区间为 $-\dfrac{7\pi}{24}<x<\dfrac{\pi}{8}$,当 $\omega=\dfrac{29}{10}$ 时,单调增区间为 $-\dfrac{7\pi}{29}<x<\dfrac{3\pi}{29}$. 综上可得,

$f(x)$ 在 $\left(0,\dfrac{\pi}{10}\right)$ 上单调递增,故 C 正确. 故选 ACD.

【例 2】若函数 $f(x)=\sin\left(\omega x+\dfrac{\pi}{6}\right)(\omega>0)$ 在 $\left(0,\dfrac{5\pi}{18}\right)$ 上存在唯一极值点,且

在 $\left(\dfrac{\pi}{2},\pi\right)$ 上单调,则 ω 的取值范围为_____.

答案:$\left(\dfrac{6}{5},\dfrac{4}{3}\right]$

解析:因为 $f(x)$ 在 $\left(0,\dfrac{5\pi}{18}\right)$ 上存在唯一极值点,所以 $\dfrac{\pi}{2}<\dfrac{5\pi}{18}\omega+\dfrac{\pi}{6}\leqslant\dfrac{3\pi}{2}$,解得

$\dfrac{6}{5}<\omega\leqslant\dfrac{24}{5}$.

当 $x\in\left(\dfrac{\pi}{2},\pi\right)$ 时,$\omega x+\dfrac{\pi}{6}\in\left(\dfrac{\pi}{2}\omega+\dfrac{\pi}{6},\pi\omega+\dfrac{\pi}{6}\right)$.

因为 $f(x)$ 在 $\left(\dfrac{\pi}{2},\pi\right)$ 上单调,所以 $\begin{cases}\dfrac{\pi}{2}\omega+\dfrac{\pi}{6}\geqslant\dfrac{\pi}{2}+k\pi,\\[2mm]\pi\omega+\dfrac{\pi}{6}\leqslant\dfrac{3\pi}{2}+k\pi,\end{cases}k\in\mathbf{Z},$

解得 $\dfrac{2}{3}+2k\leqslant\omega\leqslant\dfrac{4}{3}+k,k\in\mathbf{Z}$. 取 $k=0$, 得 $\dfrac{2}{3}\leqslant\omega\leqslant\dfrac{4}{3}$. 综上, $\dfrac{6}{5}<\omega\leqslant\dfrac{4}{3}$.

【例3】（多选）已知函数 $f(x)=\sin(\omega x+\varphi)\left(\omega>0,|\varphi|<\dfrac{\pi}{2}\right),f\left(-\dfrac{\pi}{8}\right)=0$,

$f(x)\leqslant\left|f\left(\dfrac{3\pi}{8}\right)\right|$ 恒成立, 且 $f(x)$ 在区间 $\left(-\dfrac{\pi}{12},\dfrac{\pi}{24}\right)$ 上单调, 那么下列说法中正确的是 （   ）

A. 存在 φ, 使得 $f(x)$ 是偶函数   B. $f(0)=f\left(\dfrac{3\pi}{4}\right)$

C. ω 是奇数   D. ω 的最大值为 3

答案: BC

解析: 由 $f(x)\leqslant\left|f\left(\dfrac{3\pi}{8}\right)\right|$, 知 $x=\dfrac{3\pi}{8}$ 为函数 $f(x)$ 图象的一条对称轴,

所以 $f(0)=f\left(\dfrac{3\pi}{4}\right)$.

又 $f\left(-\dfrac{\pi}{8}\right)=0$,

所以 $\dfrac{2n+1}{4}\cdot T=\dfrac{3\pi}{8}-\left(-\dfrac{\pi}{8}\right)=\dfrac{\pi}{2}(n\in\mathbf{Z})$,

即 $\dfrac{2n+1}{4}\cdot\dfrac{2\pi}{\omega}=\dfrac{\pi}{2}(n\in\mathbf{Z})$, 即 $\omega=2n+1(n\in\mathbf{Z})$.

因为 $f(x)$ 在 $\left(-\dfrac{\pi}{12},\dfrac{\pi}{24}\right)$ 上单调,

所以 $\dfrac{T}{2}=\dfrac{\pi}{\omega}>\dfrac{\pi}{24}-\left(-\dfrac{\pi}{12}\right)=\dfrac{\pi}{8}$,

所以 $\omega<8$, 所以 $\omega_{\max}=7$.

因为 $|\varphi|<\dfrac{\pi}{2}$, 所以 $\varphi\neq\dfrac{\pi}{2}+k\pi(k\in\mathbf{Z})$, 所以不存在 φ, 使得 $f(x)$ 是偶函数.

故选 BC.

【例4】 已知函数 $f(x)=\sin\omega x\cos\left(\omega x+\dfrac{\pi}{3}\right)(\omega>0)$ 在区间 $\left(0,\dfrac{\pi}{18}\right)$ 上单调, 且其图象在区间 $(\pi,2\pi)$ 内恰有三条对称轴, 那么 ω 的取值范围是 _____.

答案: $\left(\dfrac{25}{24},\dfrac{13}{12}\right)\cup\left(\dfrac{31}{24},\dfrac{3}{2}\right]$

解析: $f(x)=\dfrac{1}{2}\sin\omega x\cos\omega x-\dfrac{\sqrt{3}}{2}\sin^2\omega x=\dfrac{1}{4}\sin2\omega x-\dfrac{\sqrt{3}}{4}(1-\cos2\omega x)=$

$\frac{1}{2}\sin\left(2\omega x+\frac{\pi}{3}\right)-\frac{\sqrt{3}}{4}$，令 $g(x)=2\omega x+\frac{\pi}{3}$，则 $g(0)=\frac{\pi}{3}$，故 $2\omega\cdot\frac{\pi}{18}+\frac{\pi}{3}\leqslant\frac{\pi}{2}$，所以 $\frac{\omega\pi}{9}\leqslant\frac{\pi}{6}$，所以 $0<\omega\leqslant\frac{3}{2}$．

若 $f(x)$ 的图象在区间 $(\pi,2\pi)$ 内有三条对称轴，则 $\pi>\frac{2\pi}{2\omega}$，得 $\omega>1$，

且存在 $k\in\mathbf{Z}$，使 $\begin{cases}k\pi-\frac{\pi}{2}\leqslant\omega\cdot2\pi+\frac{\pi}{3}<k\pi+\frac{\pi}{2},\\ k\pi+\frac{5\pi}{2}<\omega\cdot4\pi+\frac{\pi}{3}\leqslant k\pi+\frac{7\pi}{2},\end{cases}$

当 $k=2$ 时，$\frac{25}{24}<\omega<\frac{13}{12}$，

当 $k=3$ 时，$\frac{31}{24}<\omega\leqslant\frac{37}{24}$，

当 $k\geqslant4$ 时，与 $1<\omega\leqslant\frac{3}{2}$ 矛盾，舍去，

故 ω 的取值范围是 $\left(\frac{25}{24},\frac{13}{12}\right)\cup\left(\frac{31}{24},\frac{3}{2}\right]$．

【探究9】在概率统计中，我们经常用所学的概率统计的知识做一些判断或者决策，常见的是比较几个随机事件的概率的大小，及随机变量的期望或方差的大小，根据这些数据的大小和所表示的含义做出决策．这一点非常灵活，希望同学们整理自己做过的题目，对常见的期望、方差比较大小的问题以及解决方法做出梳理，以便很快地得到问题的结论．

【例1】甲、乙、丙三人参加 2022 年冬奥会北京、延庆、张家口三个赛区志愿服务活动，每人只能选择一个赛区，且选择其中任何一个赛区是等可能的．记 X 为三人选中的赛区个数，Y 为三人没有选中的赛区个数，则 （   ）

A. $E(X)=E(Y)$，$D(X)=D(Y)$

B. $E(X)=E(Y)$，$D(X)\neq D(Y)$

C. $E(X)\neq E(Y)$，$D(X)\neq D(Y)$

D. $E(X)\neq E(Y)$，$D(X)=D(Y)$

答案：D

解析：由题意得 X 的可能取值为 $1,2,3$，

则 $P(X=1)=\frac{C_3^1}{3^3}=\frac{1}{9}$，$P(X=2)=\frac{C_3^2 A_3^2}{3^3}=\frac{2}{3}$，$P(X=3)=\frac{A_3^3}{3^3}=\frac{2}{9}$，

$$\therefore E(X)=1\times\frac{1}{9}+2\times\frac{2}{3}+3\times\frac{2}{9}=\frac{19}{9},$$

$$D(X)=\left(1-\frac{19}{9}\right)^2\times\frac{1}{9}+\left(2-\frac{19}{9}\right)^2\times\frac{2}{3}+\left(3-\frac{19}{9}\right)^2\times\frac{2}{9}=\frac{26}{81},$$

又 $X+Y=3,\therefore Y=3-X,$

$$\therefore E(Y)=3-E(X)=3-\frac{19}{9}=\frac{8}{9},D(Y)=(-1)^2D(X)=D(X),故选 D.$$

【例 2】设 $0<p<1$,随机变量 ξ 的分布列是

ξ	0	1	2
P	$\frac{1-p}{2}$	$\frac{1}{2}$	$\frac{p}{2}$

则当 p 在 $(0,1)$ 内增大时,有 （　　）

A. $D(\xi)$ 减小

B. $D(\xi)$ 增大

C. $D(\xi)$ 先减小后增大

D. $D(\xi)$ 先增大后减小

答案: D

解析: 方法 1:计算. 由题可得 $E(\xi)=\frac{1}{2}+p$,所以 $D(\xi)=-p^2+p+\frac{1}{4}=$ $-\left(p-\frac{1}{2}\right)^2+\frac{1}{2}$,所以当 p 在 $(0,1)$ 内增大时,$D(\xi)$ 先增大后减小. 故选 D.

方法 2:构造模型,直观看. 构造模型:将很多点放到 $0,1,2$ 处,其中 1 处占一半的数量,由对称性可知,当 p 取值关于 $\frac{1}{4}$ 对称时,其方差相同. 因此只要比较两个极端位置:$p=0$ 和 $p=\frac{1}{4}$ 时的方差大小. $p=0$ 时,将剩余的另一半点集中放在 0 处,$p=\frac{1}{4}$ 时将这些点数量等分,在 $0,2$ 处各放一半. 显然 $p=0$ 时点会更集中,依据方差的几何意义,此时方差会小,即 p 的取值从 0 增到 1 的过程中,$D(\xi)$ 先增大,再减小.

由此题可以延伸出很多的变式问题,我们可以改变表格中的已知量和未知量,研究方差变化的规律.

【练习 1】 设 $0 < a < 1$，随机变量 X 的分布列是

X	0	a	1
P	$\dfrac{1}{3}$	$\dfrac{1}{3}$	$\dfrac{1}{3}$

则当 a 在 $(0,1)$ 内增大时，　　　　　　　　　　　（　　）

A. $D(X)$ 增大 　　　　　　　　B. $D(X)$ 减小

C. $D(X)$ 先增大后减小 　　　　D. $D(X)$ 先减小后增大

答案：D

解析：计算——$E(X) = 0 \times \dfrac{1}{3} + \dfrac{1}{3}a + \dfrac{1}{3} = \dfrac{a+1}{3}$，

$$D(X) = \left(\frac{a+1}{3}\right)^2 \times \frac{1}{3} + \left(a - \frac{a+1}{3}\right)^2 \times \frac{1}{3} + \left(1 - \frac{a+1}{3}\right)^2 \times \frac{1}{3}$$

$$= \frac{1}{27}\left[(a+1)^2 + (2a-1)^2 + (a-2)^2\right] = \frac{2}{9}(a^2 - a + 1) = \frac{2}{9}\left(a - \frac{1}{2}\right)^2 + \frac{1}{6},$$

因为 $0 < a < 1$，所以 $D(X)$ 先减小后增大，故选 D.

【练习 2】 在一组样本数据中，$1,2,3,4$ 出现的频率分别为 p_1, p_2, p_3, p_4，且

$\sum\limits_{i=1}^{4} p_i = 1$，则下面四种情形中，对应样本的标准差最大的一组是　（　　）

A. $p_1 = p_4 = 0.1, p_2 = p_3 = 0.4$

B. $p_1 = p_4 = 0.4, p_2 = p_3 = 0.1$

C. $p_1 = p_4 = 0.2, p_2 = p_3 = 0.3$

D. $p_1 = p_4 = 0.3, p_2 = p_3 = 0.2$

答案：B

　　方法：几何直观．根据方差的定义及其意义进行定性分析，不建议具体计算．

【例 3】（2022·全国乙卷）某棋手与甲、乙、丙三位棋手各比赛一盘，各盘比赛的结果相互独立．已知该棋手与甲、乙、丙比赛获胜的概率分别为 p_1, p_2, p_3，且 $p_3 > p_2 > p_1 > 0$．记该棋手连胜两盘的概率为 p，则　　　　　　（　　）

A. p 与该棋手和甲、乙、丙比赛的次序无关

B. 该棋手在第二盘与甲比赛，p 最大

C. 该棋手在第二盘与乙比赛，p 最大

D. 该棋手在第二盘与丙比赛，p 最大

答案: D

解析: 方法1:生活常识.若想连胜两盘,显然胜算最大的放在中间会更有可能连胜.把最困难的放中间,连胜的可能性会小.

方法2:数学验证.设该棋手在第二盘与甲比赛连胜两盘的概率为 $P_甲$,

在第二盘与乙比赛连胜两盘的概率为 $P_乙$,

在第二盘与丙比赛连胜两盘的概率为 $P_丙$,

由题意可知, $P_甲 = 2p_1[p_2(1-p_3) + p_3(1-p_2)] = 2p_1p_2 + 2p_1p_3 - 4p_1p_2p_3$,

$$P_乙 = 2p_2[p_1(1-p_3) + p_3(1-p_1)] = 2p_1p_2 + 2p_2p_3 - 4p_1p_2p_3,$$

$$P_丙 = 2p_3[p_1(1-p_2) + p_2(1-p_1)] = 2p_1p_3 + 2p_2p_3 - 4p_1p_2p_3.$$

所以 $P_丙 - P_甲 = 2p_2(p_3 - p_1) > 0$,

$P_丙 - P_乙 = 2p_1(p_3 - p_2) > 0$,

所以 $P_丙$ 最大,故选 D.

方法3:特殊值法.不妨设 $p_1 = 0.4, p_2 = 0.5, p_3 = 0.6$,

则该棋手在第二盘与甲比赛连胜两盘的概率

$$P_甲 = 2p_1[p_2(1-p_3) + p_3(1-p_2)] = 0.4;$$

在第二盘与乙比赛连胜两盘的概率

$$P_乙 = 2p_2[p_1(1-p_3) + p_3(1-p_1)] = 0.52;$$

在第二盘与丙比赛连胜两盘的概率

$$P_丙 = 2p_3[p_1(1-p_2) + p_2(1-p_1)] = 0.6.$$

所以 $P_丙$ 最大,故选 D.

方法总结: 1. 算——用公式进行期望、方差的运算,再比较大小;

2. 看——用期望、方差的几何意义,比较其高低或集中分散程度;

3. 常识——用生活常识进行判断或验证.

17. 创新小题小妙招

对于选填题中出现的新定义的创新题,学生有时会给出很好的解法,体现了每个学生审题角度的不同,思维方式的不同,对知识的掌握不同等,在课堂上多加交流,可以拓宽学生的解题思路,通过彼此思维的碰撞,产生更优的解法.有时候我们可以借助选科优势,用相应的模型理解和检验结论,并用数学知识进行解释.

【例1】 若空间中有 $n(n \geq 5)$ 个点,满足任意四个点都不共面,且任意两点的连线都与其他任意三点确定的平面垂直,则这样的 n 值 （ ）

    A. 不存在   B. 有无数个

    C. 等于 5   D. 最大值为 8

答案: C

解析: 模型法:具有该性质的点具有一定的对称性,考虑化学的甲烷 CH_4 模型,存在性易证;再用反证法,假设 $n \geq 6$,设 $A,B,C,D,E,F,\cdots$,由题知 $AB \perp$ 平面 DEF,$AC \perp$ 平面 DEF,$\therefore A,B,C$ 共线,$\therefore A,B,C,D$ 共面,与已知矛盾.

【例2】 (2024·东城二模) 已知平面内点集 $A = \{P_1, P_2, \cdots, P_n\}(n > 1)$,$A$ 中任意两个不同点之间的距离都不相等. 设集合 $B = \{\overrightarrow{P_iP_j} \mid \forall m \in \{1,2,\cdots,$ $n\}(m \neq i), 0 < |\overrightarrow{P_iP_j}| \leq |\overrightarrow{P_iP_m}|, i = 1,2,\cdots,n\}$,$M = \{P_j \mid \overrightarrow{P_iP_j} \in B, i = 1,$ $2,\cdots,n\}$. 给出以下四个结论:

① 若 $n = 2$,则 $A = M$;

② 若 n 为奇数,则 $A \neq M$;

③ 若 n 为偶数,则 $A = M$;

④ 若 $\{\overrightarrow{P_{i_1}P_i}, \overrightarrow{P_{i_2}P_i}, \cdots, \overrightarrow{P_{i_k}P_i}\} \subseteq B$,则 $k \leq 5$.

其中所有正确结论的序号是 _____ .

答案: ①②④

解析: 先通过有限个点具体理解题意:对于 A 中的 n 个点,集合 B 中元素表示以任意一个点 P_i 为起点的模最短的向量 $\overrightarrow{P_iP_j}$,集合 M 表示集合 B 中向量终

点的点集. 比如 A 中三个点满足 $|P_1P_2| = 2$, $|P_2P_3| = 3$, $|P_1P_3| = 4$ 时,集合 $B = \{\overrightarrow{P_1P_2}, \overrightarrow{P_2P_1}, \overrightarrow{P_3P_2}\}$,集合 $M = \{P_1, P_2\}$.

对 ①,$n = 2$,则 $A = M$ 成立;

对 ②,若 n 为奇数,由具体例子可知 $n = 3$ 时不成立,这里的难点在于证明任意的奇数都不成立,考虑集合 B 中模最短的向量,不妨设 $|P_1P_2|$ 最短,则可知 $\overrightarrow{P_1P_2}, \overrightarrow{P_2P_1} \in B$,所以 $P_1, P_2 \in M$,我们将这两个点去掉,在余下的 $(n-2)$ 个点中重复上述操作,则可以"成对"去掉观测点,因为 n 为奇数,所以最终剩余三个点,可知 $A \neq M$;

对 ③,当 $n = 4$ 时,不妨设 A 中 $P_1(0)$,$P_2(1)$,$P_3(3)$,$P_4(10)$,则集合 $B = \{\overrightarrow{P_1P_2}, \overrightarrow{P_2P_1}, \overrightarrow{P_3P_2}, \overrightarrow{P_4P_3}\}$,集合 $M = \{P_1, P_2, P_3\}$,$A \neq M$,③ 错误;

对 ④,选考地理的同学可以考虑城市辐射模型,转化为以 P_i 为中心的平面图形向外能够画出几条线段的问题,联想正六边形的特殊情况,假设能够画出至少 6 个点,则存在一个角小于等于 $60°$,不妨设 $\angle P_1P_iP_2 < 60°$,在 $\triangle P_1P_iP_2$

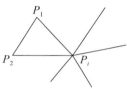

中,由于任意两点间的距离不等,所以 $\triangle P_1P_iP_2$ 是不等边三角形,存在角大于 $60°$,不妨设 $\angle P_2P_1P_i > 60° > \angle P_1P_iP_2$,所以 $|P_2P_i| > |P_1P_2|$,这与到点 P_2 距离最短的点是 P_i 矛盾,所以 $k \leqslant 5$.

【例3】(2023·西城期末)人口问题是关系民族发展的大事. 历史上在研究受资源约束的人口增长问题中,有学者提出了"Logistic model": $f(t) = \dfrac{Kx_0}{x_0 - (x_0 - K)e^{-\frac{r_0}{K}t}}$ $(t \geqslant 0)$,其中 K, r_0, x_0 均为正常数,且 $K > x_0$,该模型描述了人口随时间 t 的变化规律. 给出下列三个结论:

① $f(0) = x_0$;

② $f(t)$ 在 $[0, +\infty)$ 上是增函数;

③ $\forall t \in [0, +\infty), f(t) < K$.

其中所有正确结论的序号是_____.

答案:①②③

解析:这是一道和生物学背景有关的知识应用题,选考生物的学生很容易通过数学知识和生物常识来验证.

由函数 $f(t) = \dfrac{Kx_0}{x_0 - (x_0 - K)e^{-\frac{r_0}{K}t}}(t \geqslant 0)$，得 $f(0) = x_0$，说明其中 x_0 的含

义是人口数量的初始值；

研究函数的单调性也可以不求导，而采用复合函数的单调性的结论解决小

题：由 $K > x_0$，K, r_0, x_0 均为正常数得，在 $t \in [0, +\infty)$ 上，$e^{-\frac{r_0}{K}t}$ 单调递减，$(K$

$- x_0)e^{-\frac{r_0}{K}t}$ 单调递减，$x_0 + (K - x_0)e^{-\frac{r_0}{K}t}$ 单调递减，$f(t) = \dfrac{Kx_0}{x_0 + (K - x_0)e^{-\frac{r_0}{K}t}}$

单调递增；

$t \geqslant 0, e^{-\frac{r_0}{K}t} > 0, x_0 + (K - x_0)e^{-\frac{r_0}{K}t} > x_0, \dfrac{1}{x_0 + (K - x_0)e^{-\frac{r_0}{K}t}} < \dfrac{1}{x_0}, f(t) <$

K，且当 $t \to +\infty$ 时，$e^{-\frac{r_0}{K}t} \to 0, f(t) \to K$，说明 K 的含义是人口数量不能取到的

上界.

我们还可以研究该（具体）函数的最大瞬时增长率，即导数取最大值时的

情况.

$$f(t) = \frac{Kx_0}{x_0 - (x_0 - K)e^{-\frac{r_0}{K}t}}(t \geqslant 0), f'(t) = \frac{-r_0 x_0(K - x_0)e^{-\frac{r_0}{K}t}}{[x_0 - (x_0 - K)e^{-\frac{r_0}{K}t}]^2}$$

$(t \geqslant 0)$，换元后，这是一个"$\dfrac{\text{一次函数}}{\text{二次函数}}$"型函数求值域（最大值）的问题，可以解

释图象中增速开始快，再慢慢减小的现象.

【例4】已知曲线 $C: x^4 + y^4 + mx^2y^2 = 1(m$ 为常数$)$.

（1）给出下列结论：① 曲线 C 为中心对称图形；② 曲线 C 为轴对称图形；

③ 当 $m = -1$ 时，若点 $P(x, y)$ 在曲线 C 上，则 $|x| \geqslant 1$ 或 $|y| \geqslant 1$. 其中，所有

正确结论的序号是＿＿＿＿＿＿＿.

（2）当 $m > -2$ 时，若曲线 C 所围成的区域的面积小于 π，则 m 的值可以是

＿＿＿＿＿＿＿.（写出一个即可）

答案：（1）①②③；（2）$3(m > 2$ 均可$)$

解析：设 (x, y) 为曲线 C 上一点.（1）对于 ①，将 $(-x, -y)$ 代入曲线方程，

化简后等式仍成立，即曲线 C 为中心对称图形；对于 ②，将 $(-x, y)$ 代入曲线方

程，等式仍成立，则曲线 C 关于 y 轴对称，将 $(x, -y)$ 代入曲线方程，等式仍成

立，则曲线 C 关于 x 轴对称.

对于 ③,学生往往得到矛盾的结论:$x^4 + y^4 - x^2 y^2 = 1 \Rightarrow 1 \geqslant x^2 y^2 \Rightarrow |xy| \leqslant 1$,这只能说明其图象在 $|y| = \dfrac{1}{|x|}$ 的内部,不能说明 $|x| \geqslant 1$ 或 $|y| \geqslant 1$.

方法 1:借助画图软件研究其性质. 由图可以看出 $|x| \geqslant 1$ 或 $|y| \geqslant 1$.

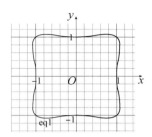

方法 2:由结构联想立方和公式.

$(x^4 + y^4 - x^2 y^2)(x^2 + y^2) = x^2 + y^2$,

即 $x^6 + y^6 = x^2 + y^2 \Rightarrow x^2(x^4 - 1) + y^2(y^4 - 1) = 0$,

当 $|x| \leqslant 1$ 时,$x^2(x^4 - 1) \leqslant 0, y^2 \geqslant 0$,

所以 $y^4 \geqslant 1$,即 $|y| \geqslant 1$;

同理当 $|y| \leqslant 1$ 时,有 $|x| \geqslant 1$.

即 $|x| \geqslant 1$ 或 $|y| \geqslant 1$.

方法 3:用逻辑来证明. 只要证明其逆否命题为真即可.

即当 $\begin{cases} |x| < 1, \\ |y| < 1 \end{cases}$ 时,证明 $x^4 + y^4 - x^2 y^2 \neq 1$.

证明:$\begin{cases} |x| < 1, \\ |y| < 1 \end{cases} \Rightarrow \begin{cases} x^2 < 1, \\ y^2 < 1 \end{cases} \Rightarrow \begin{cases} x^4 < x^2, \\ y^4 < y^2. \end{cases}$

此时,$x^4 + y^4 - x^2 y^2 - 1 < x^2 + y^2 - x^2 y^2 - 1 = -(x^2 - 1)(y^2 - 1) < 0$. 得证.

(2) 当 $m > -2$ 时,要使曲线 C 所围成的区域的面积小于 π,只需曲线上的点到原点的距离均小于 1,即 $x^2 + y^2 < 1$,则 $x^4 + y^4 + mx^2 y^2 = 1 > (x^2 + y^2)^2 = x^4 + y^4 + 2x^2 y^2 \Rightarrow m > 2$.

【例 5】"斐波那契数列"是数学史上一个著名数列,从第三项开始每一项都是其前两项之和. 这个数列是斐波那契在他的《算盘书》的"兔子问题"中提出的. 在问题中他假设一对兔子每月能生一对小兔(一雄一雌),而每对小兔在它出生后的第三个月,又能开始生小兔,如果没有死亡,由一对刚出生的小兔开始,一年后一共会有多少对兔子?即斐波那契数列$\{a_n\}$中,$a_1=1$,$a_2=1$,$a_{n+2}=a_{n+1}+a_n$($n\in\mathbf{N}^*$),则$a_{12}=$_____;若$a_{2026}=m$,则数列$\{a_n\}$的前2 024项的和是_____(用含m的代数式表示).

答案:144,$m-1$.

解析:穷举:$1,1,2,3,5,8,13,21,34,55,89,144$.

方法1:$S_{2024}=a_1+a_2+\cdots+a_{2024}$,$S_{2025}=a_1+a_2+\cdots+a_{2025}$,

又$a_{n+2}=a_{n+1}+a_n$,

两式相加得$S_{2024}+S_{2025}=a_1+(a_1+a_2)+(a_2+a_3)+\cdots+(a_{2024}+a_{2025})$

$=a_1+a_3+a_4+\cdots+a_{2025}+a_{2026}$,

$S_{2024}+S_{2025}=S_{2025}+a_{2026}-a_2\Rightarrow S_{2024}=m-1$.

方法2:归纳猜想证明.

$S_1=a_3-1$,$S_2=a_4-1$,$S_3=a_5-1$,$\cdots$,

猜想$S_n=a_{n+2}-1$.

用数学归纳法证明:$n=1$时猜想成立;

假设$S_k=a_{k+2}-1$,则$S_{k+1}=S_k+a_{k+1}=a_{k+2}-1+a_{k+1}=a_{k+3}-1$.

$\therefore S_{2024}=a_{2026}-1=m-1$.

方法3:递推.

$m=a_{2026}=a_{2025}+a_{2024}=a_{2024}+a_{2023}+a_{2024}=a_{2023}+a_{2022}+a_{2023}+a_{2024}=\cdots=a_2+a_1+a_2+\cdots+a_{2023}+a_{2024}=1+S_{2024}$,

$\therefore S_{2024}=m-1$.

18. 优秀的改错习惯

高三的学习过程中避免不了考试,尤其是第二学期,考试更为密集. 每次考试都是对自己上一阶段知识、能力、方法的考查,通过对自己的错误进行审视和分析,找到学习中存在的问题,如知识上的漏洞,解法上的不足,学法上的弊端等,及时补漏,改正学法非常必要. 在改错的时候,"素质8班"的学生都很有主动性,针对做错的题目,会自己再找三五个相关知识载体的题进行自我检验;对优秀的解法及时进行归纳积累;对出现的困难做进一步的训练计划并积极实施,对试卷做纵向分析,了解自己在单个知识点上的进步情况. 在这种学习过程中,知识的积累、方法的总结,对自我学习效果的认知、判断和调整,都会促进自己学习能力的全面提升.

八中的习惯是考完西城的一模后,还会组织全年级进行海淀一模,每次考试后,师生都会对考试进行复盘,从知识、方法、答题策略、考试心态、解题节奏、卷面分析等多角度进行复盘和改进.

以下选取的是学生在西城一模和海淀一模后的"总结和提升"实践样例,希望该生的做法能够引起更多爱思考、喜钻研的学生的共鸣,也希望能够对更多学生在改错和总结、积累与探究、知识和方法方面做出引领.

【例1】(2024·西城一模)关于函数 $f(x) = \sin x + \cos 2x$,给出下列三个命题:

① $f(x)$ 是周期函数;

② 曲线 $y = f(x)$ 关于直线 $x = \dfrac{\pi}{2}$ 对称;

③ $f(x)$ 在区间 $[0, 2\pi)$ 上恰有 3 个零点.

其中真命题的个数为 ( )

A. 0   B. 1

C. 2   D. 3

答案:C

解析: 对于①: 2π 是函数 $y_1 = \sin x, y_2 = \cos 2x$ 的周期,所以也是函数 $f(x)$ 的周期.

对于②:

方法1:直线 $x = \dfrac{\pi}{2}$ 是函数 $y_1 = \sin x, y_2 = \cos 2x$ 图象的对称轴,所以也是函数 $y = f(x)$ 图象的对称轴.

方法2:用定义证明: $f\left(\dfrac{\pi}{2} - x\right) = f\left(\dfrac{\pi}{2} + x\right)$,改进,证明: $f(\pi - x) = f(x)$.

证明: $f(\pi - x) = \sin(\pi - x) + \cos 2(\pi - x) = \sin x + \cos 2x = f(x)$.

对于③:

方法1: $f(x) = \sin x + \cos 2x = -2\sin^2 x + \sin x + 1 = 0 \Rightarrow \sin x = 1$ 或 $\sin x = -\dfrac{1}{2}$.

因为 $x \in [0, 2\pi)$,所以 $x = \dfrac{\pi}{2}, \dfrac{7\pi}{6}, \dfrac{11\pi}{6}$,即有 3 个零点.

方法2:数形结合.画出 $y = \cos 2x$ 和 $y = -\sin x$ 在 $[0, 2\pi)$ 上的图象,看交点的个数.

【例2】(2024·海淀一模)已知函数 $f(x) = \sin\left(x + \dfrac{\pi}{4}\right)\sin 2x$,则 $f\left(\dfrac{5}{4}\pi\right) = $ _____;函数 $f(x)$ 的图象的一个对称中心的坐标为_____.

答案: $-1, \left(-\dfrac{\pi}{4}, 0\right)\left($满足 $\left(-\dfrac{\pi}{4} + k\pi, 0\right), k \in \mathbf{Z}$ 即可$\right)$

解析: 方法1: $f(x) = \sin\left(x + \dfrac{\pi}{4}\right)\sin 2x = \sin\left(x + \dfrac{\pi}{4}\right)\sin\left[2\left(x + \dfrac{\pi}{4}\right) - \dfrac{\pi}{2}\right]$ $= \sin\left(x + \dfrac{\pi}{4}\right)\left[-\cos 2\left(x + \dfrac{\pi}{4}\right)\right] = 2\sin^3\left(x + \dfrac{\pi}{4}\right) - \sin\left(x + \dfrac{\pi}{4}\right)$,设 $\sin\left(x + \dfrac{\pi}{4}\right) = t(-1 \leqslant t \leqslant 1)$,

因为 $y = 2t^3 - t$ 是奇函数,所以图象关于原点对称.

由复合函数可知只要 $\sin\left(x + \dfrac{\pi}{4}\right) = 0$ 即可,解得 $x = -\dfrac{\pi}{4} + k\pi, k \in \mathbf{Z}$,所以图象的对称中心是 $\left(-\dfrac{\pi}{4} + k\pi, 0\right), k \in \mathbf{Z}$.

方法 2：画图或取特殊值，先猜再证.

$$f\left(-\frac{\pi}{2}+x\right)=\sin\left(-\frac{\pi}{2}+x+\frac{\pi}{4}\right)\sin 2\left(-\frac{\pi}{2}+x\right)=\sin\left(x-\frac{\pi}{4}\right)(-\sin 2x)$$
$$=f(-x),$$

所以 $f(x)$ 的图象关于 $\left(-\frac{\pi}{4},0\right)$ 成中心对称.

方法 3：$\left(-\frac{\pi}{4},0\right)$ 是 $y_1=\sin\left(x+\frac{\pi}{4}\right)$ 的图象的对称中心，直线 $x=-\frac{\pi}{4}$ 是

$y_2=\sin 2x$ 的图象的对称轴，

所以 $f\left(-\frac{\pi}{4}+x\right)=-f\left(-\frac{\pi}{4}-x\right).$

总结提升：两道题都是以三角函数为载体，考查对称性的知识点，解法的共性是研究每个函数的对称性，再用定义证明，于是将其推广到任意函数. 可得结论如下：

1. 若函数 $f(x)$ 的图象关于直线 $x=a$ 对称，函数 $g(x)$ 的图象关于直线 $x=a$ 对称，

则函数 $f(x)\pm g(x)$ 的图象关于直线 $x=a$ 对称，

函数 $f(x)g(x)$ 的图象关于直线 $x=a$ 对称.

2. 若函数 $f(x)$ 的图象关于 $(a,0)$ 成中心对称，函数 $g(x)$ 的图象关于 $(a,0)$ 成中心对称，

则函数 $f(x)\pm g(x)$ 的图象关于 $(a,0)$ 成中心对称，

函数 $f(x)g(x)$ 的图象关于直线 $x=a$ 对称.

证明：$f(a+x)\cdot g(a+x)=-f(a-x)\cdot[-g(a-x)]=f(a-x)\cdot g(a-x).$

3. 若函数 $f(x)$ 的图象关于直线 $x=a$ 对称，函数 $g(x)$ 的图象关于 $(a,0)$ 成中心对称，

则函数 $f(x)g(x)$ 的图象关于 $(a,0)$ 成中心对称.

证明：$f(a+x)\cdot g(a+x)=f(a-x)\cdot[-g(a-x)]=-f(a-x)\cdot g(a-x).$

在知识复盘的过程中，将相近的知识点和解题方法进行归纳总结，将特殊

的载体和性质推广得到一般性结论,这样做可以帮助我们更深入地掌握知识的本质.将来再出现类似问题时,从审题的角度我们比较容易产生知识的联想、类比和方法的迁移利用.

如:1.已知函数 $f(x) = \sin \pi x, g(x) = x^2 - x + 2$,则 　　　　(　)

A. 曲线 $y = f(x) + g(x)$ 不是轴对称图形

B. 曲线 $y = f(x) - g(x)$ 是中心对称图形

C. 函数 $y = f(x)g(x)$ 是周期函数

D. 函数 $y = \dfrac{f(x)}{g(x)}$ 的最大值为 $\dfrac{4}{7}$

答案:D

2.已知函数 $f(x) = \dfrac{\sin \pi x}{\pi^x + \pi^{1-x}}(x \in \mathbf{R})$.有下列命题:

① 函数 $f(x)$ 既有最大值又有最小值;

② 函数 $f(x)$ 的图象是轴对称图形;

③ 函数 $f(x)$ 在区间 $[-\pi, \pi]$ 上共有 7 个零点;

④ 函数 $f(x)$ 在区间 $(0, 1)$ 上单调递增.

其中真命题是_____.(写出所有真命题的序号)

答案:①②③

19. 创新题的前进前进前进进

北京试题中的创新题,一般设置在选择题第 10 题,填空题第 15 题,解答题第 21 题的位置.因为现在不分文理科,所以选择题、填空题最后一个题的难度也比往年要低,而且两个题中至多有一个有点儿难度.21 题一般设置三个小问,第一问几乎所有学生都能够做出来,旨在送分;第二问一般是研究新定义的一个性质,对于平时有积累的学生这一问是可以上手的;第三问一般承担着选拔功能,是给一些有推理能力、抽象素养、数学思维和能力的同学准备的,我们平时注意训练和积累,至少可以有一些求解思路.

"素质 8 班"的同学最初面对这类问题时也是有畏惧心理的,解题过程中也困难重重,但是好在这些学生都有勇于挑战困难的勇气和持之以恒、锲而不舍的精神,坚持了一个学期,再面临新问题时都可以从容面对,大都可以通过平时训练的基本功和积累的方法解决问题. 这一点可以用成绩数据来体现:高三期末考试和一模考试是全区统一阅卷的,阅卷方式与高考完全相同,因此成绩是客观、公平、公正的. 在这两次考试中,北京八中的数学成绩都是全区第一名,各方面成绩数据都有优势,尤其是创新题的成绩以及尖子生人数上,占有绝对优势. 如:一模考试中,全区 140 分以上的有 47 人,而八中就有 21 人,其中最高分、第二名、并列第三名都在八中,期末考试的满分学生也在八中"素质 8 班".

创新题的训练是分成三个阶段的.

第一阶段是对小题目的探究,训练的载体可以是高考题、模拟题中的选择题、填空题的最后一题. 通过解决这些题目,同学们可以训练自己阅读新定义、提取信息、直观理解题目内容的能力,完善知识载体的基本概念、公式、性质等知识体系,积累解决创新题的一般方法.

【例 1】设集合 $A = \{1, 2, \cdots, n\}, n \geqslant 4, n \in \mathbf{N}^*$,若 $X \subseteq A$,且 $2 \leqslant \mathrm{Card}(X) \leqslant n - 2$($\mathrm{Card}(X)$ 表示集合 X 中的元素个数),令 a_X 表示 X 中最大数与最小数之和,则

(1)当 $n = 5$ 时,集合 X 的个数为_____;

（2）所有 a_X 的平均值为_____.

答案：（1）20；（2）$n+1$

解析：（1）$A=\{1,2,3,4,5\}$，X 是有 2 个或 3 个元素的 A 的子集，故 X 的个数为 $C_5^2+C_5^3=20$.

（2）对偶法：对所有的 X 进行配对，当 $\mathrm{Card}(X)=2$ 时，

令 $X=\{x_1,x_2\}$，$X'=\{n+1-x_i\mid x_i\in X\}$，必有 $X'\subseteq A$，不妨设 $x_1<x_2$，则 $a_X=x_1+x_2$，$a_{X'}=n+1-x_1+n+1-x_2=2n+2-(x_1+x_2)$，如果 $X\neq X'$，则有 $a_X+a_{X'}=2n+2$，如果 $X=X'$，则 $a_X=n+1$.

同理，当 $\mathrm{Card}(X)=k(2<k\leqslant n-2)$ 时，

令 $X=\{x_1,x_2,\cdots,x_k\}$，$X'=\{n+1-x_i\mid x_i\in X\}$，必有 $X'\subseteq A$，不妨设 $x_1<x_2<\cdots<x_k$，则 $a_X=x_1+x_k$，$a_{X'}=2n+2-(x_1+x_k)$，如果 $X\neq X'$，则有 $a_X+a_{X'}=2n+2$，如果 $X=X'$，则 $a_X=n+1$.

所以，在每一组元素个数相同的子集中，a_X 的平均值为 $n+1$.

综上，所有 a_X 的平均值为 $n+1$.

【例 2】（2021·北京）已知数列 $\{a_n\}$ 的各项均为正数，其前 n 项和 S_n 满足 $a_n\cdot S_n=9(n=1,2,\cdots)$，给出下列四个结论：

①$\{a_n\}$ 的第 2 项小于 3；②$\{a_n\}$ 为等比数列；

③$\{a_n\}$ 为递减数列；④$\{a_n\}$ 中存在小于 $\dfrac{1}{100}$ 的项.

其中所有正确结论的序号是_____.

答案：①③④

解析：$n=1$ 时可得 $a_1^2=9$，又各项均为正数，所以 $a_1=3$，

令 $n=2$ 可得 $a_2(3+a_2)=9$，可解得 $a_2=\dfrac{3(\sqrt{5}-1)}{2}<3$，故 ① 正确；

当 $n\geqslant 2$ 时，由 $S_n=\dfrac{9}{a_n}$ 得 $S_{n-1}=\dfrac{9}{a_{n-1}}$，于是可得 $a_n=\dfrac{9}{a_n}-\dfrac{9}{a_{n-1}}$，即 $\dfrac{a_n}{a_{n-1}}=\dfrac{9-a_n^2}{9}$，若 $\{a_n\}$ 为等比数列，则 $n\geqslant 2$ 时，$a_{n+1}=a_n$，即从第二项起为常数，可检验知 $n=3$ 时不成立，故 ② 错误；

由 $a_n\cdot S_n=9(n=1,2,\cdots)$ 可得 $a_n\cdot S_n=a_{n+1}\cdot S_{n+1}$，于是 $\dfrac{a_{n+1}}{a_n}=\dfrac{S_n}{S_{n+1}}<1$，所以 $a_{n+1}<a_n$，于是 ③ 正确；

对于④,假设所有项均大于等于 $\frac{1}{100}$,取 $n > 90\,000$,则 $a_n \geqslant \frac{1}{100}$,$S_n > 900$,于是 $a_n S_n > 9$,与已知矛盾,所以④正确.

> 说明:积累常见的处理创新问题的方法,比如知识联想、构造法(对偶法)、反证法、数学归纳法、几何模型转化法等.经常练习此类问题、总结积累常见处理问题的方法,能逐渐提高数据分析、数学抽象、逻辑推理、数学运算和直观想象等核心素养,这是创新题主要考查的能力和素养.

第二阶段是对 21 题的真题训练,需要选择出合适的题目(包括题目的难度、载体的完整性、方法的全覆盖、知识的覆盖等),先将题目进行分解,或在课内只解决其中的前两问,对第三问进行小组探讨或课后研究,再在课堂上交流各自的思路和解法,从而得到思维的启发和思路的拓展,积累更多好的方法.

【例3】设 $\{a_n\}$ 和 $\{b_n\}$ 是两个等差数列,记 $c_n = \max\{b_1 - a_1 n, b_2 - a_2 n, \cdots, b_n - a_n n\}(n = 1, 2, 3, \cdots)$,其中 $\max\{x_1, x_2, \cdots, x_s\}$ 表示 $x_1, x_2, \cdots, x_s$ 这 s 个数中最大的数.若 $a_n = n, b_n = 2n - 1$.

(1)求 c_1, c_2, c_3 的值;(2)证明 $\{c_n\}$ 是等差数列.

(1)**解**:对字母的理解,一旦取定,就是一个定值.

$c_1 = b_1 - a_1 = 1 - 1 = 0$,

$c_2 = \max\{b_1 - 2a_1, b_2 - 2a_2\} = \max\{1 - 2 \times 1, 3 - 2 \times 2\} = -1$,

$c_3 = \max\{b_1 - 3a_1, b_2 - 3a_2, b_3 - 3a_3\} = \max\{1 - 3 \times 1, 3 - 3 \times 2, 5 - 3 \times 3\}$
$= -2$.

(2)**证明**:用定义的方法判定等差数列.

当 $n \geqslant 3$ 时,$(b_{k+1} - na_{k+1}) - (b_k - na_k) = (b_{k+1} - b_k) - n(a_{k+1} - a_k) = 2 - n < 0$,

所以 $b_k - na_k$ 关于 $k \in \mathbf{N}^*$ 单调递减.

所以 $c_n = \max\{b_1 - a_1 n, b_2 - a_2 n, \cdots, b_n - a_n n\} = b_1 - a_1 n = 1 - n$.

所以对任意 $n \geqslant 1$,都有 $c_n = 1 - n$,于是 $c_{n+1} - c_n = -1$,

所以 $\{c_n\}$ 是等差数列.

> 说明:此题根据北京 2017 年高考题改编,降低了难度,适合第一学期复习数列时同步训练.

第三阶段是对自己感兴趣的话题进行深入探究. 有的学生就某个问题感兴趣,课后对该问题进行几何角度和代数角度的研究后编写一道恰当的题目给同学做;有的同学从老师的讲解中了解到某些命题的来源,因为感兴趣,自己突发其想研究一个话题,从而得到一些有规律的结论,于是形成了一道题目,让同学们去研究;还有的同学观察生活中的实际问题,从某些有意思的问题入手,编成一道创新题,让同学们去做. 这部分同学不仅给出题面,还给出题目的参考答案."素质8班"的学生在高三紧张的学习中,仍有这种探究的热情和探讨问题的氛围,造就了学生对创新问题的另外一种审题和做题的眼光与角度,同时他们对答案中的方法经常提出自己的看法和见解,这都是创新思维的很好体现.

【例4】蔡同学根据"开关灯游戏"编写的创新题:

背景:北京八中第38届科技节,租赁的展台中一个"开关灯游戏"的机器.

规则如下:

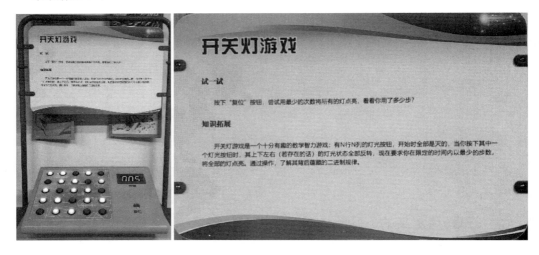

目标:用最少的步数,将灯全部点亮.

根据以上游戏规则和目标,将游戏改编成一道数学高考中常考的创新题.

题面:点亮灯阵.

现有 m 行 n 列共 mn 个按钮灯阵,记为 $D_{m,n}$,初始状态为全暗状态.游戏规则:每按下一个按钮,该按钮的上、下、左、右四个(最多)按钮灯的状态改变,由暗变亮或由亮变暗.称第 i 行第 j 列的按钮为 $a_{i,j}$,一些情况下,这 mn 个按钮可以经过 $F_{m,n}$ 次操作从全暗变为全亮,其中按钮 $a_{i,j}$ 被按了 $A_{i,j}$ 次,即 $F_{m,n} = \sum_{\substack{1 \leqslant i \leqslant m \\ 1 \leqslant j \leqslant n}} A_{i,j}$,这样的灯阵 $D_{m,n}$ 称为具有性质 F.

(1)判断灯阵 $D_{2,3}$ 是否具有性质 F,若具有,求 $F_{2,3}$ 的最小值.

(2)证明 $D_{2k-1,2k-1}(k \in \mathbf{N}^*)$ 不具有性质 F.

(3)证明 $D_{2k,2k}(k \in \mathbf{N}^*)$ 具有性质 F,并直接写出 $F_{2k,2k}$ 的最小值.

(1)**解**:灯阵 $D_{2,3}$ 具有性质 F,$F_{2,3}$ 的最小值为 2.

证明最小:先后按按钮 $a_{1,2},a_{2,2}$,即 $A_{1,2}=1,A_{2,2}=1$ 时,灯阵可以点亮;

而只按动任意一个按钮,均不能使灯阵全部点亮,

所以 $F_{2,3}$ 的最小值为 2.

(2)**证明**:方法 1:当灯阵是 $D_{2k-1,2k-1}(k \in \mathbf{N}^*)$ 时,

要使灯 $a_{1,1},a_{2k-1,2k-1}$ 亮,则 $A_{1,2}+A_{2,1}$ 是奇数,$A_{2k-2,2k-1}+A_{2k-1,2k-2}$ 是奇数,要使灯 $a_{2,2},a_{2k-2,2k-2}$ 亮,因为 $A_{1,2}+A_{2,1}$ 是奇数,$A_{2k-2,2k-1}+A_{2k-1,2k-2}$ 是奇数,所以 $A_{2,3}+A_{3,2}$ 是偶数,$A_{2k-3,2k-2}+A_{2k-2,2k-3}$ 是偶数,即 $A_{2,3}+A_{3,2}+A_{2k-3,2k-2}+A_{2k-2,2k-3}$ 是偶数,

......

所以 $A_{k-1,k}+A_{k,k-1}+A_{k,k+1}+A_{k+1,k}$ 是偶数,

而灯 $a_{k,k}$ 要亮,需要 $A_{k-1,k}+A_{k,k-1}+A_{k,k+1}+A_{k+1,k}$ 是奇数,

显然这两者是矛盾的,所以 $D_{2k-1,2k-1}(k \in \mathbf{N}^*)$ 不具有性质 F.

方法 2:假设 $m=2k-1,n=2k-1(k \in \mathbf{N}^*)$ 具有性质 F,

下面用数学归纳法证明 $A_{i,i+1}+A_{i+1,i}+A_{2k-i,2k-i-1}+A_{2k-i-1,2k-i}$ (*)为偶数,其中 $1 \leqslant i \leqslant k-1 < \min\{n,m\}$.

下证 $A_{1,2}+A_{2,1}+A_{2k-1,2k-2}+A_{2k-2,2k-1}$ 为偶数.

因为 $a_{1,1}$ 从暗到亮，

所以 $A_{1,2}+A_{2,1}$ 为奇数，

因为 $a_{2k-1,2k-1}$ 从暗到亮，

所以 $A_{2k-1,2k-2}+A_{2k-2,2k-1}$ 为奇数，

所以 $A_{1,2}+A_{2,1}+A_{2k-1,2k-2}+A_{2k-2,2k-1}$ 为偶数.

假设 $A_{l,l+1}+A_{l+1,l}+A_{2k-l,2k-l-1}+A_{2k-l-1,2k-l}$ 为偶数 ①，$l\in[1,k-2]$，$l\in$

Z.

因为 $a_{l+1,l+1}$ 从暗到亮，

所以 $A_{l,l+1}+A_{l+1,l}+A_{l+2,l+1}+A_{l+1,l+2}$ 为奇数 ②，

同理 $A_{2k-l-2,2k-l-1}+A_{2k-l-1,2k-l-2}+A_{2k-l,2k-l-1}+A_{2k-l-1,2k-l}$ 为奇数 ③，

②＋③－① 得 $A_{l+1,l+2}+A_{l+2,l+1}+A_{2k-l-1,2k-l-2}+A_{2k-l-2,2k-l-1}$ 为偶数，

则对 $i\in[1,k-1]$，$i\in$ **Z** 都有 $A_{i,i+1}+A_{i+1,i}+A_{2k-i,2k-i-1}+A_{2k-i-1,2k-i}$ 为

偶数.

令 $i=k-1$，则 $A_{k-1,k}+A_{k,k-1}+A_{k+1,k}+A_{k,k+1}$ 为偶数，

因为 $a_{k,k}$ 从暗到亮，

所以 $A_{k-1,k}+A_{k,k-1}+A_{k+1,k}+A_{k,k+1}$ 为奇数，两者矛盾，

所以 $m=2k-1$，$n=2k-1(k\in\mathbf{N}^*)$ 不具有性质 F.

（3）**证明**：构造：给出一种点亮灯阵 $D_{2k,2k}$ 的方法如下：

① 先将对角线上的灯全部点亮，即 $A_{1,2}=A_{3,4}=A_{5,6}=\cdots=A_{2k-1,2k}=1$；

② 再将对角线下方隔一个对角的对角线上的灯点亮，即 $A_{4,1}=A_{6,3}=A_{8,5}$ $=\cdots=A_{2k,2k-3}=1$；

③ 再将对角线上方隔一个对角的对角线上的灯点亮，即 $A_{1,6}=A_{3,8}=$ $A_{5,10}=\cdots=A_{2k-5,2k}=1$；

以此类推，最后是 $A_{2k,1}=1(k$ 是奇数$)$ 或 $A_{1,2k}=1(k$ 是偶数$)$.

④ 此时灯阵点亮了一半，将表格关于竖直直线对称翻折使重合，此时表格中按钮次数为1的数字对称到相应位置也变为1，即若 $A_{i,j}=1$，则 $A_{2k-i,j}=1$，则全部灯被点亮. 即 $D_{2k,2k}(k\in\mathbf{N}^*)$ 具有性质 F，

即满足 $\begin{cases} i=2b+1, \\ j=4a+2b, \end{cases} a\in\left[1,\dfrac{k}{2}\right], b\in[0,k-2a], a\in\mathbf{Z}, b\in\mathbf{Z}$,

或 $\begin{cases} j = 2b+1, \\ i = 4a+2b-2, \end{cases} a \in \left[1, \dfrac{k+1}{2}\right], b \in [0, k-2a+1], a \in \mathbf{Z}, b \in \mathbf{Z},$

$A_{i,j} = 1,$ 且 $A_{i,j} = A_{i,2k-j+1},$ 其余的 $A_{i,j} = 0.$

则 $F_{2k,2k} = 2\left[\displaystyle\sum_{i=1}^{\frac{k}{2}}(k-2i+1) + \displaystyle\sum_{i=1}^{\frac{k+1}{2}}(k-2i+2)\right] = k(k+1).$

说明：这种由学生自编的创新题，我都放在每周一测中，不仅选用他们的好题，还由该生评判，并由该生结合评判的情况给出与同学的交流、解法的补充、思路的来源、好的解法等。此题还有多种解法，这里没有给出。这样的训练不仅激发了学生做题积累方法的积极性，还激发了同学们的出题热情，打磨答案的严谨态度等，使学生不仅从知识、能力和方法上得到锻炼和提升，还从数学素养上快速提升。这样的例子还有很多，如宋同学根据光的反射原理编写的创新题，谭同学根据余数规律编写的创新题，等等，在此不加展示。

附：创新题训练计划

创新题的载体是离散型的，常见的载体有：集合、数列、(n 维) 向量、(n 维) 坐标、矩阵、数阵、新定义等.

一般地，除了考查载体的基础知识、基本公式、性质和基本方法外，还常用到数学实验（降维、列举）、几何直观、数学模型、归纳猜想证明、抽屉原理、简单的数论（整除、同余、奇偶性）、简单的计数、先猜再证、承上启下、构造法、数学归纳法、反证法、算两次等方法.

集合载体 —— 集合的表示法、简单的计数与不等式等知识综合.

【例 1】 已知集合 A 为非空数集，定义：

$S = \{x \mid x = a + b, a, b \in A\}, T = \{x \mid x = |a - b|, a, b \in A\}$.

(1) 若集合 $A = \{1, 3\}$，直接写出集合 S, T.

(2) 若集合 $A = \{x_1, x_2, x_3, x_4\}, x_1 < x_2 < x_3 < x_4$，且 $T = A$，求证：$x_1 + x_4 = x_2 + x_3$.

(3) 若集合 $A \subseteq \{x \mid 0 \leqslant x \leqslant 2\,025, x \in \mathbf{N}\}$，满足 $S \bigcap T = \varnothing$，记 $|A|$ 为集合 A 中元素的个数，求 $|A|$ 的最大值.

分析：(1) 根据题目定义，直接计算集合 S 及 T，注意 a, b 可以相等.

(2) 根据两集合相等、不等式的性质寻找 x_1, x_2, x_3, x_4 的关系.

(3) 先通过不等式的传递性得到 A 中元素个数的范围（最大值），再给出满足条件的构造并证明.

假设集合 $A = \{m, m+1, m+2, \cdots, 2\,025\}, m \leqslant 2\,025, m \in \mathbf{N}$，求出相应的 S 及 T，由 $S \bigcap T = \varnothing$ 建立不等关系求出相应的值.

(1) **解：**根据题意，由 $A = \{1, 3\}$，得 $S = \{2, 4, 6\}, T = \{0, 2\}$.

(2) **证明：**由集合 $A = \{x_1, x_2, x_3, x_4\}$，且 $T = A$，得 T 中只有四个元素，

由 $x_1 < x_2 < x_3 < x_4$ 得 $0 < x_2 - x_1 < x_3 - x_1 < x_4 - x_1$，且 $0 < x_4 - x_3 < x_4 - x_2 < x_4 - x_1$，

即 $T = \{0, x_2 - x_1, x_3 - x_1, x_4 - x_1\}$，且 $x_4 - x_3 = x_2 - x_1$，

即 $x_1 + x_4 = x_2 + x_3$.

(3) **证明**：方法 1：设 $A = \{a_1, a_2, \cdots, a_k\}$ 满足题意，其中 $a_1 < a_2 < \cdots < a_k$，

则 $2a_1 < a_1 + a_2 < a_1 + a_3 < \cdots < a_2 + a_k < a_3 + a_k < \cdots < a_{k-1} + a_k < 2a_k$，

$\therefore |S| \geqslant 2k - 1$，

$\because a_1 - a_1 < a_2 - a_1 < a_3 - a_1 < \cdots < a_k - a_1$，$\therefore |T| \geqslant k$，

$\because S \cap T = \varnothing$，$|S \cup T| = |S| + |T| \geqslant 3k - 1$，

$S \cup T$ 中最小的元素为 0，最大的元素为 $2a_k$，

$\therefore |S \cup T| \leqslant 2a_k + 1$，

$\therefore 3k - 1 \leqslant 2a_k + 1 \leqslant 4051 (k \in \mathbf{N}^*)$，解得 $k \leqslant 1\ 350$，

实际上当 $A = \{676, 677, 678, \cdots, 2025\}$ 时满足题意（证明略），←**给出构造**

$\therefore |A|$ 的最大值为 1 350.

方法 2：若集合 $A \subseteq \{x \mid 0 \leqslant x \leqslant 2\ 025, x \in \mathbf{N}\}$，满足 $S \cap T = \varnothing$，且要求 $|A|$ 尽可能大，则集合 A 应含有更多较大的元素，且这些元素构成公差为 1 的等差数列.（可用反证法证明或用方法 1 中不等式证明）

设 $A = \{m, m+1, m+2, \cdots, 2\ 025\}, m \in \mathbf{N}$，

则 $S = \{2m, 2m+1, 2m+2, \cdots, 4\ 050\}, T = \{0, 1, 2, \cdots, 2\ 025 - m\}$，

依题意有 $2\ 025 - m < 2m$，即 $m > 675$，

故 m 的最小值为 676，于是当 $m = 676$ 时，A 中元素最多，

即 $A = \{676, 677, 678, \cdots, 2\ 025\}$ 时满足题意，

综上所述，集合 A 中元素个数的最大值是 1 350.

【**例 2**】（2013·北京）已知 $\{a_n\}$ 是由非负整数组成的无穷数列，该数列前 n 项的最大值记为 A_n，第 n 项之后各项 $a_{n+1}, a_{n+2}, \cdots$ 的最小值记为 B_n，$d_n = A_n - B_n$.

(1) 若 $\{a_n\}$ 为 $2, 1, 4, 3, 2, 1, 4, 3, \cdots$，是一个周期为 4 的数列（即对任意 $n \in \mathbf{N}^*, a_{n+4} = a_n$），写出 d_1, d_2, d_3, d_4 的值；

(2) 设 d 为非负整数，证明：$d_n = -d (n = 1, 2, 3, \cdots)$ 的充要条件为 $\{a_n\}$ 是公差为 d 的等差数列；

(3) 证明：若 $a_1 = 2, d_n = 1 (n = 1, 2, 3, \cdots)$，则 $\{a_n\}$ 的项只能是 1 或 2，且有无穷多项为 1.

分析：（1）通过具体数列理解题意，并提取性质：A_n 不减，B_n 不增.

（2）注意充分性和必要性不要写反了. 先证明简单的：由等差证明 $d_n = -d$，这是充分性；再用定义证明必要性.

（3）这里有两个结论，用反证法先证明 $\{a_m\}$ 的项只能是 1 或 2，再证明有穷多项是 1.

（1）**解**：$d_1 = d_2 = 1, d_3 = d_4 = 3$.

（2）**证明**：（充分性）因为 $\{a_n\}$ 是公差为 d 的等差数列，且 $d \geqslant 0$，所以 $a_1 \leqslant a_2 \leqslant \cdots \leqslant a_n \leqslant \cdots$.

因此 $A_n = a_n, B_n = a_{n+1}, d_n = a_n - a_{n+1} = -d \ (n = 1, 2, 3, \cdots)$.

（必要性）因为 $d_n = -d \leqslant 0 \ (n = 1, 2, 3, \cdots)$，所以 $A_n = B_n + d_n \leqslant B_n$.

又因为 $a_n \leqslant A_n, a_{n+1} \geqslant B_n$，所以 $a_n \leqslant a_{n+1}$. 于是 $A_n = a_n, B_n = a_{n+1}$.

因此 $a_{n+1} - a_n = B_n - A_n = -d_n = d$，即 $\{a_n\}$ 是公差为 d 的等差数列.

（3）**证明**：因为 $a_1 = 2, d_1 = 1$，所以 $A_1 = a_1 = 2, B_1 = A_1 - d_1 = 1$. 故对任意 $n \geqslant 1, a_n \geqslant B_1 = 1$.

假设 $\{a_n\}(n \geqslant 2)$ 中存在大于 2 的项.

设 m 为满足 $a_m > 2$ 的最小正整数. ← **这种写出第一个满足条件的量为 m 的方法便于后续的书写表达，注意模仿使用**

则 $m \geqslant 2$，并且对任意 $1 \leqslant k < m, a_k \leqslant 2$，

又因为 $a_1 = 2$，所以 $A_{m-1} = 2$，且 $A_m = a_m > 2$.

于是 $B_m = A_m - d_m > 2 - 1 = 1, B_{m-1} = \min\{a_m, B_m\} \geqslant 2$.

故 $d_{m-1} = A_{m-1} - B_{m-1} \leqslant 2 - 2 = 0$，与 $d_{m-1} = 1$ 矛盾.

所以对于任意 $n \geqslant 1$，有 $a_n \leqslant 2$，即数列 $\{a_n\}$ 的各项只能为 1 或 2.

因此对任意 $n \geqslant 1, a_n \leqslant 2 = a_1$，所以 $A_n = 2$.

故 $B_n = A_n - d_n = 2 - 1 = 1$. 因此对于任意正整数 n，存在 m 满足 $m > n$，且 $a_m = 1$，即数列 $\{a_n\}$ 有无穷多项为 1.

【**例3**】（2018·北京）设 n 为正整数，集合 $A = \{\alpha \mid \alpha = (t_1, t_2, \cdots, t_n), t_k \in \{0, 1\}, k = 1, 2, \cdots, n\}$. 对于集合 A 中的任意元素 $\alpha = (x_1, x_2, \cdots, x_n)$ 和 $\beta = (y_1, y_2, \cdots, y_n)$，记 $M(\alpha, \beta) = \dfrac{1}{2}[(x_1 + y_1 - |x_1 - y_1|) + (x_2 + y_2 - |x_2 - y_2|) + \cdots + (x_n + y_n - |x_n - y_n|)]$.

（1）当 $n=3$ 时，若 $\alpha=(1,1,0)$，$\beta=(0,1,1)$，求 $M(\alpha,\alpha)$ 和 $M(\alpha,\beta)$ 的值.

（2）当 $n=4$ 时，设 B 是 A 的子集，且满足：对于 B 中的任意元素 α,β，当 α,β 相同时，$M(\alpha,\beta)$ 是奇数；当 α,β 不同时，$M(\alpha,\beta)$ 是偶数. 求集合 B 中元素个数的最大值.

（3）给定不小于 2 的 n，设 B 是 A 的子集，且满足：对于 B 中的任意两个不同的元素 α,β，$M(\alpha,\beta)=0$. 写出一个集合 B，使其元素个数最多，并说明理由.

分析：（1）关键是理解 M 运算法则.

（2）积累一种特征分组法：满足某种特征的元素分到一个组（集合）中，每个组中至多一个元素可选.

（3）可以采用第二问的特征分组法，也可以采用反证法、抽屉原理等解决问题.

解：（1）因为 $\alpha=(1,1,0)$，$\beta=(0,1,1)$，所以 $M(\alpha,\alpha)=\dfrac{1}{2}[(1+1-|1-1|)+(1+1-|1-1|)+(0+0-|0-0|)]=2$，$M(\alpha,\beta)=\dfrac{1}{2}[(1+0-|1-0|)+(1+1-|1-1|)+(0+1-|0-1|)]=1$.

（2）设 $\alpha=(x_1,x_2,x_3,x_4)\in B$，则 $M(\alpha,\alpha)=x_1+x_2+x_3+x_4$.

由题意知 $x_1,x_2,x_3,x_4\in\{0,1\}$，且 $M(\alpha,\alpha)$ 为奇数，

所以 x_1,x_2,x_3,x_4 中 1 的个数为 1 或 3.

所以 $B\subseteq\{(1,0,0,0),(0,1,0,0),(0,0,1,0),(0,0,0,1),(0,1,1,1),(1,0,1,1),(1,1,0,1),(1,1,1,0)\}$.

将上述集合中的元素分成如下四组：$(1,0,0,0),(1,1,1,0)$；$(0,1,0,0)$，$(1,1,0,1)$；$(0,0,1,0),(1,0,1,1)$；$(0,0,0,1),(0,1,1,1)$. 经验证，对于每组中两个元素 α,β，均有 $M(\alpha,\beta)=1$.

所以每组中的两个元素不可能同时是集合 B 的元素.

所以集合 B 中元素的个数不超过 4. 又集合 $\{(1,0,0,0),(0,1,0,0),(0,0,1,0),(0,0,0,1)\}$ 满足条件，所以集合 B 中元素个数的最大值为 4.

（3）方法 1：高等数学中的分类不重不漏，与同一类中至多取一个元素的分类法.

设 $S_k=\{(x_1,x_2,\cdots,x_n)\mid(x_1,x_2,\cdots,x_n)\in A,x_k=1,x_1=x_2=\cdots=x_{k-1}=0(k=1,2,\cdots,n)\}$，$S_{n+1}=\{(x_1,x_2,\cdots,x_n)\mid x_1=x_2=\cdots=x_n=0\}$，

则 $A = S_1 \bigcup S_2 \bigcup \cdots \bigcup S_{n+1}$.

对于 $S_k(k = 1, 2, \cdots, n-1)$ 中的不同元素 α, β，经验证，$M(\alpha, \beta) \geqslant 1$.

所以 $S_k(k = 1, 2, \cdots, n-1)$ 中的两个元素不可能同时是集合 B 的元素.

所以 B 中元素的个数不超过 $n+1$.

取 $e_k = (x_1, x_2, \cdots, x_n) \in S_k$ 且 $x_{k+1} = \cdots = x_n = 0 (k = 1, 2, \cdots, n-1)$.

令 $B = (e_1, e_2, \cdots, e_{n-1}) \bigcup S_n \bigcup S_{n+1}$，则集合 B 中元素个数为 $n+1$，且满足条件.

故 B 是一个满足条件且元素个数最多的集合.

方法 2：数形结合与等价转化.

对于 B 中的任意两个不同的元素 $\alpha, \beta, M(\alpha, \beta) = 0$. 写出一个集合 B，使其元素个数最多，即求满足条件的元素 α 的个数，其中 $\alpha = (x_1, x_2, \cdots, x_n)$.

我们将满足条件的 α 填在如下的表格中（横向即 α 对应的 n 个坐标，纵向是这些元素对应的第 i 个坐标）.

因为 $M(\alpha, \beta) = 0$，所以满足条件的 α, β 等元素的第 i 个坐标最多只有一个是 1；

同理，每一列中最多只有一个 1，其余为 0.

显然，从横向坐标看，若某个 α 的坐标出现两个 1，则行数减少，元素 α 的个数减少.

故而至多 n 个 1 的表格应该最多有 $(n+1)$ 行.

元素	x_1	x_2	$\cdots$	x_i	$\cdots$	x_n
α_1	1	0	$\cdots$	0	$\cdots$	0
α_2	0	1	$\cdots$	0	$\cdots$	0
$\cdots$	$\cdots$	$\cdots$	$\cdots$	$\cdots$	$\cdots$	$\cdots$
α_i	0	0	$\cdots$	1	$\cdots$	0
$\cdots$	$\cdots$	$\cdots$	$\cdots$	$\cdots$	$\cdots$	$\cdots$
α_n	0	0	$\cdots$	0	$\cdots$	1
α_{n+1}	0	0	0	0	0	0

方法 3：抽屉原理、反证法.

答：至多有 $(n+1)$ 个.

存在性：$(1,0,\cdots,0),(0,1,0,\cdots,0),\cdots,(0,0,\cdots,0,1),(0,0,\cdots,0)$ 满足条件.

反证：假设满足条件的元素个数大于或等于 $n+2$.

设置 $(n+1)$ 个抽屉，第 i 个坐标为 1，其余坐标任意，这样的抽屉有 n 个；还有一个是所有坐标为 0，这个抽屉只有一个元素，这样共 $(n+1)$ 个抽屉.

将满足条件的元素放置在这 $(n+1)$ 个抽屉中，至少有两个元素 α,β 在同一个抽屉中，这说明，这两个元素的某个坐标同时为 1，$M(\alpha,\beta)\geqslant 1$，与 $M(\alpha,\beta)=0$ 矛盾.

所以得证.

【例 4】（2015·北京）已知数列 $\{a_n\}$ 满足：$a_1\in \mathbf{N}^*$，$a_1\leqslant 36$，且 $a_{n+1}=\begin{cases}2a_n,a_n\leqslant 18,\\2a_n-36,a_n>18\end{cases}(n=1,2,\cdots).$

记集合 $M=\{a_n\mid n\in \mathbf{N}^*\}$.

（1）若 $a_1=6$，写出集合 M 中的所有元素；

（2）若集合 M 中存在一个元素是 3 的倍数，证明：M 中所有元素都是 3 的倍数；

（3）求集合 M 中元素个数的最大值.

分析：（1）注意书写，只写元素，不写集合.

（2）用数学归纳法证明：a_k 是 3 的倍数 $\Rightarrow a_{k+1}$ 是 3 的倍数.

（3）虽然本题可以用穷举法把所有的情况都列出来得到结论，但是考场上时间有限，卷面有限，还是希望用一定的数学方法简化证明. 这里借助第二问的结论和性质，将项缩小为研究 3 的倍数，再接再厉，得到第三项以后是 4 的倍数，因此将项缩小为研究 12 的倍数，使得问题得到简化.

（1）**解：**6,12,24.

（2）**证明：**因为集合 M 中存在一个元素是 3 的倍数，所以不妨设 a_k 是 3 的倍数.

由 $a_{n+1}=\begin{cases}2a_n,a_n\leqslant 18,\\2a_n-36,a_n>18\end{cases}$ 可归纳证明对任意 $n\geqslant k$，a_n 是 3 的倍数.

如果 $k=1$，则 M 中所有元素都是 3 的倍数.

如果 $k>1$，因为 $a_k=2a_{k-1}$ 或 $a_k=2a_{k-1}-36$，所以 $2a_{k-1}$ 是 3 的倍数，于是 a_{k-1} 是 3 的倍数，类似可得，$a_{k-2},\cdots,a_1$ 都是 3 的倍数，从而对任意 $n\geqslant1,a_n$ 是 3 的倍数，因此 M 中所有元素都是 3 的倍数.

综上，若集合 M 中存在一个元素是 3 的倍数，则 M 中所有元素都是 3 的倍数.

（3）**解**：由 $a_1\leqslant36,n\geqslant2$ 时，$a_n=\begin{cases}2a_{n-1},&a_{n-1}\leqslant18,\\2a_{n-1}-36,&a_{n-1}>18\end{cases}$ 可归纳证明 $a_n\leqslant36(n=2,3,\cdots)$.

因为 a_1 是正整数，$a_2=\begin{cases}2a_1,&a_1\leqslant18,\\2a_1-36,&a_1>18,\end{cases}$ 所以 a_2 是 2 的倍数.

从而当 $n\geqslant3$ 时，a_n 是 4 的倍数.

如果 a_1 是 3 的倍数，由（2）知对所有正整数 n,a_n 是 3 的倍数.

因此当 $n\geqslant3$ 时，$a_n\in\{12,24,36\}$. 这时 M 中的元素个数不超过 5.

如果 a_1 不是 3 的倍数，由（2）知对所有正整数 n,a_n 不是 3 的倍数.

因此当 $n\geqslant3$ 时，$a_n\in\{4,8,16,20,28,32\}$. 这时 M 中的元素个数不超过 8. 当 $a_1=1$ 时，$M=\{1,2,4,8,16,20,28,32\}$，有 8 个元素.

综上可知，集合 M 中元素个数的最大值为 8.

【例 5】（2016·北京）设数列 $A:a_1,a_2,\cdots,a_N(N\geqslant2)$. 如果对小于 $n(2\leqslant n\leqslant N)$ 的每个正整数 k 都有 $a_k<a_n$，则称 n 是数列 A 的一个"G 时刻". 记 $G(A)$ 是数列 A 的所有"G 时刻"组成的集合.

（1）对数列 $A:-2,2,-1,1,3$，写出 $G(A)$ 的所有元素；

（2）证明：若数列 A 中存在 a_n 使得 $a_n>a_1$，则 $G(A)\neq\varnothing$；

（3）证明：若数列 A 满足 $a_n-a_{n-1}\leqslant1(n=2,3,\cdots,N)$，则 $G(A)$ 的元素个数不小于 a_N-a_1.

分析：（2）此题的梳理方法比较多，注意若用反证法要说理有据，指出矛盾；正向证明的方法关键点在于把满足条件的第一个项设出来，方便后续说理与表达. 这种方法经常用到，要注意积累使用.

（3）从图形上理解题意："G 时刻" 表示如下图象上数列的项取得"新高"时的项数（前 n 项最大那项的项数），欲找到"G 时刻"的个数与首末项的关系，要关注条件 $a_n-a_{n-1}\leqslant1$ 的使用和不等式的放缩，即 $a_{i_2}-a_{i_1}\leqslant a_{i_2}-a_{i_2-1}\leqslant1$，同时,注意叠加法的应用.

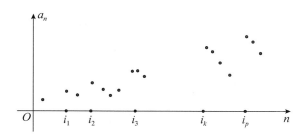

(1) **解:** $G(A)$ 的元素为 2 和 5.

(2) **证明:** 因为存在 a_n 使得 $a_n > a_1$,所以 $\{i \in \mathbf{N}^* \mid 2 \leqslant i \leqslant N, a_i > a_1\} \neq \varnothing$.

记 $m = \min\{i \in \mathbf{N}^* \mid 2 \leqslant i \leqslant N, a_i > a_1\}$,

则 $m \geqslant 2$,且对任意正整数 $k < m, a_k \leqslant a_1 < a_m$.

因此 $m \in G(A)$. 从而 $G(A) \neq \varnothing$.

(3) **证明:** 当 $a_N \leqslant a_1$ 时,结论成立.

以下设 $a_N > a_1$.

由(2) 知 $G(A) \neq \varnothing$.

设 $G(A) = \{n_1, n_2, \cdots, n_p\}, n_1 < n_2 < \cdots < n_p$. 记 $n_0 = 1$.

则 $a_{n_0} < a_{n_1} < a_{n_2} < \cdots < a_{n_p}$.

对 $i = 0, 1, \cdots, p$,记 $G_i = \{k \in \mathbf{N}^* \mid n_i < k \leqslant N, a_k > a_{n_i}\}$.

如果 $G_i \neq \varnothing$,取 $m_i = \min G_i$,则对任意 $1 \leqslant k < m_i$,有 $a_k \leqslant a_{n_i} < a_{m_i}$.

从而 $m_i \in G(A)$ 且 $m_i = n_{i+1}$.

又因为 n_p 是 $G(A)$ 中的最大元素,所以 $G_p = \varnothing$.

从而对任意 $n_p \leqslant k \leqslant N$,有 $a_k \leqslant a_{n_p}$,特别地,$a_N \leqslant a_{n_p}$.

对 $i = 0, 1, \cdots, p-1, a_{n_{i+1}-1} \leqslant a_{n_i}$.

因此 $a_{n_{i+1}} = a_{n_{i+1}-1} + (a_{n_{i+1}} - a_{n_{i+1}-1}) \leqslant a_{n_i} + 1$.

所以 $a_N - a_1 \leqslant a_{n_p} - a_1 = \sum\limits_{i=1}^{p} (a_{n_i} - a_{n_{i-1}}) \leqslant p$.

因此 $G(A)$ 的元素个数 p 不小于 $a_N - a_1$.

【例6】(2024·西城期末) 给定正整数 $N \geqslant 3$,已知项数为 m 且无重复项的数对序列 $A:(x_1, y_1), (x_2, y_2), \cdots, (x_m, y_m)$ 满足如下三个性质:

①$x_i, y_i \in \{1, 2, \cdots, N\}$,且 $x_i \neq y_i (i = 1, 2, \cdots, m)$;

②$x_{i+1} = y_i (i = 1, 2, \cdots, m-1)$；

③(p, q) 与 (q, p) 不同时在数对序列 A 中.

（1）当 $N = 3, m = 3$ 时，写出所有满足 $x_1 = 1$ 的数对序列 A；

（2）当 $N = 6$ 时，证明：$m \leqslant 13$；

（3）当 N 为奇数时，记 m 的最大值为 $T(N)$，求 $T(N)$.

分析1：这个新定义符合首位顺次相接的特点，这一特征让我们联想到一笔画问题，我们可以借助一笔画的结论和解题思路解决这个问题. 关于一笔画，我们定义：若某点通过其他各点的线的条数是奇数，则称该点为奇点，若某点通过其他各点的线的条数为偶数，则称该点为偶点. 我们知道：当一个图形中奇点的个数为 0 或 2 时，该图可以一笔画. 特别地，有两个奇点的图一定是从一个奇点起笔，到另一个奇点落笔. 当一个图形中的奇点个数多于 2 时，若我们数出有 n 对奇点，则该图一定可以 n 笔画. 请同学们自己随意画个图，来验证这些结论.

对于（2），当 $N = 6$ 时，因为每个点与其他 5 个点相连，每个点都是奇点，共有 3 对奇点，所以可以三笔画，最后两笔分别只画一条线段时，第一笔最多可以画 $C_6^2 - 2 = 13$ 条线段.

对于（3），当 N 为奇数时，每个点都是偶点，所以该图可以一笔画，最多可以画 $C_N^2 = \dfrac{N(N-1)}{2}$ 条线段. 这时只要能给出一种构造即可.

分析2：动手实验法，找到解决问题的一般模型即可.

对于（2），由性质②知，$(x_1, y_1), (x_m, y_m)$ 中 x_1, y_m 确定时，y_1, x_m 的取值分别有 5 种取法；

其余 x_i 最多有 4 种取法，故 $m \leqslant \dfrac{1}{2} \times (4 \times 4 + 2 \times 5) = 13$.

对于（3），从具体的 $N = 3, 5, 7$ 开始尝试，找规律，给出一般构造.

$N = 3$ 时，$(1, 3), (3, 2), (2, 1)$；

$N = 5$ 时，$(1, 5), (5, 2), (2, 4), (4, 3), (3, 5), (5, 4), (4, 1)$；

$N = 7$ 时，继续，此时规律为如图所示从左往右上方写点，点的个数可以取到 $1 + 2 + 3 + \cdots + N = \dfrac{N(N-1)}{2}$，具体书写时，可用数学归纳法证明：$T(N+2) = T(N) + 2N + 1$.

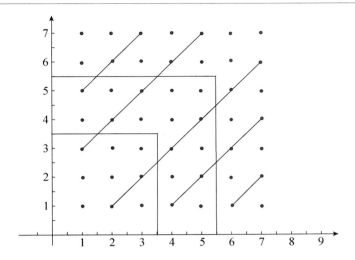

(1) **解**：A：$(1,2)$，$(2,3)$，$(3,1)$，或 A：$(1,3)$，$(3,2)$，$(2,1)$.

(2) **证明**：因为 (p,q) 和 (q,p) 不同时出现在 A 中，

故 $m \leqslant C_6^2 = 15$，所以 $1,2,3,4,5,6$ 每个数至多出现 5 次。

又因为 $x_{i+1} = y_i (i = 1,2,\cdots,m-1)$，

所以只有 x_1,y_m 对应的数可以出现 5 次，

故 $m \leqslant \dfrac{1}{2} \times (4 \times 4 + 2 \times 5) = 13$.

(3) **解**：当 N 为奇数时，先证明 $T(N+2) = T(N) + 2N + 1$.

因为 (p,q) 和 (q,p) 不同时出现在 A 中，所以 $T(N) \leqslant C_N^2 = \dfrac{1}{2}N(N-1)$.

当 $N = 3$ 时，构造 A：$(1,2)$，$(2,3)$，$(3,1)$. 恰有 C_3^2 项，且首项的第 1 个分量与末项的第 2 个分量都为 1。

对奇数 N，如果可以构造一个恰有 C_N^2 项的序列 A，且首项的第 1 个分量与末项的第 2 个分量都为 1，那么对奇数 $N+2$ 而言，可按如下方式构造满足条件的序列 A'：

首先，对于如下 $(2N+1)$ 个数对集合：

$\{(1,N+1),(N+1,1)\}$，$\{(1,N+2),(N+2,1)\}$，

$\{(2,N+1),(N+1,2)\}$，$\{(2,N+2),(N+2,2)\}$，

……

$\{(N,N+1),(N+1,N)\}$，$\{(N,N+2),(N+2,N)\}$，

$\{(N+1,N+2),(N+2,N+1)\}$，

每个集合中都至多有一个数对出现在序列 A' 中,所以 $T(N+2) \leqslant T(N) + 2N + 1$.

其次,对每个不大于 N 的偶数 $i \in \{2, 4, \cdots, N-1\}$,将如下 4 个数对并为一组:

$(N+1, i), (i, N+2), (N+2, i+1), (i+1, N+1)$,

共得到 $\dfrac{N-1}{2}$ 组,将这 $\dfrac{N-1}{2}$ 组数对以及 $(1, N+1), (N+1, N+2), (N+2, 1)$ 按如下方式补充到 A 的后面,即:$A, (1, N+1), (N+1, 2), (2, N+2), (N+2, 3), (3, N+1), \cdots, (N+1, N-1), (N-1, N+2), (N+2, N), (N, N+1), (N+1, N+2), (N+2, 1)$.

此时恰有 $(T(N) + 2N + 1)$ 项,所以 $T(N+2) = T(N) + 2N + 1$.

综上,当 N 为奇数时,

$T(N) = (T(N) - T(N-2)) + (T(N-2) - T(N-4)) + \cdots + (T(5) - T(3)) + T(3)$

$= [2(N-2) + 1] + [2(N-4) + 1] + \cdots + (2 \times 3 + 1) + 3$

$= \dfrac{1}{2} N(N-1)$.

【例 7】(2020 · 北京)已知 $\{a_n\}$ 是无穷数列,给出两个性质:

① 对于 $\{a_n\}$ 中任意两项 $a_i, a_j (i > j)$,在 $\{a_n\}$ 中都存在一项 a_m,使得 $\dfrac{a_i^2}{a_j} = a_m$.

② 对于 $\{a_n\}$ 中任意一项 $a_n (n \geqslant 3)$,在 $\{a_n\}$ 中都存在两项 $a_k, a_l (k > l)$,使得 $a_n = \dfrac{a_k^2}{a_l}$.

(1)若 $a_n = n (n = 1, 2, \cdots)$,判断数列 $\{a_n\}$ 是否满足性质 ①,并说明理由;

(2)若 $a_n = 2^{n-1} (n = 1, 2, \cdots)$,判断数列 $\{a_n\}$ 是否同时满足性质 ① 和性质 ②,并说明理由;

(3)若 $\{a_n\}$ 是递增数列,且同时满足性质 ① 和性质 ②,证明:$\{a_n\}$ 为等比数列.

(1)**解**:$\because a_2 = 2, a_3 = 3, \dfrac{a_3^2}{a_2} = \dfrac{9}{2} \notin \mathbf{N}^*, \therefore \{a_n\}$ 不具有性质 ①.

(2) 解：$\because \forall i,j \in \mathbf{N}^*, i > j, \dfrac{a_i^2}{a_j} = 2^{(2i-j)-1}, 2i-j \in \mathbf{N}^*$,

$\therefore \dfrac{a_i^2}{a_j} = a_{2i-j}$,

$\therefore \{a_n\}$ 具有性质 ①；

$\because \forall n \in \mathbf{N}^*, n \geqslant 3, \exists k = n-1, l = n-2, \dfrac{a_k^2}{a_l} = 2^{(2k-l)-1} = 2^{n-1} = a_n$,

$\therefore \{a_n\}$ 具有性质 ②.

(3) 证明：方法 1：首先，证明数列中的项同号，不妨设恒为正数，

显然 $a_n \neq 0 (n \notin \mathbf{N}^*)$，假设数列中存在负项，设 $N_0 = \max\{n \mid a_n < 0\}$.

第一种情况：若 $N_0 = 1$，即 $a_1 < 0 < a_2 < a_3 < \cdots$,

由 ① 可知：存在 m_1，满足 $a_{m_1} = \dfrac{a_2^2}{a_1} < 0$，存在 m_2，满足 $a_{m_2} = \dfrac{a_3^2}{a_1} < 0$,

由 $N_0 = 1$ 可知 $\dfrac{a_2^2}{a_1} = \dfrac{a_3^2}{a_1}$，从而 $a_2 = a_3$，与数列的单调性矛盾，假设不成立.

第二种情况：若 $N_0 \geqslant 2$，由性质 ① 知存在实数 m，满足 $a_m = \dfrac{a_{N_0}^2}{a_1} < 0$，由 N_0 的定义可知，$m \leqslant N_0$,

另一方面，$a_m = \dfrac{a_{N_0}^2}{a_1} > \dfrac{a_{N_0}^2}{a_{N_0}} = a_{N_0}$，由数列的单调性可知 $m > N_0$,

这与 N_0 的定义矛盾，假设不成立.

同理可证得数列中的项恒为负数.

综上可得，数列中的项同号.

其次，证明 $a_3 = \dfrac{a_2^2}{a_1}$.

利用性质 ②，取 $n = 3$，此时 $a_3 = \dfrac{a_k^2}{a_l} (k > l)$,

由数列的单调性可知 $a_k > a_l > 0$,

而 $a_3 = a_k \cdot \dfrac{a_k}{a_l} > a_k$，故 $k < 3$,

此时必有 $k = 2, l = 1$，即 $a_3 = \dfrac{a_2^2}{a_1}$,

最后，用数学归纳法证明数列为等比数列.

假设数列 $\{a_n\}$ 的前 $k(k \geqslant 3)$ 项成等比数列,不妨设 $a_s = a_1 q^{-1}(1 \leqslant s \leqslant k)$,其中 $a_1 > 0, q > 1(a_1 < 0, 0 < q < 1$ 的情况类似),

由性质 ① 可得,存在整数 m,满足 $a_m = \dfrac{a_k^2}{a_{k-1}} = a_1 q^k$,且 $a_m = a_1 q^k$

$\geqslant a_{k+1}(*)$,

由性质 ② 得,存在 $s > t$,满足 $a_{k+1} = \dfrac{a_s^2}{a_t} = a_s \cdot \dfrac{a_s}{a_t} > a_s$,由数列的单调性可知 $t < s < k+1$,

由 $a_s = a_1 q^{s-1}(1 \leqslant s \leqslant k)$ 可得 $a_{k+1} = \dfrac{a_s^2}{a_t} = a_1 q^{2s-t-1} > a_k = a_1 q^{k-1}(**)$,

由 $(**)$ 和 $(*)$ 式可得 $a_1 q^k \geqslant a_1 q^{2s-t-1} > a_1 q^{k-1}$,

结合数列的单调性有 $k \geqslant 2s-t-1 > k-1$,

注意到 s, t, k 均为整数,故 $k = 2s-t-1$,

代入 $(**)$ 式,从而 $a_{k+1} = a_1 q^k$.

综上可得,数列 $\{a_n\}$ 的通项公式为 $a_n = a_1 q^{n-1}$.

即数列 $\{a_n\}$ 为等比数列.

方法 2:用数学归纳法的思想证明.

假设数列中的项均为正数.

首先利用性质 ②,取 $n = 3$,此时 $a_3 = \dfrac{a_k^2}{a_l}(k > l)$,

由数列的单调性可知 $a_k > a_l > 0$,

而 $a_3 = a_k \cdot \dfrac{a_k}{a_l} > a_k$,故 $k < 3$,

此时必有 $k = 2, l = 1$,即 $a_3 = \dfrac{a_2^2}{a_1}$,

即 a_1, a_2, a_3 成等比数列,不妨设 $a_2 = a_1 q, a_3 = a_1 q^2(q > 1)$,

然后利用性质 ①,取 $i = 3, j = 2$,则 $a_m = \dfrac{a_3^2}{a_2} = \dfrac{a_1^2 q^4}{a_1 q} = a_1 q^3$,

即数列中必然存在一项的值为 $a_1 q^3$,下面我们来证明 $a_4 = a_1 q^3$,

否则,由数列的单调性可知 $a_4 < a_1 q^3$,

在性质 ② 中,取 $n = 4$,则 $a_4 = \dfrac{a_k^2}{a_l} = a_k \cdot \dfrac{a_k}{a_l} > a_k$,从而 $k < 4$,

与前面类似地可知,存在 $\{k,l\} \subseteq \{1,2,3\}(k>l)$,满足 $a_4 = \dfrac{a_k^2}{a_l}$.

若 $k=3,l=2$,则 $a_4 = \dfrac{a_k^2}{a_l} = a_1 q^3$,与假设矛盾;

若 $k=3,l=1$,则 $a_4 = \dfrac{a_k^2}{a_l} = a_1 q^4 > a_1 q^3$,与假设矛盾;

若 $k=2,l=1$,则 $a_4 = \dfrac{a_k^2}{a_l} = a_1 q^2 = a_3$,与数列的单调性矛盾.

即不存在满足题意的正整数 k,l,可见 $a_4 < a_1 q^3$ 不成立,从而 $a_4 = a_1 q^3$.

然后利用性质 ①,取 $i=4,j=3$,则数列中存在一项 $a_m = \dfrac{a_4^2}{a_3} = \dfrac{a_1^2 q^6}{a_1 q^2}$
$= a_1 q^4$.

下面我们用反证法来证明 $a_5 = a_1 q^4$,

否则,由数列的单调性可知 $a_1 q^3 < a_5 < a_1 q^4$,

在性质 ② 中,取 $n=5$,则 $a_5 = \dfrac{a_k^2}{a_l} = a_k \cdot \dfrac{a_k}{a_l} > a_k$,从而 $k<5$,

与前面类似地可知,存在 $\{k,l\} \subseteq \{1,2,3,4\}(k>l)$,满足 $a_5 = \dfrac{a_k^2}{a_l}$,

即由性质 ② 可知,$a_5 = \dfrac{a_k^2}{a_l} = \dfrac{a_1^2 q^{2k-2}}{a_1 q^{l-1}} = a_1 q^{2k-l-1}$.

若 $2k-l-1=4$,则 $a_5 = a_1 q^4$,与假设矛盾;

若 $2k-l-1>4$,则 $a_5 > a_1 q^4$,与假设矛盾;

若 $2k-l-1<4$,由于 k,l 为正整数,故 $2k-l-1\leqslant 3$,则 $a_5 \leqslant a_1 q^3$,与 $a_1 q^3$
$< a_5$ 矛盾.

综上可知,假设不成立,则 $a_5 = a_1 q^4$.

同理可得,$a_6 = a_1 q^5, a_7 = a_1 q^6, \cdots$,从而数列 $\{a_n\}$ 为等比数列,

同理,当数列中的项均为负数时亦可证得数列为等比数列.

由推理过程易知数列中的项要么恒正要么恒负,不会同时出现正数和负数.

从而题中的结论得证,数列 $\{a_n\}$ 为等比数列.

【例8】（2024·海淀二模）设正整数 $n \geqslant 2, a_i \in \mathbf{N}^*, d_i \in \mathbf{N}^*, A_i = \{x \mid x =$
$a_i + (k-1)d_i, k=1,2,\cdots\}, i=1,2,\cdots,n$. 若 $A_1 \bigcup A_2 \bigcup \cdots \bigcup A_n = \mathbf{N}^*$,

$A_i \bigcap A_j = \varnothing (1 \leqslant i < j \leqslant n)$，则称 $A_1, A_2, \cdots, A_n$ 具有性质 P.

(1) 当 $n = 3$ 时，若 A_1, A_2, A_3 具有性质 P，且 $a_1 = 1, a_2 = 2, a_3 = 3$，令 $m = d_1 d_2 d_3$，写出 m 的所有可能值.

(2) 若 $A_1, A_2, \cdots, A_n$ 具有性质 P，

① 求证：$a_i \leqslant d_i (i = 1, 2, \cdots, n)$；

② 求 $\displaystyle\sum_{i=1}^{n} \frac{a_i}{d_i}$ 的值.

分析：(1) 可以用同余的理论理解题意，一种情况：被 3 除余数分别为 1，2，0 且首项分别为 1，2，3 的集合为 A_i；另一种情况：被 4 除余数分别为 1，2，3，0 且首项分别为 1，2，3，4 的集合，其中偶数项合并成的集合为 A_i.

(2)① 用反证法证明，$a_i - d_i + d_i d_j \in A_i$，$a_i - d_i + d_i d_j \in A_j$ 可以在不同的集合中，矛盾；

② 用算两次的方法化简求解.

(1) **解：**m 的值为 27 或 32.

(2)① **证明：**假设存在 $i \in \{1, 2, \cdots, n\}$，使得 $a_i > d_i$.

记 $x = a_i - d_i$，由 $a_i \in \mathbf{N}^*, d_i \in \mathbf{N}^*$ 得 $x \in \mathbf{N}^*$.

因为 $x = a_i - d_i < a_i$，所以 $x \notin A_i$.

因为 $A_1, A_2, \cdots, A_n$ 具有性质 P，

所以存在 $j \in \{1, 2, \cdots, n\}$，且 $j \neq i$，使得 $x \in A_j$.

不妨设 $x = a_j + (k_0 - 1) d_j, k_0 \in \mathbf{N}^*$.

记 $y = x + d_i d_j$，则 $y = a_j + (d_i + k_0 - 1) d_j$，

又 $d_i + k_0 \in \mathbf{N}^*$，所以 $y \in A_j$.

因为 $y = a_i - d_i + d_i d_j = a_i + (d_j - 1) d_i, d_j \in \mathbf{N}^*$，

所以 $y \in A_i$.

所以 $A_i \bigcap A_j \neq \varnothing$，与 $A_i \bigcap A_j = \varnothing$ 矛盾.

所以 $a_i \leqslant d_i (i = 1, 2, \cdots, n)$.

② **解：**记 $M = d_1 d_2 \cdots \cdot d_n, A = \{1, 2, \cdots, M\}$. ← 取各项公差最小公倍数

因为 $A_i = \{x \mid x = a_i + (k-1) d_i, k = 1, 2, \cdots\}$，且 $1 \leqslant a_i \leqslant d_i$，

所以 $A_i \bigcap A$ 中恰有 $\dfrac{M}{d_i}$ 个元素，$i = 1, 2, \cdots, n$. ← 可以使得 M 在每个集合

中的项数是整数

令 $B_i = A_i \bigcap A, i = 1, 2, \cdots, n,$ 则 $B_1 \bigcup B_2 \bigcup \cdots \bigcup B_n = A, B_i \bigcap B_j = \varnothing$ $(1 \leqslant i < j \leqslant n).$

由 A 中元素的个数可得 $M = \sum\limits_{i=1}^{n} \dfrac{M}{d_i},$ ← **算两次**(总项数 $=$ 在各个集合中项数的和)

即 $\sum\limits_{i=1}^{n} \dfrac{1}{d_i} = 1.$

由 A 中所有元素之和可得 $\dfrac{M(M+1)}{2} = \sum\limits_{i=1}^{n} \left[\dfrac{M}{d_i} a_i + \dfrac{\frac{M}{d_i}\left(\frac{M}{d_i} - 1\right)}{2} d_i \right],$ ← **算两次**(各项和 $=$ 在各个集合中各项的和)

即 $\dfrac{M(M+1)}{2} = M \sum\limits_{i=1}^{n} \dfrac{a_i}{d_i} + \dfrac{1}{2} \sum\limits_{i=1}^{n} \left(\dfrac{M^2}{d_i} - M \right).$

所以 $\dfrac{M+1}{2} = \sum\limits_{i=1}^{n} \dfrac{a_i}{d_i} + \dfrac{M}{2} \sum\limits_{i=1}^{n} \dfrac{1}{d_i} - \dfrac{n}{2} = \sum\limits_{i=1}^{n} \dfrac{a_i}{d_i} + \dfrac{M}{2} - \dfrac{n}{2}.$

所以 $\sum\limits_{i=1}^{n} \dfrac{a_i}{d_i} = \dfrac{n+1}{2}.$

【例9】(2024・西城二模)已知数列 $A: a_1, a_2, \cdots, a_n,$ 从 A 中选取第 i_1 项、第 i_2 项、$\cdots$、第 i_k 项 $(i_1 < i_2 < \cdots < i_k)$ 构成数列 $B: a_{i_1}, a_{i_2}, \cdots, a_{i_k}, B$ 称为 A 的 k 项子列. 记数列 B 的所有项的和为 $T(B).$ 当 $k \geqslant 2$ 时, 若 B 满足: 对任意 $s \in \{1, 2, \cdots, k-1\}, i_{s+1} - i_s = 1,$ 则称 B 具有性质 $P.$ 规定: A 的任意一项都是 A 的 1 项子列, 且具有性质 $P.$

(1) 当 $n = 4$ 时, 比较 A 的具有性质 P 的子列个数与不具有性质 P 的子列个数的大小, 并说明理由;

(2) 已知数列 $A: 1, 2, 3, \cdots, n(n \geqslant 2).$

① 给定正整数 $k \leqslant \dfrac{n}{2},$ 对 A 的 k 项子列 $B,$ 求所有 $T(B)$ 的算术平均值;

② 若 A 有 m 个不同的具有性质 P 的子列 $B_1, B_2, \cdots, B_m,$ 满足: $\forall 1 \leqslant i < j \leqslant m, B_i$ 与 B_j 都有公共项, 且公共项构成 A 的具有性质 P 的子列, 求 m 的最大值.

分析:(1) 注意 A 的 1 项子列也具有性质 $P,$ 且具有性质 P 的元素相邻连续.

(2)① 这里只要求是 A 的子列, 不要求具有性质 P; 考虑对偶构造法.

② 从有限项具有性质 P 的子列满足条件入手,观察规律,再证明一般性.

解:(1) 当 $n = 4$ 时,A 共有 $2^4 - 1 = 15$ 个子列,

其中具有性质 P 的子列有 $4 + 3 + 2 + 1 = 10$ 个,

故不具有性质 P 的子列有 5 个,

所以 A 的具有性质 P 的子列个数大于不具有性质 P 的子列个数.

(2)① 方法 1:若 $B:a_{i_1}, a_{i_2}, \cdots, a_{i_k}$ 是 A 的 $k\left(k \leqslant \dfrac{n}{2}\right)$ 项子列,

则 $B':n+1-a_{i_k}, \cdots, n+1-a_{i_2}, n+1-a_{i_1}$ 也是 A 的 $k\left(k \leqslant \dfrac{n}{2}\right)$ 项子列.

所以 $T(B) + T(B') = \displaystyle\sum_{j=1}^{k} a_{i_j} + \sum_{j=1}^{k}(n+1-a_{i_j}) = k(n+1).$

因为给定正整数 $k \leqslant \dfrac{n}{2}$,A 有 C_n^k 个 k 项子列,

所以所有 $T(B)$ 的算术平均值为 $\dfrac{1}{C_n^k} \cdot \dfrac{1}{2} C_n^k \cdot k(n+1) = \dfrac{k(n+1)}{2}.$

方法 2:含有 i 的子集共 C_{n-1}^{k-1} 个,所有子集共 C_n^k 个,

则所有 $T(B)$ 的算术平均值为

$$\frac{(1+2+\cdots+n)C_{n-1}^{k-1}}{C_n^k} = \frac{\dfrac{1+n}{2} \cdot n \cdot \dfrac{(n-1)!}{(k-1)!(n-k)!}}{\dfrac{n!}{k!(n-k)!}} = \frac{k(n+1)}{2}.$$

方法 3:A 有 C_n^k 个 k 项子集,A 的所有 k 项子集共 kC_n^k 个,其中 $1, 2, \cdots, n$ 分别出现 $\dfrac{kC_n^k}{n}$ 次,

所有元素的和 $S = (1+2+\cdots+n)\dfrac{kC_n^k}{n},$

所以所有 $T(B)$ 的算术平均值为 $\dfrac{S}{C_n^k} = \dfrac{k(1+n)}{2}.$

方法 4:每个元素被抽到的概率是均等的,都是 $\dfrac{k}{n}$,

则所有 $T(B)$ 的算术平均值为 $(1+2+\cdots+n)\dfrac{k}{n} = \dfrac{k(1+n)}{2}.$

② 方法 1:设 $B_k(k=1, 2, \cdots, m)$ 的首项为 x_k,末项为 y_k,记 $x_{k_0} = \max\{x_k\}.$

若存在 $j = 1, 2, \cdots, m$,使 $y_j < x_{k_0}$,则 B_j 与 B_{k_0} 没有公共项,与已知矛盾.

所以，对任意 $j=1,2,\cdots,m$，都有 $y_j \geqslant x_{k_0}$。

因为对于 $k=1,2,\cdots,m,x_k \in \{1,2,\cdots,x_{k_0}\},y_k \in \{x_{k_0},x_{k_0}+1,\cdots,n\}$，

所以共有 $x_{k_0}(n+1-x_{k_0})$ 种不同的情况。

因为 $B_1,B_2,\cdots,B_m$ 互不相同，

所以对于不同的子列 $B_i,B_j,x_i=x_j$ 与 $y_i=y_j$ 中至多一个等式成立。

所以 $x_{k_0}(n+1-x_{k_0}) \geqslant m$。

当 n 是奇数时，取 $x_k \in \left\{1,2,\cdots,\dfrac{n+1}{2}\right\},y_k \in \left\{\dfrac{n+1}{2},\dfrac{n+3}{2},\cdots,n\right\}$，

共有 $\dfrac{n+1}{2} \cdot \left(n+1-\dfrac{n+1}{2}\right)=\dfrac{(n+1)^2}{4}$ 个满足条件的子列。

当 n 是偶数时，取 $x_k \in \left\{1,2,\cdots,\dfrac{n}{2}\right\},y_k \in \left\{\dfrac{n}{2},\dfrac{n}{2}+1,\cdots,n\right\}$，

共有 $\dfrac{n}{2} \cdot \left(n+1-\dfrac{n}{2}\right)=\dfrac{n^2+2n}{4}$ 个满足条件的子列。

综上，n 为奇数时，m 的最大值为 $\dfrac{(n+1)^2}{4}$；n 为偶数时，m 的最大值为 $\dfrac{n^2+2n}{4}$。

方法 2：由题知，$\forall 1 \leqslant i < j \leqslant m$，具有性质 P 的 B_i 与 B_j 都有公共项，

设所有公共项的集合 $C=\{c_1,c_2,\cdots,c_k\}$，

则具有性质 P 的子列的个数 $m \leqslant c_1(n+1-c_k) \leqslant c_1(n+1-c_1)$。

则当 n 是奇数时，m 的最大值为 $\dfrac{(n+1)^2}{4}$，

集合 B 最小值取 $x_k \in \left\{1,2,\cdots,\dfrac{n+1}{2}\right\}$，

最大值取 $y_k \in \left\{\dfrac{n+1}{2},\dfrac{n+3}{2},\cdots,n\right\}$，

共有 $\dfrac{n+1}{2} \cdot \left(n+1-\dfrac{n+1}{2}\right)=\dfrac{(n+1)^2}{4}$ 个满足条件的子列。

当 n 是偶数时，m 的最大值为 $\dfrac{n^2+2n}{4}$，

集合 B 最小值取 $x_k \in \left\{1,2,\cdots,\dfrac{n}{2}\right\}$，最大值取 $y_k \in \left\{\dfrac{n}{2},\dfrac{n}{2}+1,\cdots,n\right\}$，

共有 $\dfrac{n}{2} \cdot \left(n+1-\dfrac{n}{2}\right)=\dfrac{n^2+2n}{4}$ 个满足条件的子列。

综上，n 为奇数时，m 的最大值为 $\dfrac{(n+1)^2}{4}$；n 为偶数时，m 的最大值为 $\dfrac{n^2+2n}{4}$.

【例 10】若 $A_1,A_2,\cdots,A_m$ 为集合 $A=\{1,2,\cdots,n\}(n\geqslant 2$ 且 $n\in\mathbf{N}^*)$ 的子集，且满足两个条件：

① $A_1\bigcup A_2\bigcup\cdots\bigcup A_m=A$；

② 对任意的 $\{x,y\}\subseteq A$，至少存在一个 $i\in\{1,2,3,\cdots,m\}$，使 $A_i\bigcap\{x,y\}=\{x\}$ 或 $\{y\}$.

则称集合组 $A_1,A_2,\cdots,A_m$ 具有性质 P.

a_{11}	a_{12}	$\cdots$	a_{1m}
a_{21}	a_{22}	$\cdots$	a_{2m}
$\cdots$	$\cdots$	$\cdots$	$\cdots$
a_{n1}	a_{n2}	$\cdots$	a_{nm}

如上表为 n 行 m 列数表，定义数表中的第 k 行第 l 列的数为 $a_{kl}=\begin{cases}1(k\in A_l),\\0(k\notin A_l).\end{cases}$

（1）当 $n=4$ 时，判断下列两个集合组是否具有性质 P，如果是请画出所对应的表格，如果不是请说明理由.

集合组 1：$A_1=\{1,3\}$，$A_2=\{2,3\}$，$A_3=\{4\}$；

集合组 2：$A_1=\{2,3,4\}$，$A_2=\{2,3\}$，$A_3=\{1,4\}$.

（2）当 $n=7$ 时，若集合组 A_1,A_2,A_3 具有性质 P，请先画出所对应的 7 行 3 列的一个数表，再依此表格分别写出集合 A_1,A_2,A_3；

（3）当 $n=100$ 时，集合组 $A_1,A_2,\cdots,A_t$ 是具有性质 P 且所含集合个数最小的集合组，求 t 的值及 $|A_1|+|A_2|+\cdots+|A_t|$ 的最小值（其中 $|A_i|$ 表示集合 A_i 所含元素的个数）.

分析：理解表格中数的性质：条件①是每列中至少有一个 1；条件②不能存在完全相同的两行. 所以可以用 0,1 的全排列解决第（2）问，再在（2）的基础上，计数求解问题（3）.

解:(1) 集合组 1 具有性质 P.

所对应的数表为：

1	0	0
0	1	0
1	1	0
0	0	1

集合组 2 不具有性质 P.

因为存在 $\{2,3\} \subseteq \{1,2,3,4\}$,

有 $\{2,3\} \bigcap A_1 = \{2,3\}, \{2,3\} \bigcap A_2 = \{2,3\}, \{2,3\} \bigcap A_3 = \varnothing$,

与对任意的 $\{x,y\} \subseteq A$,都至少存在一个 $i \in \{1,2,3\}$,有 $A_i \bigcap \{x,y\} = \{x\}$ 或 $\{y\}$ 矛盾,所以集合组 $A_1 = \{2,3,4\}, A_2 = \{2,3\}, A_3 = \{1,4\}$ 不具有性质 P.

(2)

0	0	1
0	1	0
1	0	0
1	1	0
1	0	1
0	1	1
1	1	1

$A_1 = \{3,4,5,7\}, A_2 = \{2,4,6,7\}, A_3 = \{1,5,6,7\}$.

注:表格中的 7 行可以交换得到不同的表格,它们所对应的集合组也不同.

(3) 设 $A_1, A_2, \cdots, A_t$ 所对应的数表为数表 M,

因为集合组 $A_1, A_2, \cdots, A_t$ 为具有性质 P 的集合组,

所以集合组 $A_1, A_2, \cdots, A_t$ 满足条件 ① 和 ②,

由条件 ①:$A_1 \bigcup A_2 \bigcup \cdots \bigcup A_t = A$,

可得对任意 $x \in A$,都存在 $i \in \{1,2,3,\cdots,t\}$ 有 $x \in A_i$,

所以 $a_{xi} = 1$，即第 x 行不全为 0，

所以由条件 ① 可知数表 M 中任意一行不全为 0.

由条件 ② 知，对任意的 $\{x, y\} \subseteq A$，都至少存在一个 $i \in \{1, 2, 3, \cdots, t\}$，使 $A_i \bigcap \{x, y\} = \{x\}$ 或 $\{y\}$，所以 a_{xi}, a_{yi} 一定是一个 1 一个 0，即第 x 行与第 y 行的第 i 列的两个数一定不同.

所以由条件 ② 可得数表 M 中任意两行不完全相同.

因为由 0，1 所构成的 t 元有序数组共有 2^t 个，去掉全是 0 的 t 元有序数组，共有 $(2^t - 1)$ 个，又因为数表 M 中任意两行都不完全相同，所以 $100 \leqslant 2^t - 1$，所以 $t \geqslant 7$.

又 $t = 7$ 时，由 0，1 所构成的 7 元有序数组共有 128 个，去掉全是 0 的数组，共 127 个，选择其中的 100 个数组构造 100 行 7 列数表，则数表对应的集合组满足条件 ①②，即具有性质 P.

所以 $t = 7$.

因为 $|A_1| + |A_2| + \cdots + |A_t|$ 等于表格中数字 1 的个数，

所以要使 $|A_1| + |A_2| + \cdots + |A_t|$ 取得最小值，只需使表中 1 的个数尽可能少，

而 $t = 7$ 时，在数表 M 中，

1 的个数为 1 的行最多有 7 行；

1 的个数为 2 的行最多有 $C_7^2 = 21$ 行；

1 的个数为 3 的行最多有 $C_7^3 = 35$ 行；

1 的个数为 4 的行最多有 $C_7^4 = 35$ 行. 因为上述共有 98 行，所以还有 2 行各有 5 个 1，

所以此时表格中最少有 $7 + 2 \times 21 + 3 \times 35 + 4 \times 35 + 5 \times 2 = 304$ 个 1.

所以 $|A_1| + |A_2| + \cdots + |A_t|$ 的最小值为 304.

【例 11】如表，设 A 是由 $n \times n$ 个实数组成的 n 行 n 列的数表，其中 $a_{ij}(i, j = 1, 2, 3, \cdots, n)$ 表示位于第 i 行第 j 列的实数，且 $a_{ij} \in \{1, -1\}$. 记 $S(n, n)$ 为所有这样的数表构成的集合. 对于 $A \in S(n, n)$，记 $r_i(A)$ 为 A 的第 i 行各数之积，$c_j(A)$ 为 A 的第 j 列各数之积. 令 $L(A) = \sum_{i=1}^{n} r_i(A) + \sum_{j=1}^{n} c_j(A)$.

a_{11}	a_{12}	$\cdots$	a_{1n}
a_{21}	a_{22}	$\cdots$	a_{2n}
$\vdots$	$\vdots$	$\cdots$	$\vdots$
a_{n1}	a_{n2}	$\cdots$	a_{nn}

（1）请写出一个 $A \in S(4,4)$，使得 $L(A) = 0$.

（2）是否存在 $A \in S(9,9)$，使得 $L(A) = 0$，请说明理由.

（3）给定正整数 n，对于所有的 $A \in S(n,n)$，求 $L(A)$ 的取值集合.

分析：（1）逐步调整法

1	1	-1	-1
1	-1	1	1
1	-1	-1	1
-1	-1	1	1

（2）算两次法、反证法（此题解法甚多，但大都基于算两次和反证法的思想方法）

记 $\prod\limits_{i=1}^{n} r_i(A) = r_1(A) \cdot r_2(A) \cdot \cdots \cdot r_n(A)$，则 $P = \prod\limits_{i=1}^{9} r_i(A) = \prod\limits_{j=1}^{9} c_j(A)$，

所以 $P^2 = \prod\limits_{i=1}^{9} r_i(A) \cdot \prod\limits_{j=1}^{9} c_j(A) = 1$，（*）

假设存在 $A \in S(9,9)$，使得 $L(A) = 0$，则 18 个数中有 9 个 1，9 个 -1，

所以 $\prod\limits_{i=1}^{9} r_i(A) \cdot \prod\limits_{j=1}^{9} c_j(A) = 1^9 \times (-1)^9 = -1$，与（*）式矛盾，

所以假设不成立，命题得证.

（3）逐步调整法：先由极端情况得 $L(A)$ 的最值和范围，再由构造法得到取等条件.

a_{ij} 全为 1 时，$r_i(A) = 1$，$c_j(A) = 1$，所以 $L(A) = \sum\limits_{i=1}^{n} r_i(A) + \sum\limits_{j=1}^{n} c_j(A) = 2n$，

变换 a_{ij} 的取值，由（2）知，$P^2 = \prod\limits_{i=1}^{n} r_i(A) \cdot \prod\limits_{j=1}^{n} c_j(A) = 1$，$r_i(A)$ 与 $c_j(A)$ 这 $2n$ 个数中 -1 的个数为偶数，

设 $r_i(A)$ 与 $c_j(A)$ 这 $2n$ 个数有 $2k$ 个 -1，则有 $(2n - 2k)$ 个 1，

$L(A) = 2n - 2k + 2k \cdot (-1) = 2n - 4k, k = 0, 1, 2, 3, \cdots, n$,

所以 $L(A) \in \{-2n, -2n+4, \cdots, 2n\}$.

【例 12】（2023·北京）已知数列 $\{a_n\}$，$\{b_n\}$ 的项数均为 $m(m > 2)$，且 $a_n, b_n \in \{1, 2, \cdots, m\}$，$\{a_n\}$，$\{b_n\}$ 的前 n 项和分别为 A_n，B_n，并规定 $A_0 = B_0 = 0$. 对于 $k \in \{0, 1, 2, \cdots, m\}$，定义 $r_k = \max\{i \mid B_i \leqslant A_k, i \in \{0, 1, 2, \cdots, m\}\}$，其中，$\max M$ 表示数集 M 中最大的数.

（1）若 $a_1 = 2, a_2 = 1, a_3 = 3, b_1 = 1, b_2 = 3, b_3 = 3$，写出 r_0, r_1, r_2, r_3 的值;

（2）若 $a_1 \geqslant b_1$，且 $2r_j \leqslant r_{j+1} + r_{j-1}, j = 1, 2, \cdots, m-1$，求 r_n;

（3）证明:存在 $p, q, s, t \in \{0, 1, 2, \cdots, m\}$，满足 $p > q, s > t$，使得 $A_p + B_t = A_q + B_s$.

分析:（1）对于抽象定义 $r_k = \max\{i \mid B_i \leqslant A_k, i \in \{0, 1, 2, \cdots, m\}\}$，我们往往把字母具体化，通过特殊值理解定义的本质.

由 $a_1 = 2, a_2 = 1, a_3 = 3, b_1 = 1, b_2 = 3, b_3 = 3$，得 $A_1 = 2, A_2 = 3, A_3 = 6, B_1 = 1, B_2 = 4, B_3 = 7$，

$A_0 = B_0 = 0, r_0 = \max\{i \mid B_i \leqslant A_0 = 0, i \in \{0, 1, 2, 3\}\} = 0$,

令 $k = 1, r_1 = \max\{i \mid B_i \leqslant A_1 = 2, i \in \{0, 1, 2, 3\}\} = 1$,

令 $k = 2, r_2 = \max\{i \mid B_i \leqslant A_2 = 3, i \in \{0, 1, 2, 3\}\} = 1$,

令 $k = 3, r_3 = \max\{i \mid B_i \leqslant A_3 = 6, i \in \{0, 1, 2, 3\}\} = 2$,

通过以上具体实例，理解抽象定义 $r_k = \max\{i \mid B_i \leqslant A_k, i \in \{0, 1, 2, \cdots, m\}\}$ 的本质，r_k 是求和数列 B_i 中满足不超过 A_k 的最大项数.

（2）由 $2r_j \leqslant r_{j+1} + r_{j-1}$，联想等差中项的性质及不等式 $r_j - r_{j-1} \leqslant r_{j+1} - r_j$，

推广得 $r_1 - r_0 \leqslant r_2 - r_1 \leqslant \cdots \leqslant r_j - r_{j-1} \leqslant r_{j+1} - r_j \leqslant \cdots \leqslant r_m - r_{m-1}$,

由 $a_1 \geqslant b_1, A_1 \geqslant B_1, r_1 = \max\{i \mid B_i \leqslant A_1, i \in \{0, 1, 2, \cdots, m\}\} \geqslant 1, r_0 = 0, r_m \leqslant m$,

得 $1 \leqslant r_1 - r_0 \leqslant r_2 - r_1 \leqslant \cdots \leqslant r_j - r_{j-1} \leqslant \cdots \leqslant r_m - r_{m-1}$.

求 r_n 通项公式，联想等差数列的叠加法，

得 $r_m = (r_m - r_{m-1}) + \cdots + (r_2 - r_1) + (r_1 - r_0) \geqslant 1 + 1 + \cdots + 1 = m$,

又 $r_m \leqslant m$，所以 $r_m = m$，所以 $1 = r_1 - r_0 = r_2 - r_1 = \cdots = r_j - r_{j-1} = \cdots = r_m - r_{m-1}$，得 $r_n = n$.

（3）对于抽象的问题情境，我们尽可能用比较直观的数、形或实际背景来理

解题意. 本题可以翻译成一个寻宝游戏, 每人有 m 次机会, 每次机会都会出现最少 1 个、最多 m 个宝贝, 每次机会过后都会将宝贝数量求和计数, 初始计数器上显示 0. 现在有两个人参加这项游戏. 第三问的实际意义是甲选手第 q 次到第 p 次寻得的宝藏总数与乙选手第 t 次到第 s 次寻得的宝藏总数相等.

证明这个结论需要用到原题所搭建的台阶, 即新定义. 同时还需要将问题等价转化, 即要证 $A_p + B_t = A_q + B_s$, 只要证 $A_p - B_s = A_q - B_t \Leftrightarrow A_p - B_{r_p} = A_q - B_{r_q}$, 需要把 $A_k - B_{r_k}$ 作为研究的对象.

我们将原题的题干用一个图形来表示: 即方块表示数列 $\{a_n\}, \{b_n\}$ 的每一项的取值, 从左开始 n 个方块的和表示 $\{a_n\}, \{b_n\}$ 的前 n 项和分别为 A_n, B_n, 当 k 为正整数时,

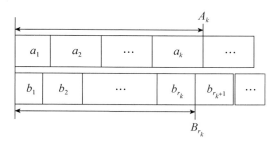

由已知得 $B_{r_k} \leqslant A_k < B_{r_k+1} = B_{r_k} + b_{r_k+1}, 0 \leqslant A_k - B_{r_k} < b_{r_k+1} \leqslant m$, 即 $A_k - B_{r_k} = \{0, 1, 2, \cdots, m-1\}$,

若存在 $A_k - B_{r_k} = 0$, 则 $A_k - B_{r_k} = A_0 - B_0$, 则 $p = k, q = 0, s = r_k, t = 0$, 满足 $A_p + B_t = A_q + B_s$.

若不存在 $A_k - B_{r_k} = 0$, 则 $A_k - B_{r_k} = \{1, 2, \cdots, m-1\}, k \in \{1, 2, 3, \cdots, m\}$, $A_k - B_{r_k}$ 有 m 个自变量, 有 $(m-1)$ 个取值, 由抽屉原理, 必有两项 $p, q (p > q)$ 使得 $A_p - B_{r_p} = A_q - B_{r_q}$, 此时 $s = r_p, t = r_q$, 满足 $A_p + B_t = A_q + B_s$.

【例 13】(2022·北京) 已知 $Q: a_1, a_2, \cdots, a_k$ 为有穷整数数列. 给定正整数 m, 若对任意的 $n \in \{1, 2, \cdots, m\}$, 在 Q 中存在 $a_i, a_{i+1}, a_{i+2}, \cdots, a_{i+j}(j \geqslant 0)$, 使得 $a_i + a_{i+1} + a_{i+2} + \cdots + a_{i+j} = n$, 则称 Q 为 $m -$ 连续可表数列.

(1) 判断 $Q: 2, 1, 4$ 是否为 $5 -$ 连续可表数列? 是否为 $6 -$ 连续可表数列? 说明理由.

(2) 若 $Q: a_1, a_2, \cdots, a_k$ 为 $8 -$ 连续可表数列, 求证: k 的最小值为 4.

(3) 若 $Q: a_1, a_2, \cdots, a_k$ 为 $20 -$ 连续可表数列, $a_1 + a_2 + \cdots + a_k < 20$, 求证: $k \geqslant 7$.

分析:(1)直接根据 m 一连续可表数列的定义即可判断;

(2)正反向证明思路:由 k 项数列最多可以表示的连续可表数列个数 $1+2+\cdots+k \geqslant 8$,解出 $k \geqslant 4$,再给出一个例子说明存在性.

反向证明思路:先证明 k 取 3 时最多可以表示 6 一连续可表数列,再给出一个 $k=4$ 的例子说明存在性.

(3)首先由 m 一连续可表数列的定义,证明得出 $k \geqslant 6$,再证明 $k=6$ 时不成立即可,用到反证法.

方法 1:(1)**解**:因为 $a_2=1, a_1=2, a_1+a_2=2+1=3, a_3=4, a_2+a_3=1+4=5$,

所以 Q 是 5 一连续可表数列;

由于不存在连续若干项之和相加为 6,所以 Q 不是 6 一连续可表数列.

(2)**证明**:假设 k 的值为 3,则 a_1, a_2, a_3 最多能表示 $a_1, a_2, a_3, a_1+a_2, a_2+a_3, a_1+a_2+a_3$,共 6 个数字,与 Q 是 8 一连续可表数列矛盾,故 $k \geqslant 4$;

现构造 Q:3,1,4,2,可以表达出 1,2,3,4,5,6,7,8 这 8 个数字,即存在 $k=4$ 满足题意. 故 k 的最小值为 4.

(3)**证明**:先证明 $k \geqslant 6$. k 项数列最多可以表示的连续可表数列个数为 $1+2+\cdots+k$,

由 $1+2+\cdots+k \geqslant 20$,解得 $k \geqslant 6$,

当 $k=6$ 时,最多可以表示 $6+5+4+3+2+1=21$ 个正整数,

由于 Q 为 20 一连续可表数列,且 $a_1+a_2+\cdots+a_k<20$,所以其中必有一项为负数,除此外,其余连续项的和均为 1 到 20 之间的不等正整数,且该负项不能是数列中间的项,只能是首项或末项,不妨设为首项 a_1,

因为 a_1+a_2 表示 1 到 20 之间的某个数,所以 $0<a_1+a_2 \leqslant 20$,

所以 $0<-a_1<a_2 \leqslant 20$,

存在 $a_i+a_{i+1}+a_{i+2}+\cdots+a_{i+j}=-a_1$,即 $a_1+a_i+a_{i+1}+a_{i+2}+\cdots+a_{i+j}=0$.

当 $i=2$ 时,显然与 $a_1+a_2+a_3+\cdots+a_{2+j}$ 表示 1 到 20 的数矛盾;

当 $i>2$ 时,$a_1+(a_2+\cdots+a_{i-1})+a_i+a_{i+1}+\cdots+a_{i+j}=a_2+\cdots+a_{i-1}$,与 $a_1+(a_2+\cdots+a_{i-1})+a_i+a_{i+1}+\cdots+a_{i+j}$ 和 $a_2+\cdots+a_{i-1}$ 表示 1 到 20 的不同的数矛盾;

当 $i=1$ 时，所有连续可表数之和为 $5a_1+10(a_2+a_5)+12(a_3+a_4)+6a_6$
$=1+2+\cdots+20①$，

所以 a_1 为偶数，且 $a_1\leqslant-2$，由题可知，$a_2+a_3+a_4+a_5+a_6=20$，

$a_1+a_2+a_3+a_4+a_5+a_6=18$，$a_2+a_3+a_4+a_5=19②$，

得 $a_1=-2$，$a_6=1③$，

由 ①②③ 解得 $a_2+a_5=7$，$a_3+a_4=12$，且只能是 $a_1+a_2=-a_1\Rightarrow a_2=$
4，$a_5=3$，

所以 $a_2=a_5+a_6=4$，与 a_2，a_5+a_6 表示 1 到 20 的不同的数矛盾；

故 $k\geqslant7$.

方法 2：(1) **解**：若 $m=5$，则对于任意 $n\in\{1,2,3,4,5\}$，$a_2=1$，$a_1=2$，a_1
$+a_2=2+1=3$，$a_3=4$，$a_2+a_3=1+4=5$，

所以 Q 是 5－连续可表数列；

不存在连续若干项之和相加为 6，所以 Q 不是 6－连续可表数列.

(2) **证明**：(反证法) 假设 k 的值为 3，则 a_1，a_2，a_3 最多能表示 a_1，a_2，a_3，a_1+
a_2，a_2+a_3，$a_1+a_2+a_3$，共 6 个数字，与 Q 为 8－连续可表数列矛盾，故 $k\geqslant4$；

现构造 Q：3，1，4，2，可以表达出 1，2，3，4，5，6，7，8 这 8 个数字，

即存在 $k=4$ 满足题意，故 k 的最小值为 4.

(3) **证明**：(反证法) 先证 $k\geqslant6$. 若 $k\leqslant5$，则至多可以表示 15 个数，不符题
意.

当 $k=6$ 时，由于 $a_1+a_2+\cdots+a_k<20$，故数列中存在为负数的项，且仅有
一个为负数的项，不妨设该项为 $a_i(i\in\{1,2,3,4,5,6\})$，因此数列中一定存在
若干项正数的和为 20. 由于对称性，我们只需讨论 $i=1,2,3$ 的情况.

① 当 $i=2$ 时，由于 $a_1+a_2+\cdots+a_6<20$，而数列中一定有若干个连续整
数和为 20，

因此 a_1 或 $a_3+a_4+a_5+a_6$ 为连续若干个数的和中最大的数.

而由于 6 个数的数列 Q 最多能表示 21 个数，且其中有一个为负，因此除了
a_i 以外，其他连续若干个数的和分别表示 $1,2,\cdots,20$，

故有 a_1+a_2，$a_2+a_3+a_4+a_5+a_6\in\{1,2,\cdots,20\}$. 若 a_1 为连续若干个数
的和中最大的数，

则 $a_1 + a_2 + \cdots + a_6 > a_1$,矛盾.若 $a_3 + a_4 + a_5 + a_6$ 为连续若干个数中的最大的数,同理可得矛盾.

② 当 $i = 3$ 时,与 $i = 2$ 同理,不符合题意.

③ 当 $i = 1$ 时,则连续若干个数的和中最大的数为 $a_2 + a_3 + \cdots + a_6 = 20$,那么有:

$19 \in \{a_1 + a_2 + \cdots + a_6, a_2 + a_3 + a_4 + a_5, a_3 + a_4 + a_5 + a_6\}$.由前文分析可知 $a_1 + a_2 > 0$,

因此 $19 \in \{a_1 + a_2 + \cdots + a_6, a_2 + a_3 + a_4 + a_5\}$.

若 $a_1 + a_2 + \cdots + a_6 = 19$,则 $a_1 = -1$.

如果 $a_2 + a_3 + a_4 + a_5 = 18$,那么 $a_6 = 2$,并且此时 $a_3 + a_4 + a_5 + a_6 = 17$,有 $a_2 = 3$,则 $a_6 = a_1 + a_2$,矛盾.

如果 $a_3 + a_4 + a_5 + a_6 = 18$,那么 $a_2 = 2$,并且此时 $a_2 + a_3 + a_4 + a_5 = 17$,有 $a_6 = 3$.下面我们讨论 a_3, a_4, a_5.

注意到 $a_3 + a_4 + a_5 = 15$ 且 $a_3, a_4, a_5 \neq 1, 2, 3$,则 $\{a_3, a_4, a_5\} = \{4, 5, 6\}$,并且 $a_2 + a_3 = a_3 + 2, a_1 + a_2 + a_3 = a_3 + 1$,由不重复的原则可知 $a_3 = 6$.如有 $a_4 = 4, a_5 = 5$,那么 $a_5 + a_6 = 8 = a_2 + a_3$,矛盾;如有 $a_4 = 5, a_5 = 4$,那么 $a_5 + a_6 = 7 = a_1 + a_2 + a_3$,矛盾.故该假设不成立.

若 $a_2 + a_3 + a_4 + a_5 = 19$,则 $a_6 = 1$,并且有 $a_1 + a_2 + \cdots + a_6 = 18, a_3 + a_4 + a_5 + a_6 = 17$,

则此时 $a_1 = -2, a_2 = 3$,那么 $a_1 + a_2 = a_6$,矛盾.故该假设不成立.

因此 $k \neq 6$.综上所述,$k \geqslant 7$.

方法3:(3) **证明**:由题设,$n(k) \geqslant 20$,所以 $k \geqslant 6$.

假设存在 $Q_0: a_1, a_2, \cdots, a_6$ 为20—连续可表数列,且 $a_1 + a_2 + \cdots + a_6 < 20$.

① 如果 Q_0 的各项均为非负整数,则 $a_i + a_{i+1} + \cdots + a_{i+j} \leqslant a_1 + a_2 + \cdots + a_6 < 20$,

这与 Q_0 是20—连续可表数列矛盾.所以 Q_0 有负整数项.

又因为 $n(6) = 21$,所以 Q_0 只有一项为负整数,其余各项均为正整数,且互不相等.

② 当 $a_1 < 0$ 时,形如 $a_i + a_{i+1} + \cdots + a_{i+j}$ 且取值大于0的表达式列表

如下：

a_2	a_1+a_2				
a_2+a_3	$a_1+a_2+a_3$	a_3			
$a_2+a_3+a_4$	$a_1+a_2+a_3+a_4$	a_3+a_4	a_4		
$a_2+a_3+a_4+a_5$	$a_1+a_2+\cdots+a_5$	$a_3+a_4+a_5$	a_4+a_5	a_5	
$a_2+a_3+\cdots+a_6$	$a_1+a_2+\cdots+a_6$	$a_3+a_4+a_5+a_6$	$a_4+a_5+a_6$	a_5+a_6	a_6

表中表达式的值互不相等，且每一列中的值从上到下增大，每一行中的值从左到右减小，最大值是 $a_2+a_3+\cdots+a_6$，且第二大的值是

$\max\{a_2+a_3+a_4+a_5,a_1+a_2+\cdots+a_6\}$.

由题设，表中所有表达式的值之和为 $1+2+\cdots+20=210$，

所以 $5a_1+10(a_2+a_5)+12(a_3+a_4)+6a_6=210$.

故 a_1 是偶数，且 $a_1\leqslant-2$.

由题设，$a_2+a_3+\cdots+a_6=20$，

所以 $a_1+a_2+\cdots+a_6\leqslant20-2=18$.

所以 $a_2+a_3+a_4+a_5=19$.

所以 $a_6=1$.

因为 $a_5>1$，

所以 $a_2+a_3+a_4<18$，从而 $a_1+a_2+\cdots+a_6=18$.

综上得 $a_1=-2$，$a_1+a_2+\cdots+a_5=17$.

由题设，$\max\{a_2+a_3+a_4,a_3+a_4+a_5+a_6\}=16$.

又 $5a_1+10(a_2+a_5)+12(a_3+a_4)+6a_6=210$，

所以 $a_3+a_4=12$，$a_2+a_5=7$.

当 $a_2+a_3+a_4=16$ 时，$a_2=4$，$a_5=3$.

此时 $a_3+a_4+a_5+a_6=16$，

这与表中表达式的值互不相等矛盾.

当 $a_3+a_4+a_5+a_6=16$ 时，$a_5=3$，$a_2=4$.

此时 $a_2+a_3+a_4=16$，

这与表中表达式的值互不相等矛盾.

所以，当 $a_1<0$ 时，Q_0 不是 $20-$连续可表数列.

③ 当 $a_6 < 0$ 时,同理可证 Q_0 不是 20-连续可表数列.

④ 当存在 $l \in \{2,3,4,5\}$,使得 $a_l < 0$ 时,

由题设,$a_{l-1} + a_l \geqslant 1$,$a_l + a_{l+1} \geqslant 1$,

所以 $a_i + a_{i+1} + \cdots + a_{i+j} \leqslant a_1 + a_2 + \cdots + a_6 < 20$.

所以 Q_0 不是 20-连续可表数列.

综上可知,不存在 6 项的满足题设的 20-连续可表数列.

所以 $k \geqslant 7$.

【例 14】(2021·北京)定义 R_p 数列 $\{a_n\}$,对实数 p 满足如下性质:

①$a_1 + p \geqslant 0$,$a_2 + p = 0$;②$\forall n \in \mathbf{N}^*$,$a_{4n-1} < a_{4n}$;③$a_{m+n} \in \{a_m + a_n + p,$ $a_m + a_n + p + 1\}$,$m,n \in \mathbf{N}^*$.

(1) 对于前 4 项是 2,-2,0,1 的数列,可以是 R_2 数列吗?说明理由.

(2) 若 $\{a_n\}$ 是 R_0 数列,求 a_5 的值.

(3) 是否存在 p,使得存在 R_p 数列 a_n,对 $\forall n \in \mathbf{N}^*$,$S_n \geqslant S_{10}$?若存在,求出所有这样的 p;若不存在,说明理由.

分析:(1) 由题意讨论 a_2 的值即可说明数列不是 R_2 数列;

(2) 由题意首先确定数列的前 4 项,然后讨论计算即可确定 a_5 的值;

(3) 构造数列 $b_n = a_n + p$,易知数列 $\{b_n\}$ 是 R_0 数列,结合(2)中的结论求解不等式即可确定满足题意的实数 p 的值.

解:(1) 不可以是 R_2 数列,当 $m = n = 1$ 时,$a_2 \notin \{a_1 + a_1 + 2, a_1 + a_1 + 3\}$,故不可以是 R_2 数列.

(2) 方法 1:若 $\{a_n\}$ 是 R_0 数列,则 $a_2 + 0 = 0$,即 $a_2 = 0$,

令 $m = n = 1$,$a_2 \in \{2a_1, 2a_1 + 1\}$,

故 $a_1 = 0$ 或 $a_1 = -\dfrac{1}{2}$(舍去),则 $a_1 = 0$,

令 $m = 1$,$n = 2$,得到 $a_3 \in \{0,1\}$,

令 $m = n = 2$,得到 $a_4 \in \{0,1\}$,

又 $a_3 < a_4$,所以 $a_3 = 0$,$a_4 = 1$,

令 $m = 2$,$n = 3$,$a_5 \in \{0,1\}$,

令 $m = 1$,$n = 4$,$a_5 \in \{1,2\}$,故 $a_5 = 1$.

方法 2:数学归纳法.

由性质 ① 知 $a_1 \geqslant 0, a_2 = 0$,

由性质 ③ 知 $a_{m+2} \in \{a_m, a_m + 1\}$,

因此 $a_3 = a_1$ 或 $a_3 = a_1 + 1, a_4 = 0$ 或 $a_4 = 1$,

若 $a_4 = 0$,由性质 ② 可知 $a_3 < a_4$,即 $a_1 < 0$ 或 $a_1 + 1 < 0$,矛盾;

若 $a_4 = 1, a_3 = a_1 + 1$,由 $a_3 < a_4$ 有 $a_1 + 1 < 1$,矛盾.

因此只能是 $a_4 = 1, a_3 = a_1$.

又因为 $a_4 = a_1 + a_3$ 或 $a_4 = a_1 + a_3 + 1$,

所以 $a_1 = \dfrac{1}{2}$ 或 $a_1 = 0$.

若 $a_1 = \dfrac{1}{2}$,则 $a_2 = a_{1+1} \in \{a_1 + a_1 + 0, a_1 + a_1 + 0 + 1\} = \{2a_1, 2a_1 + 1\}$ $= \{1, 2\}$,不满足 $a_2 = 0$,舍去.

当 $a_1 = 0$ 时,$\{a_n\}$ 前四项为 $0, 0, 0, 1$,

下面用归纳法证明 $a_{4n+i} = n (i = 1, 2, 3), a_{4n+4} = n + 1 (n \in \mathbf{N})$.

当 $n = 0$ 时,经验证命题成立,假设当 $n \leqslant k (k \geqslant 0)$ 时命题成立,

当 $n = k + 1$ 时,

若 $i = 1$,则 $a_{4(k+1)+1} = a_{4k+5} = a_{j+(4k+5-j)}$,利用性质 ③,

可得 $\{a_j + a_{4k+5-j} \mid j \in \mathbf{N}^*, 1 \leqslant j \leqslant 4k+4\} = \{k, k+1\}$,此时可得 a_{4k+5} $= k + 1$;

否则,若 $a_{4k+5} = k$,取 $k = 0$ 可得 $a_5 = 0$,

而由性质 ② 可得 $a_5 = a_1 + a_4 \in \{1, 2\}$,与 $a_5 = 0$ 矛盾.

同理可得:

$\{a_j + a_{4k+6-j} \mid j \in \mathbf{N}^*, 1 \leqslant j \leqslant 4k+5\} = \{k, k+1\}$,有 $a_{4k+6} = k+1$;

$\{a_j + a_{4k+8-j} \mid j \in \mathbf{N}^*, 2 \leqslant j \leqslant 4k+6\} = \{k+1, k+2\}$,有 $a_{4k+8} = k + 2$;

$\{a_j + a_{4k+7-j} \mid j \in \mathbf{N}^*, 1 \leqslant j \leqslant 4k+6\} = \{k+1\}$,

又因为 $a_{4k+7} < a_{4k+8}$,所以 $a_{4k+7} = k + 1$.

即当 $n = k + 1$ 时命题成立,证毕.

综上可得,$a_1 = 0, a_5 = a_{4 \times 1 + 1} = 1$.

（3）方法 1：存在 $p = 2$.

由题意知 $a_2 = -p$，且 $a_2 \in \{2a_1 + p, 2a_1 + p + 1\}$，

又 $a_1 + p \geqslant a_2 + p$，

故 $a_1 \geqslant a_2$，可得 $a_1 = -p$，

$a_3 \in \{-p, -p + 1\}$，且 $a_4 > a_3$，

故 $a_3 = -p$，$a_4 = -p + 1$，

$a_5 \in \{-p + 1, -p + 2\}$，$a_5 \in \{-p, -p + 1\}$，故 $a_5 = -p + 1$，

$a_6 \in \{-p + 1, -p + 2\}$，$a_6 \in \{-p, -p + 1\}$，故 $a_6 = -p + 1$，

$a_7 \in \{-p + 1, -p + 2\}$，$a_8 \in \{-p + 1, -p + 2\}$，

又 $a_8 > a_7$，故 $a_7 = -p + 1$，$a_8 = -p + 2$，

$a_9 \in \{-p + 2, -p + 3\}$，$a_9 \in \{-p + 1, -p + 2\}$，故 $a_9 = -p + 2$，

$a_{10} \in \{-p + 2, -p + 3\}$，$a_{10} \in \{-p + 1, -p + 2\}$，故 $a_{10} = -p + 2$，

$a_{11} \in \{-p + 2, -p + 3\}$，$a_{12} \in \{-p + 2, -p + 3\}$，

又 $a_{12} > a_{11}$，故 $a_{11} = -p + 2$，$a_{12} = -p + 3$，

故 $a_1 = a_2 = a_3 = -p$，$a_4 = a_5 = a_6 = a_7 = -p + 1$，$a_8 = a_9 = a_{10} = a_{11} = -p + 2$，$a_{12} = -p + 3$，

假设 $a_n = -p + k (4k \leqslant n \leqslant 4k + 3, k \in \mathbf{N}, n \in \mathbf{N}^*)$，再用数学归纳法即可证出.

联立得 $\begin{cases} -p + 2 \leqslant 0, \\ -p + 2 \geqslant 0, \end{cases}$ 解得 $p = 2$.

方法 2：构造转化法.

令 $b_n = a_n + p$，由性质 ③ 可知，

$\forall m, n \in \mathbf{N}^*$，$b_{m+n} = a_{m+n} + p \in \{a_m + p + a_n + p, a_m + p + a_n + p + 1\} = \{b_m + b_n, b_m + b_n + 1\}$，

由于 $b_1 = a_1 + p \geqslant 0$，$b_2 = a_2 + p = 0$，$b_{4n-1} = a_{4n-1} + p < a_{4n} + p = b_{4n}$，因此数列 $\{b_n\}$ 为 R_0 数列.

由（2）可知，对 $\forall n \in \mathbf{N}$，$a_{4n+i} = n - p (i = 1, 2, 3)$，$a_{4n+4} = n + 1 - p$.

$S_{11} - S_{10} = a_{11} = a_{4 \times 2 + 3} = 2 - p \geqslant 0$，$S_9 - S_{10} = -a_{10} = -a_{4 \times 2 + 2} = -(2 - p) \geqslant 0$，因此 $p = 2$，

此时 $a_1, a_2, \cdots, a_{10} \leqslant 0, a_j \geqslant 0 (j \geqslant 11)$，满足题意．

【例 15】（2019·北京改编）已知数列 $\{a_n\}$，从中选取第 i_1 项、第 i_2 项、$\cdots$、第 i_m 项（$i_1 < i_2 < \cdots < i_m$），若 $a_{i_1} < a_{i_2} < \cdots < a_{i_m}$，则称新数列 $a_{i_1}, a_{i_2}, \cdots, a_{i_m}$ 为 $\{a_n\}$ 的长度为 m 的递增子列，若 $a_{i_1} > a_{i_2} > \cdots > a_{i_m}$，则称新数列 $a_{i_1}, a_{i_2}, \cdots, a_{i_m}$ 为 $\{a_n\}$ 的长度为 m 的递减子列，递增子列和递减子列统称为单调子列．规定：数列 $\{a_n\}$ 的任意一项都是 $\{a_n\}$ 的长度为 1 的递增子列．

（1）若数列 $\{a_n\}$ 为 $6,3,5,2,8,9,1,4,7$．写出数列 $\{a_n\}$ 的一个最长的递增子列．

（2）由 $1,2,3,4,5$ 的任意排列构成的所有数列 $\{a_n\}$ 中，求数列 $\{a_n\}$ 的最长单调子列 $\{b_n\}$ 的长度的最小值．

（3）已知数列 $\{a_n\}$ 的长度为 p 的递增子列的末项的最小值为 a_{m_0}，长度为 q 的递增子列的末项的最小值为 a_{n_0}．若 $p < q$，求证：$a_{m_0} < a_{n_0}$．

（4）数列 $\{a_n\}$ 的项数为 $ab+1 (a,b \in \mathbf{N}^*, a \geqslant 2, b \geqslant 2)$，求证：一定存在至少 $(a+1)$ 项或 $(b+1)$ 项的单调子列 $\{b_n\}$；

（5）设无穷数列 $\{a_n\}$ 的各项均为正整数，且任意两项均不相等．若 $\{a_n\}$ 的长度为 s 的递增子列末项的最小值为 $2s-1$，且长度为 s 末项为 $2s-1$ 的递增子列恰有 2^{s-1} 个（$s=1,2,\cdots$），求数列 $\{a_n\}$ 的通项公式．

分析：（1）$3,5,8,9$．答案不唯一．

（2）具体分类讨论．

（3）考虑长度为 q 的递增子列的前 p 项可以组成长度为 p 的一个递增子列，可得 $a_{n_0} >$ 该数列的第 p 项 $\geqslant a_{m_0}$，即可证明结论．

（4）正向不好证明时常考虑反证法，只要条件会增加，只要找到矛盾即可；

（5）从具体的 6 个数的分析再研究一般性．将问题进行拆分：①$2s$ 必在 $2s-1$ 之前．②所有偶数是子列中的项．③递增子列最多有 2^s 个．由题意，这 s 组数列对全部存在于原数列中，并且全在 $2s+1$ 之前．可得 $2,1,4,3,6,5,\cdots$，是唯一构造．

（1）**解**：答案不唯一，如 $3,5,8,9$．

（2）**解**：方法 1：对于 $1,2,3,4,5$ 的一个任意排列 a_1, a_2, a_3, a_4, a_5，相邻两项的大小关系共 4 个，要么 $a_1 < a_{i+1}$，要么 $a_i > a_{i+1}, i=1,2,3,4$．

① 若 4 个关系中有 3 或 4 个相同,则子列长度大于等于 4.

② 若 4 个关系中有 2 个大于,2 个小于:

当两个相同关系相邻时,可知存在子列长度等于 3;

当相邻 2 个关系不同时,不妨设 $a_1 < a_2, a_2 > a_3, a_3 < a_4, a_4 > a_5$,

则当 $a_2 < a_4$ 时,子列 a_1, a_2, a_4 长度为 3;

当 $a_2 > a_4$ 时,子列 a_2, a_4, a_5 长度为 3.

事实上存在数列 1,3,2,5,4 长度为 3.

所以,由 1,2,3,4,5 的任意排列构成的所有数列 $\{a_n\}$ 的最长单调子列 $\{b_n\}$ 的长度的最小值为 3.

方法 2:穷举 $5! = 120$ 种排列,由正序、逆序对称性减少为 60 种排列,得单调子列的长度的最小值为 3.

(3) **证明**:方法 1:设长度为 q 末项为 a_{n_0} 的一个递增子列为 $a_{r_1}, a_{r_2}, \cdots, a_{r_{q-1}}, a_{n_0}$.

由 $p < q$,得 $a_{r_p} \leqslant a_{r_{q-1}} < a_{n_0}$.

因为 $\{a_n\}$ 的长度为 p 的递增子列末项的最小值为 $a_{m_0}, a_{r_1}, a_{r_2}, \cdots, a_{r_p}$ 是 $\{a_n\}$ 的长度为 p 的递增子列,

所以 $a_{m_0} \leqslant a_{r_p}$.

所以 $a_{m_0} < a_{n_0}$.

方法 2:考虑长度为 q 的递增子列的前 p 项可以组成长度为 p 的一个递增子列,

所以 $a_{n_0} > $ 该数列的第 p 项 $\geqslant a_{m_0}$,所以 $a_{m_0} < a_{n_0}$.

(4) **证明**:(反证法) 假设子列中无 $(a+1)$ 项递增子列,且无 $(b+1)$ 项递减子列.

对于含有 $(ab+1)$ 项的数列 $\{a_n\}$,定义有序数对 (x_i, y_i) 与 a_i 对应:

x_i 表示以 a_i 为首项,其后数列 $\{a_n\}$ 的项中能够与 a_i 构成递增子列的最大长度;

y_i 表示以 a_i 为首项,其后数列 $\{a_n\}$ 的项中能够与 a_i 构成递减子列的最大长度.

则 $\begin{cases} 1 \leqslant x_i \leqslant a, \\ 1 \leqslant y_i \leqslant b, \end{cases}$ 最多表示 ab 个坐标.

因为数列 $\{a_n\}$ 含有 $(ab+1)$ 项互不相等的项,

所以必存在两项使得对应的坐标相同, 即 a_i 与 a_j 坐标相同, 由题知 $a_i \neq a_j$ (不妨设 $i < j$).

若 $a_i < a_j$, 则 a_i 的横坐标 x_i 比 a_j 的横坐标 x_j 大1, 与横坐标相等矛盾;

若 $a_i > a_j$, 则 a_i 的纵坐标 y_i 比 a_j 的纵坐标 y_j 大1, 与纵坐标相等矛盾.

所以假设不成立.

所以数列 $\{a_n\}$ 的子列中一定存在至少 $(a+1)$ 项或 $(b+1)$ 项的单调子列 $\{b_n\}$.

> 注: 事实上, 数列 $\{a_n\}$ 的子列中, 存在项数为 bc 的即没有至少 $(b+1)$ 项的增子列, 也没有 $(c+1)$ 项的减子列. 如: $c, c-1, c-2, \cdots, 1, 2c, 2c-1, 2c-2, \cdots, c+1, \cdots, bc, bc-1, bc-2, \cdots, bc-c+1$.

(5) **解:** 由题设知, 所有正奇数都是 $\{a_n\}$ 中的项.

先证明: 若 $2m$ 是 $\{a_n\}$ 中的项, 则 $2m$ 必排在 $2m-1$ 之前(m 为正整数).

假设 $2m$ 排在 $2m-1$ 之后.

设 $a_{p_1}, a_{p_2}, \cdots, a_{p_{m-1}}, 2m-1$ 是数列 $\{a_n\}$ 的长度为 m 末项为 $2m-1$ 的递增子列, 则 $a_{p_1}, a_{p_2}, \cdots, a_{p_{m-1}}, 2m-1, 2m$ 是数列 $\{a_n\}$ 的长度为 $m+1$ 末项为 $2m$ 的递增子列. 与已知矛盾.

再证明: 所有正偶数都是 $\{a_n\}$ 中的项.

假设存在正偶数不是 $\{a_n\}$ 中的项, 设不在 $\{a_n\}$ 中的最小的正偶数为 $2m$.

因为 $2k$ 排在 $2k-1$ 之前($k = 1, 2, \cdots, m-1$), 所以 $2k$ 和 $2k-1$ 不可能在 $\{a_n\}$ 的同一个递增子列中.

又 $\{a_n\}$ 中不超过 $2m+1$ 的数为 $1, 2, \cdots, 2m-2, 2m-1, 2m+1$, 所以 $\{a_n\}$ 的长度为 $m+1$ 且末项为 $2m+1$ 的递增子列个数至多为 $\underbrace{2 \times 2 \times 2 \times \cdots \times 2}_{(m-1)个} \times 1 \times 1 = 2^{m-1} < 2^m$.

与已知矛盾.

最后证明:$2m$ 排在 $2m-3$ 之后($m \geqslant 2$ 为整数).

假设存在 $2m(m \geqslant 2)$,使得 $2m$ 排在 $2m-3$ 之前,则 $\{a_n\}$ 的长度为 $m+1$ 且末项为 $2m+1$ 的递增子列的个数小于 2^m.与已知矛盾.

综上,数列 $\{a_n\}$ 只可能为 $2,1,4,3,\cdots,2m-3,2m,2m-1,\cdots$.

经验证,数列 $2,1,4,3,\cdots,2m-3,2m,2m-1,\cdots$ 符合条件.

所以 $a_n = \begin{cases} n+1, & n \text{ 为奇数}, \\ n-1, & n \text{ 为偶数}. \end{cases}$

在平时的学习中,希望同学们能够在自己能力范围内适当地训练和拓展,一道题可以反复做,从不同角度提升自己的能力.先从审题的角度训练自己的读题能力,尤其是抽象语言、符号语言的阅读和理解能力;再从解题思路和方法上积累常见问题的处理方法;继而从书面落实角度训练自己的文字语言、简单的字母语言到抽象的符号语言的表达能力和对性质的概括能力;最后希望同学们能够对问题进行深入的研究,得到更一般的规律,或者将问题进行变式训练,自己研究新的问题.不断提升自己的逻辑推理、数学抽象等核心素养,并不断加上自己的思想和推理,真正做到创新思维的发展.